Jesus Cristo Libertador

Ficha Catalográfica
(Preparada pelo Centro de Catalogação-na-fonte do Sindicato Nacional dos Editores de Livros, RJ)

B66j   Boff, Leonardo
      Jesus Cristo libertador: ensaio de cristologia crítica para o nosso tempo. 21. ed. – Petrópolis, Vozes, 2012.

      Bibliografia.

      2ª reimpressão, 2023.

      ISBN 978-85-326-0640-2
      1. Jesus Cristo I. Título. II. Série.

72-0047   CDD – 232

Índices para catálogo sistemático:
1. Cristologia   232
2. Jesus Cristo   232
3. Teologia dogmática   232

Leonardo Boff

Jesus Cristo Libertador

Ensaio de cristologia crítica para
o nosso tempo

Petrópolis

© by Animus / Anima Produções Ltda.
Caixa Postal 92.144 – Itaipava
25750-970 Petrópolis, RJ

Direitos de publicação em língua portuguesa:
1972, 2003 Editora Vozes Ltda.
Rua Frei Luís, 100
25689-900 Petrópolis, RJ
www.vozes.com.br
Brasil

Todos os direitos reservados. Nenhuma parte desta obra poderá ser reproduzida ou transmitida por qualquer forma e/ou quaisquer meios (eletrônico ou mecânico, incluindo fotocópia e gravação) ou arquivada em qualquer sistema ou banco de dados sem permissão escrita da editora.

CONSELHO EDITORIAL

Diretor
Volney J. Berkenbrock

Editores
Aline dos Santos Carneiro
Edrian Josué Pasini
Marilac Loraine Oleniki
Welder Lancieri Marchini

Conselheiros
Elói Dionísio Piva
Francisco Morás
Gilberto Gonçalves Garcia
Ludovico Garmus
Teobaldo Heidemann

Secretário executivo
Leonardo A.R.T. dos Santos

Capa: Adriana Miranda
Acompanhamento gráfico: Daniella Riet
Supervisão geral: Márcia Miranda

ISBN 978-85-326-0640-2

Este livro foi composto e impresso pela Editora Vozes Ltda.

À Igreja que está em São Félix do Araguaia e
a seu Pastor Dom Pedro Casaldáliga
porque aí a fé em Jesus Cristo Libertador
inspira práticas verdadeiramente libertadoras.

SUMÁRIO

Introdução, 9

1 Jesus Cristo Libertador: o centro da fé na periferia do mundo, 13

2 O que quis afinal Jesus Cristo?, 49

3 Jesus Cristo, libertador da condição humana, 63

4 Jesus, alguém de extraordinário bom-senso, fantasia criadora e originalidade, 81

5 O sentido da morte de Jesus, 101

6 Ressurreição: realizou-se uma utopia humana, 123

7 Quem foi afinal Jesus de Nazaré?, 143

8 O processo cristológico continua – Os relatos da infância de Jesus: Teologia ou história?, 163

9 Humano assim só pode ser Deus mesmo! Jesus, o Homem que é Deus, 185

10 Onde encontramos o Cristo ressuscitado hoje?, 217

11 Como vamos chamar Jesus Cristo hoje?, 239

Conclusão Jesus Cristo e o cristianismo – Reflexões sobre a essência do cristianismo, 263

Apêndices, 281

Livros de Leonardo Boff, 339

Índice, 345

INTRODUÇÃO

Os anos de 1960-1970 se caracterizam pela mobilização popular e pela emergência de uma poderosa vontade de mudança social. Não bastavam as reformas. Queria-se uma libertação das opressões históricas que as grandes maiorias secularmente sofreram. Muitos cristãos, inspirados pelo Evangelho, comprometeram-se em meios pobres num processo de conscientização e de prática que criava os primeiros acenos de uma sociedade alternativa possível. Sobre todos os que se empenhavam por sacudir as antigas amarras, abateu-se feroz repressão por parte do Estado de Segurança Nacional e de seus aliados. A palavra libertação fora oficialmente banida dos meios de comunicação social por efeito de um decreto do Ministério da Justiça.

Num contexto de vigilância policial, de sequestros, torturas e assassinatos políticos foi escrito *Jesus Cristo Libertador*. Inicialmente apareceu na forma de dez artigos publicados na revista de espiritualidade *Grande Sinal* em 1971. Em 1972 foi lançado como livro enriquecido com alguns capítulos introdutórios.

O autor não pôde dizer tudo o que teria gostado de afirmar. A presença de uma perspectiva mais socioanalítica em contexto de cativeiro e de opressão teria significado, certamente, uma provocação aos órgãos de segurança e controle. Como outras disciplinas, também a teologia não faz o que quer, mas apenas o que a situação social e eclesial permite.

Apesar destas limitações, a mensagem fez seu percurso. Muitos cristãos, no Brasil, na América Latina e em outras partes, compreenderam a significação deste livro. Tratava-se de reforçar a inspiração evangélica do compromisso pela libertação.

Em grande parte, a Teologia da Libertação se construiu ao redor do tema Jesus Cristo Libertador. Se não anunciarmos a Jesus como Libertador não anunciamos o Jesus que os apóstolos conheceram e nos transmitiram. Sua prática, sua mensagem, sua morte como consequência de seu compromisso com o Pai e com os bens do Reino na história e, finalmente, sua ressurreição, inauguração da libertação em plenitude, fundaram uma mística poderosa de solidariedade e até de identificação com os pobres contra a sua pobreza. O seguimento de Jesus firmava o comportamento do cristão na sociedade a ser transformada.

Esta perspectiva perpassa todo o livro. Ela pôde ser melhor aprofundada num trabalho escrito mais tarde e aqui incluído como abertura desta nova edição: *Jesus Cristo Libertador: o centro da fé na periferia do mundo*.

Modificamos também a ordem dos capítulos: os cap. II-XI reproduzem os cap. III-XII e a Conclusão reproduz o cap. XIII das edições anteriores; em Apêndice colocamos os cap. I-II. Suprimimos, outrossim, o aparato crítico, para tornar mais leve a leitura.

Outros temas fundamentais da cristologia foram detalhados em obras específicas: *A ressurreição de Cristo – A nossa ressurreição na morte; Paixão de Cristo, paixão do mundo;* e *Encarnação: a humanidade e a jovialidade de nosso Deus*. Por fim a reflexão quis unir-se à oração. Assim surgiram *Via-sacra da justiça* e *Via-sacra da ressurreição*.

Não introduzimos outras modificações ao livro. A perspectiva que apresentamos vale por si mesma. Se quiséssemos enriquecê-la com outras certamente diríamos como São João: "nem o mundo inteiro poderia conter os livros que se deveriam escrever" (21,25). Este foi escrito como testemunho de fé em Jesus Cristo que se revelou à nossa geração como o libertador integral de tudo o que nos oprime e libertador pleno para tudo o que promove a vida e a comunhão com Deus.

1

Jesus Cristo Libertador: o centro da fé na periferia do mundo

Viver a fé em Jesus Cristo Libertador supõe um compromisso com a libertação histórica dos oprimidos. A partir de um compromisso real (lugar social) se procura dar relevância a todas as dimensões libertadoras presentes no mistério de Jesus Cristo. Enfatiza-se a prática libertadora do Jesus histórico, pois como Filho encarnado proclamou uma determinada mensagem e se comportou de tal forma que tinha como efeito a produção de uma alvissareira atmosfera de liberdade para todo o povo. Estes conteúdos fundam o seguimento dos cristãos em contexto de dominação que deve ser superada por um processo de libertação.

Falar de Jesus Cristo Libertador supõe alguma coisa anterior. Libertação acha-se em correlação oposta à dominação. Venerar e anunciar Jesus Cristo Libertador implica pensar e viver a fé cristológica a partir de um contexto sócio-histórico de dominação e opressão. Trata-se, pois, de uma fé que visa captar a relevância de temas que implicam uma transformação estrutural de uma dada situação sócio-histórica. Essa fé elabora analiticamente essa relevância produzindo uma cristologia centrada no tema de Jesus Cristo Libertador. Tal cristologia implica um determinado compromisso político e social em vista da ruptura com a situação opressora.

1 Relevância do lugar social e da libertação para a cristologia

Para adequadamente compreender a articulação dessa cristologia é mister considerar, previamente, dois dados: a relevância da libertação sociopolítica para a cristologia e o lugar social a partir de onde se elabora a reflexão cristológica.

Por relevância entendemos a importância de uma conjuntura histórica dada para a reflexão da fé em Jesus Cristo, colocando questões essenciais, como por exemplo: Como se deve pensar, pregar e viver Jesus Cristo diante das exigências de uma determinada situação, para que Ele apareça conforme é proclamado pela fé, ou seja, como o Salvador? Ou vice-versa: a relevância é a relação de importância que um tema teológico mantém com uma determinada conjuntura histórica em vista ou da sua explicação/compreensão, ou de sua manutenção ou mesmo de sua transformação. Pergunta-se então: Para quem é relevante esta ou aquela imagem de Cristo? Este ou aquele tipo de cristologia ou tema específico ajuda a quem? Que interesses representa e que projetos concretos reforça?

Por essas perguntas se percebe que a relevância assume sempre um caráter ambíguo. Ela remete a uma outra questão de fundo, o lugar social (as práticas, os compromissos, as posições) a partir do qual se elabora a fé em Jesus Cristo. O teólogo não vive nas nuvens; é um ator social, situa-se dentro de um determinado lugar na sociedade, produz conhecimentos e significações utilizando os instrumentos que a situação lhe oferece e lhe permite, tem destinatários definidos, encontra-se, pois, inserido dentro do conjunto social global. Os acentos e a temática cristológica são definidos pelo que emerge como relevante a partir de seu lugar social. Neste sentido temos de afirmar que não existe uma cristologia neutra, nem pode haver. Toda ela é *partisanne* e *engagée*. *Volens nolens* o seu discurso repercute na situação com os interesses conflitantes que a perpassam. Mesmo que a digamos puramente "teológica", histórica, tradicional, eclesial e apolítica. Geralmente assume a posição dos detentores do poder vigente. Assim que um outro tipo de cristologia, com seu correspondente compromisso, emerge e se defronta com ela, facilmente descobre-se o seu lugar social, esquecendo-se de sua apoliticidade, e revelando-se como reforço religioso do *status quo* vigente.

Cada tipo de cristologia é a seu modo relevante, conforme a relação de funcionalidade que mantém com a situação histórico-social; neste sentido é comprometida. Mantenhamos então esta afirmação de base: a cristologia, como saber regulamentado e educado da fé cristológica, constitui-se no seio de um momento definido da história, é produzida sob determinados modos de produção material, ideal, cultural e eclesial, é articulada em função de determinados interesses concretos nem sempre conscientizados. Por isso, é esta a verdadeira pergunta: Esse tipo de cristologia com quem se compromete? Que causa quer servir? A cristologia que proclama Jesus Cristo como Libertador quer comprometer-se com a libertação econômica, social e política dos grupos oprimidos e dominados. Pretende perceber a relevância teológica que se acha na libertação histórica das grandes maiorias de nosso continente e se diz a si mesma: eis o que se deve pensar; eis o caminho pelo qual se deve incentivar a práxis. Quer articular de tal maneira o conteúdo da cristologia e criar um estilo que ponha em destaque as dimensões libertadoras presentes no caminho histórico de Jesus.

Noutras palavras: é o contexto de opressão e dependência em todos os níveis da vida, exasperando seu correlato oposto – a libertação – que propicia à cristologia na América Latina pensar e amar a Jesus Cristo como Libertador. Esse tema não é gerado voluntaristicamente na cabeça de alguns teólogos à caça de objetos interessantes para suas discussões, mas nasceu como exigência da fé concreta de cristãos que se sentiram, em consciência, convocados a ajudar a superar uma situação humilhante para seus irmãos e que encontraram em Jesus Cristo impulsos de libertação.

Esse tipo de cristologia pressupõe e depende de uma determinada prática social que leve em conta a ruptura com o contexto vigente de dominação.

O lugar desse tipo de cristologia apresenta-se bem definido: é o daqueles grupos sociais para os quais a transformação qualitativa da estrutura social representa oportunidade de livrar-se das dominações atuais. Para muitos a clara definição de seu lugar social em favor dos oprimidos significou uma verdadeira conversão hermenêutica às novas questões que lhes foram propostas à sua reflexão, pelo estilo adequado que se lhes impõe para sua veiculação.

Esse compromisso – e tenhamo-lo sempre bem presente – não garante a qualidade interna de uma cristologia. A consideração do lugar social e da relevância quer mostrar a ligação ineludível que existe entre a prática e a teoria, entre a política e a cristologia; mostra claramente a condição necessária de base que permite à cristologia definir seu objeto temático e o modo de enfocá-lo.

Sendo assim, é mister distinguir entre o regime de autonomia e o regime de dependência de qualquer cristologia (e teologia). O primeiro diz respeito à epistemologia (lugar epistêmico); o segundo, à sociologia do conhecimento (lugar social). A cristologia possui sua autonomia na elaboração de seu discurso em conformidade com sua metodologia própria, isto é: tem um modo próprio de prática teórica, não precisa justificar-se diante de nenhuma outra instância por ter sua legitimidade própria, ou seja, por ter os critérios de sua verdade interna.

Nesta esfera epistemológica não tem sentido falar de uma cristologia latino-americana distinta de uma cristologia norte-atlântica, ou de uma cristologia dos oprimidos e outra dos opressores. Em seu regime interno tais determinações não constituem instrumentos teóricos capazes de julgar o valor de uma produção cristológica como tal. Pelo fato de ser produzida no centro metropolitano ou na periferia, uma cristologia não se torna nem melhor nem pior. O mesmo se deve dizer de uma cristologia libertadora, progressista, tradicionalista. Tais adjetivos são inadequados para decidir sobre a "verdade" ou justeza de uma cristologia. Apontam para a exterioridade de uma referência social da produção cristológica. Pode-se, porém, dizer que tal produção cristológica possui tal compromisso social e pode reforçar tal grupo da sociedade, conservador, progressista, libertador etc.

Por outro lado, a cristologia (e toda teologia) possui também seu regime externo de dependência. Depende, ao selecionar e destacar sua temática, do lugar social do ator teológico e da relevância que este percebe para a reflexão da cristologia sobre a conjuntura sócio-histórico-religiosa.

Já o sublinhamos acima. Constitui um problema muito complexo estabelecer os diversos níveis de relação entre o lugar social e o epistêmico. Não podemos abordá-lo aqui. Baste-nos a verificação de sua íntima conexão.

2 Dois níveis de consciência social e duas cristologias da libertação correspondentes

Cabe agora situar o contexto no seio do qual se originou a temática de Jesus Cristo Libertador. Parte-se de uma constatação: o fato brutal e gritante das grandes maiorias de nosso continente cristão vivendo e morrendo em condições desumanas de existência: subnutrição, mortalidade infantil, enfermidade endêmica, baixas rendas, desemprego, falta de segurança social, de higiene, de hospitais, de escolas, de moradias; numa palavra, o fenômeno da insuficiência dos bens necessários para uma dignidade mínima da pessoa. Eis alguns dos indicadores que caracterizam a situação real de imensas porções de nossos povos. Comumente isto se chama subdesenvolvimento. Com essa subrealidade coexiste outra realidade de nosso povo: a fé cristã com seus polícromos valores, a hospitalidade, o calor humano, o sentido da solidariedade, o imenso anseio de justiça e participação, o gosto pela festa. Este *ethos* cultural está sendo erodido de forma desintegradora pelo mito do progresso em moldes capitalistas com seu correspondente consumismo elitista.

Diante dessa situação relevante, e na medida em que iam tomando consciência dela, deu-se a reação de grupos cristãos salvando a prática de fé, neste continente, de seu tradicional cinismo histórico. As reações captando a relevância teológica do fato social podem sumariamente ser reduzidas a duas, gerando duas cristologias correspondentes tendo como eixo articulador a imagem de Jesus Cristo Libertador. Uma quer trabalhar cristologicamente a ordem da sensibilidade, isto é, do vivenciado; e a outra articula cristologicamente a ordem da análise, ou seja, do pensado. A primeira nasce de uma indignação ética, a segunda se origina da racionalidade socioanalítica. Ambas têm isto em comum: são palavras segunda diante da realidade-miséria, palavra primeira. Vamos detalhar rapidamente as duas:

2.1 Articulação "sacramental" da cristologia da libertação

A realidade contraditória é percebida por um conhecimento intuitivo e sapiencial, que chamaríamos de sacramental por intuir simbolicamente, nos fatos, sua determinação fundamental: presença de opressão e urgência de libertação. Na fé, muitos cristãos compreenderam que tal situação contradiz o desígnio histórico de Deus: a pobreza constitui um pecado social que Deus não quer; impõe-se urgentemente uma mudança para ajudar os irmãos e entrar na obediência a Deus.

Essa percepção se exprime geralmente pela linguagem da denúncia profética e do anúncio estimulador de mudanças que traduzem a indignação ética. Corporifica-se numa práxis de amor engajado. Como tal vivência não passa por uma análise dos mecanismos e das estruturas geradoras da situação, a eficácia do compromisso é de curto alcance e imprevisível. Mas tem uma clara posição de fundo: a situação não pode ficar assim; impõe-se uma alteração das relações sociais e dar maior poder aos grupos dominados para que as novas estruturas se tornem menos opressivas.

Essa prática, com sua teoria implícita e não elaborada, propicia uma leitura própria da fé cristológica. Todos os gestos, palavras e atitudes de Jesus, que implicam um chamado à conversão/mudança de relações, sua tomada de posição diante dos marginalizados da sociedade judaica, sua preferência pelos pobres, os conflitos com o *status quo* religioso e social da época, o conteúdo político presente no anúncio do Reino de Deus, os motivos que o levaram à morte, tudo isto adquire relevância especial e acaba por compor a imagem de um Jesus Libertador diferente daquela da piedade dogmática oficial, do Cristo monarca celestial ou da piedade popular de um Cristo vencido e sofredor.

Não vamos agora entrar em pormenores sobre os traços desse Cristo. Baste-nos aqui reter que se trata de uma cristologia de libertação baseada em valores, temas, apelos e convites à mudança e a uma libertação. Não se postulam estratégia nem tática, nem concretamente se definem as metas, porque não se faz previamente uma análise da situação nem se detectam os caminhos viáveis de libertação em meio a uma conjuntura geral de cativeiro e repressão. A práxis, neste nível, é antes pragmática.

Esse tipo de cristologia possui um relativo valor porque revela a vinculação ineludível da salvação de Jesus Cristo com as libertações históricas, supera uma concepção intimista e privatizante da mensagem cristã e lhe devolve sua imbricação com a política. Pode acontecer que tal cristologia seja acompanhada de uma exigente exegese crítica, uma reinterpretação dos dogmas cristológicos fundamentais e explicitação das dimensões libertadoras presentes em todas as articulações da fé cristã. Sensibilizada pela situação humilhante, reage a partir da própria fé e procura pensá-la e vivê-la de tal maneira que signifique um apoio à tarefa de libertação econômica e política dos humilhados e ofendidos da sociedade.

A partir dessa perspectiva já se pode efetuar uma crítica das imagens tradicionais de Cristo que não induziam a uma libertação, antes pelo contrário, constituíam peças de apoio do projeto colonizador de dominação. Os Cristos agonizantes e moribundos da tradição latino-americana são "Cristos da impotência interiorizada dos oprimidos" (Assmann). A Virgem Dolorosa, com seu coração trespassado, personifica a submissão e a dominação da mulher; suas lágrimas exprimem a dor pelos filhos massacrados pela ganância do poder e do ouro do colonizador. Ao lado dessa cristologia da resignação faz-se a crítica à cristologia da dominação, com seus Cristos monarcas imperiais, cobertos de ouro como um rei português ou espanhol, ou o Cristo guerreiro vencedor.

Mas esse tipo de cristologia de libertação possui palpáveis limitações: como não pressupõe um enfoque socioanalítico da realidade, tem pouca vigência política. Pode ocorrer que os grupos sejam teologicamente (teoricamente) revolucionários e por suas práticas sejam conservadores ou meramente progressistas.

2.2 Articulação socioanalítica da cristologia da libertação

Esta articulação da cristologia da libertação parte da mesma experiência espiritual diante do pobre. Sua indignação ética não é menor. Mas mediatiza essa indignação com uma análise da realidade visando detectar os mecanismos geradores dessa miséria escandalosa e articular uma práxis que tenha efetiva eficácia libertadora. O importante é uma práxis libertadora. Não se trata de melhorar aqui e ali mantendo o mesmo quadro de relações de força (reformismo); trata-se deveras de uma vontade revolucionária que se esforça por mudar o próprio quadro; a opção de fundo é claramente libertadora. Mas para chegar a uma práxis que alcance suas metas, impõe-se previamente uma análise, a mais correta possível, dos mecanismos produtores da iniquidade social, entendida à luz da fé, como pecado social e estrutural. Por isso a cristologia que nasce desse enfoque tem o nome de libertadora, em sentido estrito.

A cristologia da libertação se constrói graças a duas mediações teóricas fundamentais: *a mediação socioanalítica* que diz respeito à realidade por modificar e *a mediação hermenêutica* que concerne à pertinência teológica, lendo à luz de Jesus Cristo Salvador e da Palavra da revelação o texto socioanalítico, garantindo assim o caráter teológico da teoria e da práxis libertadora.

Não vamos aqui ocupar-nos da mediação hermenêutica, conhecida pelos processos costumeiros da teologia. Vamos deter-nos na mediação socioanalítica. Aqui é que surgem as questões e as divergências entre as diversas correntes teológicas, mostrando desta sorte o seu real (não aduzido ou imaginado) lugar social.

Podemos dizer, genericamente, que toda intervenção teológica, feita por teólogos ou pela hierarquia no campo social, supõe uma teoria sociológica de base, quer espontânea, quer crítica. O empirismo (leitura espontânea e intuitiva) neste setor constitui um "obstáculo epistemológico de base" (G. Bachelard), geralmente para reforçar o *status quo* e que impede articular adequadamente uma teologia, neste caso uma cristologia, de libertação. Impõe-se, então, a pergunta: Que teoria social usar para articular uma cristologia de libertação?

Na escolha de uma teoria explicativa da sociedade entram critérios que não procedem exclusivamente da objetividade e racionalidade, mas da opção de fundo do analista e de seu lugar social. Toda a reflexão sobre a realidade humana é orientada por um projeto de fundo, ou seja, por uma utopia que um grupo constrói e na qual projeta o seu futuro. Ela não é puramente ideológica, mas se baseia em condições sociais e materiais. Assim podemos identificar dois tipos de projetos ou utopias que possuem dois tipos de portadores: o projeto das classes dominantes da sociedade e o das classes dominadas.

A utopia dos grupos dominantes propugna por um progresso linear, sem mudança dos quadros estruturantes da sociedade; manifesta imensa fé na ciência e na técnica; supõe uma concepção elitista da sociedade cujos benefícios irão progressivamente passando para as massas. A utopia dos grupos dominados busca uma sociedade igualitária; o fosso entre elites e massas constitui o maior obstáculo para o desenvolvimento e, enquanto persistir, não haverá verdadeiro progresso e justiça social; exprime uma fé inabalável na força transformadora dos oprimidos, capazes de gerar uma sociedade com menos opressões sociais injustas.

Estas duas concepções de fundo entram na escolha do tipo de análise. Os grupos dominantes preferem o método funcionalista nos estudos sociais; nele se privilegia a ideia de ordem e de equilíbrio e se representa a sociedade como um todo orgânico cujas partes se complementam entre si. Os grupos dominados preferem utilizar o método dialético que coloca no centro a ideia de conflito e de luta e vê a sociedade como um todo contraditório. Uma orientação – historicamente articulada pela tradição liberal – vê a sociedade de cima para baixo, do ponto onde ela aparece harmoniosamente; a outra – historicamente articulada pela tradição revolucionária e marxista – considera a sociedade de baixo para cima, de onde ela emerge como luta e confronto.

A fé (e sua expressão educada, a teologia) respeita a autonomia da racionalidade; mas efetua um discernimento a fim de detectar que tipo de análise melhor se coaduna com as exigências da fé encarnada em uma práxis; a fé irá orientar a escolha para aquele esquema socioanalítico que mais pertinentemente descobre os mecanismos geradores das injustiças, que oferece meios aptos para conseguir superá-los e favorece ao máximo possível a ideia de fraternidade e participação.

Assim, na cristologia de libertação se pressupõe uma opção pela tendência dialética na análise da sociedade e pelo projeto revolucionário dos dominados. Ao dizer libertação, exprime-se uma opção bem definida que não é nem reformista nem progressista, mas exatamente libertadora implicando uma ruptura com o *status quo* vigente. De que libertação se trata? Aqui é mister muita atenção, para não cairmos numa transferência semântica – isto é, conferir às mesmas palavras significados diversos. Trata-se de uma libertação que diz respeito a estruturas econômicas, sociais, políticas e ideológicas. Trata-se de atuar sobre estruturas e não só sobre pessoas, buscando mudar as relações de força entre os grupos sociais para que nasçam estruturas novas que comportem maior participação dos excluídos. A cristologia de libertação toma partido pelos oprimidos e acredita ser impelida a isto pela fé no Jesus histórico. Em nossa situação, um não compromisso significaria aceitar a situação e tomar sutilmente partido em favor dos privilegiados.

Tal opção não supera a ambiguidade inerente a todo processo de libertação, porque nem toda libertação significa já antecipação e concretização do Reino e nenhuma libertação pode ser em si mesma absolutizada. A salvação anunciada pelo cristianismo constitui um conceito englobante; não se limita às libertações econômicas, políticas, sociais e ideológicas, mas tampouco se realiza sem elas. A esperança cristã e a correta compreensão da escatologia nos garantem dizer que este mundo não é somente o palco sobre o qual se representa o drama da salvação, mas ele pertence ao próprio drama. A salvação definitiva e escatológica se mediatiza, antecipa-se e se concretiza em libertações parciais intra-históricas em todos os níveis da realidade na história e está sempre aberta em direção de uma plenitude e globalidade somente atingíveis no Reino.

Para uma cristologia de libertação é muito importante uma correta interpretação do fenômeno que constitui o denominador comum de nosso continente, o subdesenvolvimento. Este não consiste principalmente, como no-lo quer fazer crer a interpretação funcionalista do sistema liberal, em um problema *técnico* de aceleração do processo que leva de uma sociedade tradicional e pré-técnica a uma moderna e técnica (países desenvolvidos-países em via de desenvolvimento), nem em um problema *político* de estreitamento das relações interdependentes e desiguais dos países dentro do mesmo sistema, para obter um desenvolvimento homogêneo (países desenvolvidos e subdesenvolvidos), mas consiste em um sistema de dependência de alguns países diante dos outros, funcionando como centros metropolitanos, ou imperiais, ao redor dos quais gravitam países satélites ou periféricos, *mantidos* de forma opressora no subdesenvolvimento. O subdesenvolvimento é o reverso da medalha do desenvolvimento e consequência dele. O desenvolvimento em moldes capitalistas, para manter sua aceleração e o grau de bens que alcançou, necessita reter na sua esfera de dependência países dos quais se pede aquilo que os países cêntricos necessitam para sua riqueza. A causa determinante de nosso subdesenvolvimento (existem outras causas, mas não determinantes, em última instância: como os fatores de ordem biológica e sanitária, a diferença de *ethos* cultural etc.) é o sistema de dependência que equivale à opressão e dominação, internalizada nos diversos países periféricos pelos representantes do Império. Essa dependência marca todas as manifestações da vida como no sistema econômico, na divisão do trabalho, na política, na cultura e mesmo na religião.

A saída para resolver tal situação consistiria em um processo de ruptura dos laços de dependência e de libertação para um projeto nacional autossustentado. Mas é preciso ser realista diante de semelhante postulado teórico. As rupturas não se fazem voluntaristicamente, pois "os homens só fazem as revoluções que se fazem". É mister atender às condições objetivas de viabilidade. O problema não reside em ser livres a todo o custo, porque nem toda libertação traz consigo a liberdade. A libertação porventura alcançada leva certamente à independência, mas não necessariamente ao desenvolvimento. Os países latino-americanos não puderam desenvolver uma tecnologia própria e ninguém pode desenvolver-se sozinho. Por isso se impõe um amargo dilema: "libertar-se e não se desenvolver, ou então escolher o desenvolvimento e submeter-se. O terceiro termo não é mais que um compromisso: limitar o desenvolvimento para manter uma certa autonomia, limitar a dependência escolhendo setores que devam ser desenvolvidos. Mas isso nos leva além da simples teoria da dependência".

Acresce ainda o fato de que na América Latina as forças repressoras ganharam a partida e impediram um movimento organizado de libertação.

Diante desta situação insolvente, deve-se desistir da libertação? No nível teórico não se deve conceder nada e manter o diagnóstico negativo e correto. Mas no tocante às práticas, deve-se buscar aquelas que viabilizam um processo autenticamente libertador, embora lento e longo. A conjuntura geral obriga a mudanças *no* sistema para chegar a mudanças *do* sistema. Isto não quer dizer renúncia à opção por um projeto de libertação e por uma sociedade diferente, mas uma estratégia para sua implantação em termos históricos e conjunturais impostos pela situação geral de repressão e cativeiro.

Nesta análise da realidade não atuam somente preocupações oriundas das ciências do social (sociologia, economia, política), mas também da ordem histórico-cultural, antropológica, da cultura popular. As grandes maiorias esmagadas criaram sua cultura do silêncio, suas maneiras próprias de dar sentido à vida, libertar-se, resistindo e vivendo no cativeiro. Nesta linha existem numerosos estudos, quase em todo o continente, sobre a cultura e a religiosidade popular como sementeira de valores não atingidos pela ideologia imperialista, e dinamismo para uma autêntica teologia da resistência e de um processo de libertação.

Para captar a gravidade do desenvolvimento como dependência e dominação, deve-se transcender as análises de corte meramente sociológico ou das ciências do humano e descer a uma consideração de corte estrutural e cultural. O capitalismo, o consumismo, os laços de dependência e opressão manifestam um certo *ethos* cultural (o sentido da vida e da morte, das relações com o outro, com os bens, com o Transcendente) que tem suas formas de concretização histórica. A modernidade optou por um sentido de ser e viver orientado pelo saber e pelo poder sobre tudo o que se lhe oferece, especialmente sobre o mundo em termos de dominação, lucro e exploração. Qualquer revolução que não mudar esse *ethos* cultural, que se encontra na base de nossa história ocidental e também no marxismo, será apenas uma variação do mesmo tema, e jamais uma verdadeira libertação, pelo menos a visada pelos mais sérios grupos latino-americanos de reflexão.

Este tipo de reflexão, com a rapidez que esta comunicação exige, está pressuposto na cristologia da libertação elaborada em nosso continente. Ela quase não está escrita e teoricamente pormenorizada; é antes falada em grupos e veiculada por textos mimeografados.

Impõe-se agora a pergunta essencial: Dentro de tal interesse, que imagem de Jesus vai emergir? Que leitura surge de sua mensagem e de sua práxis salvadora? Por ser impossível pormenorizar toda uma cristologia que se vislumbra a partir dessa perspectiva, vamos propor algumas teses para o debate:

3 Marcos para uma compreensão libertadora do Jesus histórico

3.1 A relevância libertadora do Jesus histórico

1) A cristologia de libertação elaborada a partir da América Latina privilegia o Jesus histórico sobre o Cristo da fé.

a) Porque vê um isomorfismo estrutural de situações entre a época de Jesus e nosso tempo: opressão e dependência objetivas, vividas subjetivamente como contraditórias ao plano histórico de Deus.

b) Porque o Jesus histórico nos coloca imediatamente em contato com seu programa libertador e com suas práticas de *atuação*.

c) Porque o Jesus histórico manifesta o conflito provocado por toda prática libertadora e aponta para o destino provável de todo portador profético de um projeto libertador.

d) Porque o Jesus histórico destaca com toda a clareza o principal da fé cristológica, que é o seguimento de sua vida e de sua causa. Neste seguimento aparece a verdade de Jesus: primariamente, uma verdade na medida em que capacita a transformar este mundo pecador em Reino de Deus e, secundariamente, na medida em que é uma verdade que se faz justificável diante das exigências da razão humana em sua abertura ao infinito. Jesus não se apresenta como explicação da realidade, mas como exigência de transformação dessa realidade. Nesta medida se constitui como sua explicação definitiva.

e) Porque o Jesus histórico nos revela o Pai na medida em que nos mostra como caminhar rumo ao Pai. Noutras palavras: somente no processo de conversão/mudança (prática) se tem acesso ao Deus de Jesus Cristo e não por uma reflexão abstrata (teoria).

f) Porque o Jesus histórico propicia uma crítica ao homem e à sociedade, como se apresentam historicamente. Só mediante a conversão podem antecipar e concretizar o Reino, ou seja, a intenção última de Deus sobre o homem e o mundo. O Jesus histórico significa crise e não justificação da presente situação do mundo, exige não tanto uma explicação e sim uma transformação.

2) O sentido pleno do Jesus histórico não se deduz da própria análise histórica, mas de sua leitura a partir da revelação completa de seu caminhar, que é a ressurreição. A luz da ressurreição não dispensa a consideração da história, mas remete a uma preocupação mais atenta da história, como o comprovam os próprios evangelhos.

3.2 O Reino de Deus: a utopia da absoluta libertação e suas antecipações históricas

1) O Jesus histórico não se pregou sistematicamente a si mesmo, nem a Igreja, nem a Deus, mas o Reino de Deus.

a) O plano de fundo da ideia de Reino de Deus é a compreensão escatológico-apocalíptica segundo a qual este mundo, tal como se encontra, contradiz o desígnio de Deus, mas Deus, nesta última hora, decidiu intervir e inaugurar definitivamente o seu reinado. Reino de Deus, portanto, é o signo semântico que traduz esta expectativa (Lc 3,15) e se apresenta como a realização da utopia de uma libertação global, estrutural e escatológica.

b) O próprio de Jesus não consiste em proclamar que o Reino há de vir, mas em que por sua presença e atuação o Reino já está perto (Mc 1,15) e no meio de nós! (Lc 17,21). O projeto fundamental de Jesus é, portanto, proclamar e ser instrumento da realização do sentido absoluto do mundo: libertação *de* tudo o que estigmatiza: opressão, injustiça, dor, divisão, pecado, morte; e libertação *para* a vida, comunicação aberta do amor, a liberdade, a graça e a plenitude em Deus.

2) O Reino conserva sempre um caráter de totalidade e universalidade. Coloca em xeque os interesses regionais e imediatos, religiosos, políticos e sociais.

a) A perversão consiste em regionalizar o Reino tanto na forma do poder político, como nos quadros do poder religioso-sacerdotal, ou mesmo no quadro do poder carismático-profético. Esta foi precisamente a tentação de Jesus (Mt 4,1-11) que o acompanhou a vida inteira (cf. Lc 22,28). Noutras palavras: nenhuma libertação intra-histórica define o quadro final do mundo e realiza a utopia. A libertação total, gerada pela liberdade plena, constitui a essência do Reino e é o bem escatológico de Deus. A história é processo rumo a isso. Cabe ao homem incrementá-lo. O Reino de Deus possui essencialmente uma dimensão de futuro não alcançável pelas práticas humanas e é objeto da esperança escatológica.

3) O Reino de Deus não é apenas futuro e utopia; é um presente e encontra concretizações históricas. Por isso deve ser pensado como um processo que começa no mundo

e culmina na escatologia final. Em Jesus encontramos a tensão dialética sustentada adequadamente: por um lado, a proposição de um projeto de total libertação (Reino de Deus) e, de outro, mediações (gestos, atos, atitudes) que o traduzem processualmente na história. Por um lado o Reino é futuro e há de vir e, de outro lado, é presente e está perto.

a) O primeiro aparecimento público de Jesus na sinagoga de Nazaré tem um sentido programático: proclama a utopia do ano de graça do Senhor que se historifica em libertações bem concretas para os oprimidos e cativos (Lc 4,16-21). A ênfase, no anúncio/programa, recai na infraestrutura material. O Messias é aquele que realiza a libertação dos infelizes concretos. São felizes os pobres, aqueles que sofrem, os que têm fome e são perseguidos, não porque sua condição encarne um valor, mas porque sua situação de injustiça representa um desafio à justiça do Rei messiânico. Deus, através de Jesus, tomou o partido deles. O Reino como libertação do pecado pertence ao eixo da pregação de Jesus e do testemunho dos apóstolos (Lc 24,47; At 2,38; 5,31; 13,38), mas não pode ser interpretado de forma reducionista, amputando a dimensão infraestrutural que Lucas sublinhou em Jesus: aquela social e histórica. O Jesus histórico assumiu o projeto dos oprimidos, que é de libertação, e também os conflitos que aí se acham implicados.

b) A libertação de Jesus assume um duplo aspecto: por um lado proclama uma libertação total de toda a história e não apenas de um segmento dela; por outro, antecipa a totalidade em um processo que se concretiza em libertações parciais sempre abertas à totalidade. Se Jesus anunciasse uma utopia do fim ditoso para o mundo sem sua antecipação na história, alimentaria fantasmagorias do homem sem qualquer credibilidade; se introduzisse libertações parciais sem perspectivas de totalidade e de futuro, frustraria as esperanças despertadas e decairia em um imediatismo inconsistente. Na atuação de Jesus se encontram as duas dimensões em tensão dialética.

3.3 A práxis de Jesus: uma libertação em processo

1) Os *acta et facta Jesu* (práxis) são entendidos como historificações daquilo que significa concretamente Reino de Deus: mudança libertadora da situação. Neste sentido, Jesus se aproxima do projeto dos grupos oprimidos.

a) Neste registro é que se deve interpretar os milagres. Seu sentido não reside no prodigioso, mas no serem sinais (*érgon, semeion*) da presença do Reino (cf. Lc 1,20); Irrompeu neste mundo o mais forte que vence o forte (Mc 3,27): uma libertação em processo.

b) Por suas atitudes Jesus encarna o Reino e corporifica o amor do Pai. Se se aproxima daqueles que todos evitavam, como os pobres, pecadores públicos, impúdicos, bêbados, leprosos, meretrizes, em uma palavra, dos marginalizados social e religiosamente, não é por um mero espírito humanitário, mas porque historifica a atitude amorosa do Pai para com esses pequenos e pecadores. Sua situação não representa a estrutura final da vida. Não estão definitivamente perdidos. Deus pode libertá-los.

2) A práxis de Jesus tem um eminente caráter sociopolítico e alcança a *estrutura* da sociedade e da religião da época. Não se apresenta como um reformista ascético à

maneira dos essênios, nem como observante da tradição como os fariseus, mas como libertador profético.

a) A atuação de Jesus se inscreve no religioso, mas pelo fato de que o religioso constituía um dos pilares fundamentais do poder político, toda intervenção no religioso tinha consequências políticas.

b) É libertadora e não reformista a práxis de Jesus diante da religião, das leis sagradas e da Tradição (Ouvistes que foi dito... eu porém vos digo...). Relativiza seu pretenso valor absoluto: mais importante que o sábado e a tradição é o homem (Mc 2,23.26); na atitude que se toma diante do outro se decide a salvação (Mt 25,31-46). Jesus desloca o centro de gravidade na questão dos critérios de salvação: esta não passa através da ortodoxia, mas da ortopráxis. Submete a Torá e a dogmática do Antigo Testamento ao critério do amor e assim liberta de estruturas necrófilas a prática humana.

c) O anúncio e as práticas de Jesus postulam uma nova imagem de Deus e um novo acesso a Ele. Não é mais o velho Deus da Torá, mas o Deus de infinita bondade que "ama os ingratos e os malvados" (Lc 6,35), que se aproxima em graça, além do que fora prescrito e exigido pela Torá. Ele não é um em si, fora da história, revelando-se epifanicamente, mas é um Deus que se revela na história enquanto realiza seu Reino e com isso transforma a situação. Ele deve ser primariamente pensado a partir do futuro, a partir do Reino que vai implantar como total libertação dos mecanismos iníquos do passado e como plenitude de vida ainda não experimentada. O acesso a Ele não se faz primariamente pelo culto, pela observância religiosa ou pela oração. São mediações verdadeiras, mas em si ambíguas. O acesso privilegiado e sem ambiguidade se faz pelo serviço ao pobre no qual o próprio Deus se esconde anonimamente. A práxis libertadora constitui o caminho mais seguro para o Deus de Jesus Cristo.

d) Libertadora se mostra sua atuação nas relações sociais. A sociedade de sua época estava muito estratificada: distinguiam-se próximos e não próximos, puros e impuros, judeus e estrangeiros, homens e mulheres, observantes das leis e povo ignorante, homens de profissões de má fama, enfermos considerados pecadores. Jesus solidariza-se com todos eles e isto lhe vale difamações de glutão e beberrão, amigo de coletores de impostos e desacreditados (Mt 11,19). O ataque impiedoso a teólogos, fariseus e a saduceus tem inequívoca relevância social.

e) A justiça ocupa lugar central em seu anúncio. Declara bem-aventurados os pobres não por olhar a pobreza como virtude, mas porque, sendo ela fruto de relações injustas entre os homens, provoca a intervenção do Rei messiânico cuja primeira função é fazer justiça ao pobre e defender o fraco em seu direito. Rechaça também a riqueza que vê dialeticamente como consequência da exploração dos pobres. Por isso, a qualifica simplesmente de desonesta (Lc 16,9). O ideal de Jesus não é nem uma sociedade de opulência nem uma sociedade de pobreza, mas de justiça e fraternidade.

f) Libertadora também se mostra sua crítica a todo poder-dominação (Lc 22,25-28), desmitificando sua eficácia e sua qualidade de mediação para Deus. A relativização operada por Jesus atingiu também o poder sagrado dos césares, aos quais nega caráter divino (Mt 22,2) e a condição de pretensa última instância (Jo 19,11). A *pax romana*, baseada na dominação, não encarna o Reino de Deus.

g) A práxis de Jesus implica estabelecer um novo tipo de solidariedade que supera as diferenças de classe e as inerentes à vida. A todos procura defender em seu direito, especialmente os pequenos, enfermos, marginalizados e pobres. Tudo que divide os homens, como inveja, cobiça, calúnia, opressão, ódio, é combatido por Jesus. Propugna o espírito das bem-aventuranças, único capaz de transformar este mundo em digno dos olhares divinos.

h) O apelo de Jesus a toda renúncia de vingança e em favor da misericórdia e do perdão nasce de sua fina percepção da realidade histórica: sempre haverá estruturas de dominação, mas isto não nos deve levar ao desânimo ou a assumir essa mesma estrutura. Impõe-se a necessidade do perdão que é a força do amor capaz de conviver com as contradições, e superá-las de dentro.

3) Apesar de suas práticas libertadoras, que concretizavam historicamente a realidade do Reino escatológico, Jesus não se organizou para a tomada do poder político. Sempre considerou o poder político como tentação diabólica, porque implicava uma regionalização do Reino que é universal. O motivo fundamental de sua recusa consiste em sua compreensão de fundo segundo a qual o Reino de Deus – enquanto de Deus – somente se historifica pela liberdade (conversão) e não por imposição. Acresce o horizonte cultural – o apocalíptico – no qual se move Jesus como seus contemporâneos; logicamente, a irrupção definitiva do Reino de Deus é obra da graça de Deus; o homem

deve preparar-se e antecipá-la, mas não induzi-la. Neste ponto Jesus se distancia dos zelotes.

a) Para uma história que tem ainda futuro e para uma compreensão que postula a protelação da parusia significa que é mister relativizar essa atitude do Jesus histórico e atribuí-la aos condicionamentos e limites de suas categorias culturais de expressão. Isso não exime a teologia da necessidade de pensar na tomada de poder político, como forma legítima e adequada para proporcionar mais justiça aos marginalizados; tal poder, enquanto se submete à lei do serviço e por isso mesmo não se absolutiza, pode constituir uma forma histórica de concretização do intencionado pela ideia de Reino. E isto porque "Jesus não propugna um amor despolitizado, des-historizado, desestruturado, mas um amor político, ou seja, situado e que tem repercussões visíveis para o homem".

3.4 *A conversão: a exigência da libertação de Deus*

1) A conversão postulada por Jesus não é somente mudança de convicção (teoria), mas principalmente mudança de atitude (prática), não apenas do homem considerado como irredutibilidade de uma liberdade pessoal (coração), mas do homem como ser concreto envolvido por uma rede viva e ativa de relações. Conversão é, positivamente, a produção de relações modificadas em todos os níveis da realidade pessoal e social de tal forma que concretize libertações e antecipe o Reino. O pessoal vem dialetizado pelo social e vice-versa.

2) A conversão não deve ser compreendida como condição para que venha o Reino, mas significa já sua inaugu-

ração, presença e atuação na história. Pela conversão aparece claramente a estrutura do Reino e a libertação desejada por Deus: por uma parte constitui um dom oferecido e, por outra, é acolhida que se faz real, na medida em que o homem colabora na instauração do Reino por mediações de caráter pessoal político, social e religioso.

3) O Reino e a libertação nele implicada encarnam o típico do poder de Deus. Não é um poder de dominação das liberdades, mas de oferecimento e apelo à liberdade e a sua obra que é o amor. O Reino apresenta-se assim como proposição e não como imposição. Por isso, nas condições históricas o Reino de Deus não vem se o homem não o aceita nem entra em um processo de conversão/libertação.

a) A proclamação do Reino não invalida a luta histórica. A libertação total proposta por Deus passa pelo caminho de libertações parciais; aquela não é a causa destas, mas antecipa e prepara a libertação total. Por isso, o homem jamais é mero espectador e Deus um simples concessionário.

b) A conversão revela a dimensão conflitiva do Reino. A boa notícia de Jesus é boa só para aqueles que se convertem; não o é para o fariseu que permanece fariseu, nem o é tampouco para os mantenedores da situação que consagrava as discriminações entre os homens. Para todos eles é má notícia. Por isso Jesus e seu anúncio dividem e isto pertence à essência do Reino: nele se entra mediante a ruptura e a mudança deste mundo e não prolongando sua estrutura. Jesus se dirige a todos, mas concretamente aos pobres, sendo um deles e assumindo sua causa, aos fariseus desmascarando sua autossuficiência, aos ricos denunciando o mecanismo de sua injustiça e sua mamonolatria.

Finalmente, Ele morreu "para que se saiba que nem tudo é permitido neste mundo".

4) O Jesus histórico se opôs a utilizar o poder para impor a vontade de Deus; isto eximiria os homens de sua tarefa libertadora: não seriam tampouco os sujeitos da transformação pessoal e social, mas meros beneficiários. Preferiu morrer a implantar o Reino de Deus mediante a violência. E se não fosse assim, surgiria não um Reino de Deus, mas um Reino feito da vontade do poder humano, baseado na dominação, na ausência da liberdade.

3.5 A morte de Jesus: o preço a pagar pela libertação de Deus

1) A morte de Jesus tem íntima conexão com sua vida, seu anúncio e suas práticas. As exigências de conversão, a nova imagem de Deus, sua liberdade diante das sagradas tradições, a sua crítica profética aos detentores do poder político, econômico e religioso provocaram um conflito do qual resultou sua morte violenta.

2) Jesus não procurou a morte; esta lhe foi imposta de fora e ele a aceitou não resignadamente, mas como expressão de sua liberdade e fidelidade à causa de Deus e dos homens. Isolado, rechaçado e ameaçado, não compactuou – para sobreviver – com os poderosos privilegiados, mas permaneceu fiel à sua missão de anunciar a Boa-nova aos que

se convertem. Aceita livremente a morte que se lhe impõe por uma conjuntura histórica.

3) A cruz é símbolo do Reino do poder a seu próprio serviço, inclusive religioso. Foram os piedosos que martirizaram Jesus. Toda vez que uma situação se fecha sobre si mesma, assim oculta o futuro e se absolutiza, corta o processo de libertação e reforça os mecanismos de opressão.

4) A morte abraçada livremente desvela uma total liberdade de si mesmo e de seus projetos; quando suportada por amor, em solidariedade com os vencidos da história, perdoando os que lhe inflingiram e entregando-se, apesar do fracasso histórico, a Deus, isto já significa uma forma de concretização da realidade do Reino de Deus.

5) Os motivos do assassínio de Jesus são de dupla ordem, ambas alcançando o nível estrutural. Foi condenado primeiro como *blasfemo*, por apresentar um Deus diferente daquele do *status quo* religioso: "Jesus desmascarou a submissão do homem em nome da religião; desmascarou a hipocrisia religiosa, que consiste em considerar o mistério de Deus como álibi para não ouvir a exigência da justiça. Neste sentido os poderes religiosos captaram corretamente que Jesus pregava um Deus oposto ao deles".

Como se depreende, sua atitude foi eminentemente libertadora e em função dela foi rechaçado. Em face das autoridades políticas morre sob a acusação de *guerrilheiro*. A pregação e suas atitudes o colocam perto do projeto libertador zelote: sua espera de um advento do Reino, seu radicalismo, algumas de suas afirmações sobre "o reino (que) sofre violência", "os violentos o arrebatam", sua liberdade diante do poder imperial estabelecido, seu ascendente sobre o povo que deseja fazê-lo líder. Por outro lado, Jesus se afasta de todo espírito zelote por renunciar ao messianismo político-religioso, baseado no poder, incapaz de concretizar o Reino, que supõe uma libertação mais radical abarcando tudo, superando a quebra de fraternidade e postulando um homem novo.

6) A cruz demonstra a conflitividade de todo processo libertador sob condições nas quais a estrutura de injustiça ganhou a partida. Nestas condições, a libertação só é possível sob a forma do martírio e do sacrifício em favor dos outros e da causa de Deus no mundo. Foi o caminho escolhido e assumido conscientemente por Jesus.

3.6 *A ressurreição de Jesus: a irrupção antecipada da definitiva libertação*

1) A ressurreição de Jesus se acha intimamente unida à vida, à morte e ao anúncio de Jesus sobre o Reino de Deus. Se o Reino de Deus é o termo semântico para indicar total libertação, se a vida de Jesus foi uma vida libertada e libertadora, se a morte foi uma entrega totalmente livre, então a ressurreição realiza este programa em sua forma escatológica. Pela rejeição dos judeus, o Reino não pôde ser concretizado em sua dimensão universal e cósmica. Agora encontra uma realização pessoal na ressurreição do Crucificado. Jesus é *autobasileia tou Theou* (Orígenes).

2) Como tal é triunfo da vida simplesmente e explicitação de todas as suas potencialidades latentes, aparecendo como libertação de todos os seus obstáculos e conflitos históricos. Já é realidade escatológica e como tal revela a intenção última de Deus sobre o homem e o mundo.

3) A ressurreição desvenda a vida que se escondia em Jesus e que não podia ser tragada pela cruz: uma libertação em plenitude como total graça de Deus. A ressurreição aponta para o termo-plenitude visado por todo o processo libertador: chegar à plena liberdade.

4) A ressurreição do Crucificado mostra que morrer assim como Jesus morreu pelos outros e por Deus não é sem sentido. A morte anônima de todos os vencidos da história pela causa da justiça, da abertura e de um sentido último da vida humana encontra na ressurreição de Jesus a sua clarificação. Ela tem uma função de libertação de um absurdo histórico. "A questão da ressurreição se coloca justamente a partir da insurreição". Pela ressurreição nos foi manifestado que "o algoz não triunfa sobre a vítima".

5) O sentido da libertação total da ressurreição só aparece quando confrontada com a luta de Jesus pela instauração do Reino neste mundo. Caso contrário, degenera em um cinismo piedoso frente às injustiças deste mundo aliado a um idealismo sem conexão com a história. Por sua ressurreição, Jesus continua entre os homens, animando a luta libertadora. Todo crescimento verdadeiramente humano, tudo o que significa autêntica justiça nas relações sociais,

tudo o que significa aumento de vida constitui uma forma de a ressurreição atualizar-se, antecipar-se e preparar sua plenitude futura.

6) Toda cristologia – enquanto esforço sistemático de decifrar a realidade da vida, morte, ressurreição e ascensão de Jesus – tem como ponto de partida e horizonte iluminador o evento ressurreição. A partir da ressurreição se explicitaram ou se elaboraram os títulos de grandeza de Jesus Cristo até a culminância da profissão de fé: Jesus é o Cristo, o Filho de Deus, Deus mesmo conosco.

3.7 O seguimento de Jesus como forma de atualizar sua libertação

1) A vida humana sob o signo da protelação do advento do Reino escatológico como plenitude de libertação possui uma estrutura pascal que se traduz pelo seguimento de Jesus Cristo, morto e ressuscitado.

2) Este seguimento inclui primeiro anunciar a utopia do Reino como sentido bom e pleno do mundo que Deus oferece a todos.

3) Em segundo lugar, implica traduzir a utopia em práticas que visem mudar este mundo em nível pessoal, social e cósmico; a utopia não é uma ideologia, mas dá origem a ideologias funcionais como orientação de práticas libertadoras. O seguimento de Jesus não é mera imitação, mas supõe dar-se conta da diferença de situações entre Jesus com seu horizonte apocalíptico de irrupção iminente do

Reino e nós, para quem a história tem futuro, e o advento do Reino fica protelado. As táticas de organização do amor e da justiça na sociedade dependem dessas diferenças. Certo é que para Jesus, como também para nós, Deus é futuro e seu Reino não chegou totalmente. Porém, a maneira de assunção da história muda sempre. Ele não prescreveu um modelo concreto, mas uma maneira própria de fazer-se presente em cada concreção que está inevitavelmente vinculada à relatividade de cada situação: opção pelos injustiçados, renúncia à vontade de poder/dominação, solidariedade a tudo o que aponta para uma convivência mais participada, fraterna e aberta ao Pai.

4) Em terceiro lugar, a libertação de Deus se traduz em um processo de libertação que implica lutas e conflitos que devem ser assumidos e compreendidos à luz do caminho oneroso de Jesus, como amor que tem, algumas vezes, de sacrificar-se, como esperança escatológica que tem de passar por esperanças políticas e como fé que tem de caminhar tateando porque, pelo fato de sermos cristãos, não temos ainda a chave para decifrar os problemas políticos e econômicos. A cruz e a ressurreição são paradigmas da existência cristã.

5) Seguir a Jesus é pro-seguir sua obra, per-seguir sua causa e con-seguir sua plenitude.

Esta visão – com todos os limites que possui uma visão – quer colocar-se a serviço da causa da libertação política, social, econômica e religiosa de nossos povos oprimidos. Trata-se de uma contribuição ao nível da expressão teórica que deseja iluminar e enriquecer uma práxis já existente de fé libertadora.

Em nossa situação de Terceiro Mundo dependente, a fé cristológica pensada e vivida de forma histórica nos orienta para uma opção ideológica de libertação, para um certo tipo de análise e para um compromisso preciso. Cremos que, em nosso contexto, ler o Evangelho e seguir a Jesus de uma forma não libertadora é obrigar-se a colocá-lo de pernas para o ar ou interpretá-lo continuamente de forma ideológica em sentido pejorativo.

Pode-se pregar de muitas maneiras sobre o Reino de Deus. Pode-se anunciá-lo como o *outro* mundo que Deus nos está preparando, que vem depois desta vida. Ou pode-se pregá-lo como sendo a Igreja representante e continuadora de Jesus com seu culto, sua dogmática, suas instituições e sacramentos. Estas duas maneiras colocam entre parênteses o compromisso como tarefa e construção do mundo mais justo e participado e alienam o cristão diante do problema da opressão de milhões de nossos irmãos. Mas pode-se também anunciá-lo como uma utopia de um mundo reconciliado em plenitude que se antecipa, prepara e começa já na história mediante o compromisso dos homens de boa vontade. Cremos que esta última interpretação traduz tanto no nível histórico como no nível teológico a *ipsissima intentio Jesu*. A cristologia tem sua função na elaboração e formação de uma opção cristã na sociedade.

4 A importância de uma cristologia de libertação para a tarefa cristológica universal

Não se imagine que este tipo de cristologia interessa apenas à América Latina, por viver na carne as contradições do subdesenvolvimento como dominação. Como anteriormente consideramos, esta situação é gerada por um estilo de relações em nível internacional entre países ricos e países pobres. Nós somos apenas um polo da relação. Por isso os teólogos do outro polo estão implicados neste problema que desafia a consciência cristã e força uma direção na meditação e vivência da fé cristológica. A forma como articulam sua cristologia não nos é indiferente. Ela possui uma dimensão política, porque pode reforçar, como pode também pôr em xeque o polo determinante, responsável principal pelo injusto desequilíbrio.

O problema coloca-se em termos não de ajuda, mas de justiça. As atuais relações violam direitos fundamentais das nações e as mantêm violentamente em moldes subdesenvolvimentistas apesar de ocultar todo este mecanismo injusto sob o manto de progresso e estreitamento de relações amistosas, capazes de enganar as igrejas cristãs e desarmar a *intelligentzia* teológica.

Não poucas vezes, teologias progressistas, secularizadoras, ilustradas, críticas até o extremo encobrem posições políticas conservadoras e reforçam ideologicamente o *status quo*. Outras podem ser intencionalmente libertadoras, mas, por ausência de uma análise mais crítica do sistema vigente, têm estruturalmente práticas assistencialistas.

Na América Latina os mecanismos de dominação são mais patentes e saltam aos olhos. Por isso foi mais fácil à teologia questionar-se e buscar formas teóricas de apoio ao projeto libertador. Na Europa os mecanismos estão presentes (pois aí se acham os centros de decisões sobre nossa situação econômica, política, cultural), mas são mais sutis e refinados. Mas o teólogo pode chegar a uma posição social e teológica libertadora afinando seus instrumentos de análise e mantendo um recuo crítico mais profundo e consequente.

Na América Latina sonhamos – sempre é permitido sonhar – com o dia em que a *intelligentzia* privilegiada da teologia europeia se dê conta de sua importância no processo de libertação para suas Igrejas e para suas sociedades, pois por sua posição cêntrica e como polo principal ajudariam os irmãos de nosso continente a desencadear seu caminho libertador. A Teologia da Libertação e Jesus Cristo Libertador representam o grito dolorido dos cristãos oprimidos que batem à porta dos irmãos ricos pedindo tudo e não pedindo nada. Pedem apenas para ser gente; suplicam ser acolhidos como pessoas; pedem apenas que os deixem lutar para reconquistar sua liberdade prisioneira.

Se a cristologia da libertação ajudar nessa tarefa messiânica, terá cumprido sua missão profética e terá sido digna do sagrado nome de Jesus Cristo, que não quis outra coisa neste mundo senão libertar a todos e em plenitude.

2
O que quis afinal Jesus Cristo?

Jesus inicialmente não pregou nem a si mesmo nem a Igreja, mas o Reino de Deus. Reino de Deus é a realização da utopia fundamental do coração humano de total transfiguração deste mundo, livre de tudo o que o aliena, como sejam a dor, o pecado, a divisão e a morte. Ele vem e anuncia: "Acabou-se o prazo da espera. Próximo está o reino"! Ele não só promete essa nova realidade, mas já começa a realizá-la e mostrá-la como possível nesse mundo. Ele, portanto, não veio alienar o homem e levá-lo para outro mundo. Veio confirmar uma boa notícia: esse mundo sinistro tem um fim bom, humano e divino.

Na confusão geral das ideias hoje, no diálogo entre as várias confissões cristãs e no confronto com as várias religiões somos levados a nos perguntar com toda a simplicidade. Que quer afinal o cristianismo? Que quis e que veio trazer afinal Jesus Cristo? Que estamos fazendo quando professamos a fé cristã e tentamos viver a mensagem de Jesus imitando e seguindo sua vida? Precisamos saber o que queremos. Para justificar frente a nós mesmos e legitimar frente aos outros as razões de nossa esperança (cf. 1Pd 3,15). Se quiséssemos definir o horizonte mais vasto a partir do qual podemos compreender Jesus Cristo em sua mensagem, então podemos, brevemente, dizer: Jesus Cristo quer ser em sua própria pessoa a resposta de Deus à condição humana.

1 Para compreender as respostas precisamos entender as perguntas

Se Jesus Cristo quer ser a resposta de Deus à condição humana, então convém saber a que perguntas da condição humana quer ser uma resposta. Nós só entendemos quando compreendemos as perguntas para as quais algo ou alguém quer ser a resposta. Quais são estas perguntas? Eis algumas fundamentais que estigmatizam nossa existência desde que temos dela conhecimento no passado e no presente: Por que o homem não consegue ser feliz? Por que não pode amar? Por que se encontra dividido em si mesmo, atormentado de perguntas derradeiras? Os animais todos têm seu *habitat* no mundo e o homem está ainda à procura de seu verdadeiro lugar. Por que há separação, dor e morte? Por que não se consegue um relacionamento fraterno entre os homens e ao invés disso há legalismo e escravidão? Para se conseguir a paz faz-se a guerra e, para evitar a guerra, arma-se e prepara-se para ela? Dos 3.400 anos de história da humanidade que podemos datar literariamente ou por outras fontes, 3.166 anos foram anos de guerra. Os restantes 234 anos não foram certamente anos de paz, mas de preparação para a guerra. Há uma alienação que pervade toda a realidade humana, individual, social e cósmica. Quem trará a paz? A salvação? A reconciliação de tudo em todos? Há no homem um princípio-esperança, gerador de constantes utopias de superação e de suma felicidade, atestado por todas as culturas e civilizações, mesmo pelas mais primitivas, desde o Epos de Gilgamesh dos povos babilônicos ou dos nossos índios tupi-guaranis ou apapocuva-guaranis até as utopias modernas do admirável mundo novo ou de um mundo totalmente planetizado e amorizado, princípio esse do qual o livro do Apocalipse também testemunha quando diz: "Ele enxugará as lágrimas todas dos olhos, a morte não existirá mais, nem mais luto, nem prantos, nem fadiga, porque tudo isto já passou [...] Eis que faço novas todas as coisas" (Ap 21,4-5). Todas as religiões e ideologias sabem destas perguntas e dão a seu modo uma resposta. E o homem desconsolado continua a dizer com São Paulo: "Ai de mim, infeliz de mim! Quem me livrará deste corpo de morte?" (Rm 7,24).

Eis porém que surge um homem em Nazaré. Um homem se levanta na Galileia, mais tarde se revelando como sendo o próprio Deus e condição humana, e anuncia a resposta de Deus a tudo isso: "Esgotou-se o prazo da espera. O romper da nova ordem está bem próximo e será trazido por Deus. Mudai de vida! Crede nessa boa notícia" (cf. Mc 1,14; Mt 3,17; Lc 4,18s.).

2 Jesus prega um sentido absoluto para o nosso mundo

Cristo não começou pregando-se a si mesmo. Nem se anunciou como Filho de Deus, Messias e Deus. Os títulos de Jesus que os evangelhos lhe atribuem são em sua grande maioria expressões da fé da comunidade primitiva. A ressurreição de Jesus constituiu para ela a grande virada: só agora compreendeu profundamente quem era Jesus e o que Ele significava para toda a história da salvação. Nessa atmosfera foram decifrando o segredo último do pregador e taumaturgo de Nazaré (cf. At 2,22-23) atribuindo-lhe títulos de excelência, desde o Santo e o Justo (At 3,14), o Servo de Deus (At 4,27), até Filho de Deus Messias e por fim Deus mesmo. O que estava latente e implícito nas palavras, nos sinais e nas atitudes de Jesus histórico ficou agora, após a ressurreição, patente e explícito. Os títulos que a fé atribuiu exprimem exatamente quem era Jesus desde o seu nascimento até sua cruz: o esperado das nações, o salvador do mundo, o Filho de Deus, Deus mesmo feito condição humana. Tudo isso veremos com mais precisão em outros capítulos ao longo deste livro.

Cristo não começou pregando-se a si mesmo, mas o Reino de Deus. Que significa Reino de Deus que constitui indiscutivelmente o centro de sua mensagem? Para os ouvintes de Jesus significava bem outra coisa que para os ouvidos do fiel moderno, para quem o Reino de Deus é outra vida, o céu, o pós-morte. Reino de Deus – que ocorre 122 vezes nos evangelhos e 90 na boca de Jesus – significava para os ouvintes de Jesus a realização de uma esperança, no final do mundo, de superação de todas as alienações humanas, da destruição de todo o mal, seja físico, seja moral, do pecado, do ódio, da divisão, da dor e da morte. Reino de Deus seria a manifestação da soberania e senhorio de Deus sobre esse mundo sinistro, dominado por forças satânicas em luta contra as forças do bem, o termo para dizer: Deus é o sentido último deste mundo; Ele intervirá em breve e sanará em seus fundamentos toda a criação, instaurando o novo céu e a nova terra. Essa utopia, anseio de todos os povos, é objeto da pregação de Jesus. Ele promete: não será mais utopia, mas realidade a ser introduzida por Deus. Por isso, ao pregar pela primeira vez na sinagoga da Galileia e ao ler um tópico de Is 61,1s.: "O Espírito do Senhor está sobre mim, porque me ungiu para evangelizar os pobres:

Ele me enviou para pregar aos cativos a liberdade, aos cegos a recuperação da vista, para pôr em liberdade os oprimidos e para anunciar um ano de graça do Senhor" diz: "Hoje se cumpre esta escritura que acabais de ouvir" (Lc 4,18-19.21). À pergunta de João Batista encarcerado: "És tu o que vem ou devemos esperar por outro?", responde Jesus: "Os cegos veem, os coxos andam, os leprosos são curados, os surdos ouvem, os mortos ressuscitam e os pobres são evangelizados" (Mt 11,3.5). Aqui está o sinal da reviravolta total: quem conseguir introduzir semelhantes realidades, este será o libertador da humanidade. Cristo se entende como o Libertador porque prega, presencializa e já está inaugurando o Reino de Deus. Reino de Deus é a revolução e a transfiguração total, global e estrutural desta realidade, do homem e do cosmos, purificados de todos os males e repletos da realidade de Deus. Reino de Deus não quer ser um outro mundo, mas o velho mundo transformado em novo. Se Mateus usa, em vez de Reino de Deus, Reino dos Céus é porque ele como bom judeu-cristão procura evitar o nome de Deus e em seu lugar emprega céu. Reino de Deus não significa só liquidação do pecado, mas de tudo o que o pecado significa para o homem, para a sociedade e para o cosmos. No Reino de Deus a dor, a cegueira, a fome, as tempestades, o pecado e a morte não terão mais vez.

Bem o diz São Lucas quando anuncia que com Jesus chegou "o ano da graça do Senhor" (4,19). Atrás desta expressão se esconde uma das grandes utopias do Antigo Testamento. O Êxodo refere que de sete em sete anos devia-se festejar o ano sabático (Ex 23,10-12; 21,2-6). Nesse ano todos deveriam sentir-se filhos de Deus e por isso todos se deveriam considerar como irmãos. Os escravos seriam libertados, as dívidas seriam perdoadas e as terras uniformemente distribuídas. Nenhum patrão deveria esquecer que cada homem é um ser livre para Deus (Dt 15,12-15). O Levítico (25,9.8-16) releva essa ideia social prescrevendo que de cinquenta anos se celebre o ano do jubileu. Será um ano de graça do Senhor. Todos serão livres. Cada um voltará para a sua terra que lhe será restituída e para a sua família. Esse ideal social porém jamais foi cumprido. O egoísmo e os interesses feitos sempre foram mais fortes. Por isso tornou-se aos poucos uma promessa para os tempos messiânicos (cf. Is 61,1s.). Deus mesmo instaurará o ano sabático da graça da reconciliação social e do perdão das dívidas. Jesus se levanta na Galileia e proclama: Ele trará o ano da graça do Senhor! Ele realizará uma velha utopia do povo! O egoísmo será superado por uma nova ordem das coisas deste mundo.

3 Uma velha utopia está se realizando

Os milagres de Cristo antes de revelarem sua divindade visam mostrar que o Reino já está presente e fermentando dentro do velho mundo: uma utopia tão velha quanto o homem está se realizando, a libertação total. "Se eu expulso os demônios pelo dedo de Deus, sem dúvida o Reino de Deus chegou a vós" (Lc 11,20). "Ninguém pode entrar na casa do forte e saqueá-la se primeiro não amarra o forte" (Mc 3,27). Ele é aquele mais forte que vence o forte. Ele é a escatologia realizada. Com sua vinda se festejam as bodas do tempo da salvação. Ele é o vinho novo e novo manto (cf. Mc 2,18-22) do cosmos renovado. Sua presença transforma o mundo e os homens: as doenças são curadas (Mt 8,16-17), o luto se transforma em alegria (Lc 7,11-17); Mc 5,41-43), os elementos lhe obedecem (Mt 8,27), a morte se transforma num sono apenas (Mc 5,39), pecados são perdoados (Mc 2,5) e os demônios impuros cedem lugar ao espírito de Deus (Mt 12,28). O tempo é de alegria e não de jejuns. Por isso grita ele: "Bem-aventurados os pobres, porque vosso é o Reino de Deus. Bem-aventurados os que agora padeceis fome, porque sereis fartos. Bem-aventurados os que agora chorais, porque rireis" (Lc 6,20-21). Com Cristo se "anuncia o ano de graça do Senhor" (Lc 4,19) que não conhecerá mais ocaso.

4 Reino de Deus não é um território, mas uma nova ordem das coisas

Reino de Deus que Cristo anuncia não é libertação deste ou daquele mal, da opressão política dos romanos, das dificuldades econômicas do povo ou só do pecado. Reino de Deus não pode ser privatizado a este ou àquele aspecto: ele abarca tudo, mundo, homem e sociedade; a totalidade da realidade deve ser transformada por Deus. Daí a frase de Cristo: "O Reino de Deus não vem de tal forma que a gente possa contar com ele. Nem se poderá dizer: Ei-lo aqui ou ali, porque o Reino de Deus está dentro de vós" (Lc 17,21). Esta difícil expressão "o Reino de Deus está em vosso meio" significa, segundo a mais recente exegese: "A nova ordem introduzida por Deus está à vossa disposição. Não pergunteis quando no futuro será estabelecida. Não corrais por isso daqui ou dali, como se o Reino de Deus estivesse ligado a algum lugar. Antes, decidi-vos e engajai-vos por ele. Deus quer ser vosso senhor. Abri-vos à sua vontade. Deus espera por vós especialmente agora. Preparai-vos e aceitai essa última oferta de Deus". Reino de Deus, como transparece, implica dinamismo, notifica um acontecimento e exprime a intervenção de Deus já iniciada, mas ainda não totalmente acabada. Por isso que Cristo ao pregar e presencializar o Reino nos ensina a rezar: "venha a nós o vosso Reino" (Lc 11,2; Mt 6,10). A pregação do Reino se realiza em dois tempos, no presente e no futuro. No presente, já o vimos acima. Resta a ver seu futuro: o tempo do mundo pecador terá passado (Mt 19,28; Lc 17,26-30), os sofrimentos irão desaparecer (Mt 11,5), não haverá mais luto (Mc 2,19), a morte será rompida (Lc 20,36) e os mortos ressuscitarão (Lc 11,5). Os fundamentos da velha ordem serão abalados: "os últimos serão os primeiros" (Mc 10,31), os pequenos serão grandes (Mt 18,4), os humildes serão os mestres (Mt 5,5), os doentes serão curados, os surdos ouvirão (Mt 11,5) e os oprimidos serão libertados (Lc 4,18). A situação do homem diante de Deus será totalmente transfigurada porque os pecados serão perdoados (Mt 6,14) e a glória será restituída aos homens (a veste celeste dos anjos) (Mc 12,25), os eleitos dispersos serão reunidos (Lc 13,27) e os filhos de Deus se encontrarão na casa paterna (Lc 15,19) onde toda fome e toda sede serão saciadas e transbordará o riso alegre do tempo da libertação (Lc 6,21).

5 Reino de Deus não é só espiritual

De tudo isso um dado resulta claro: Reino de Deus, ao contrário do que muitos cristãos pensam, não significa algo de puramente espiritual ou fora deste mundo. É a totalidade desse mundo material, espiritual e humano agora introduzido na ordem de Deus. Caso não fosse assim como poderia Cristo ter entusiasmado as massas? Alguns textos antigos guardaram ainda esse tom original: "Em verdade vos digo: já não beberei do fruto da vide até àquele dia em que o beba de novo no Reino de Deus" (Mc 14,25). Outras vezes promete, para quem abandona tudo por amor do Reino, o cêntuplo em casas e campos (Mc 10,30). Aos discípulos diz: "Eu disponho do Reino em favor de vós [...] para que comais e bebas à minha mesa em meu Reino, e vos senteis em tronos como juízes das doze tribos de Israel" (Lc 22,29-30; cf. Mt 19,28). O estourar desta nova ordem está iminente: "Não passará esta geração sem que isso aconteça" (Mc 13,30). Certa vez concretiza ainda mais e afirma: "Em verdade vos digo que há alguns dos aqui presentes que não provarão a morte até que vejam vir em poder o Reino de Deus" (Mc 9,1). Aos discípulos assegura: "Em verdade vos digo: não acabareis de percorrer as cidades de Israel antes que venha o Filho do Homem" (Mt 10,23). Cristo tem consciência de que com Ele já se iniciou o fim deste velho mundo. Ele mesmo já pertence ao Reino. A participação na nova ordem está condicionada à adesão à pessoa e à mensagem de Jesus. Semelhante pregação situa-se visualmente dentro da atmosfera apocalíptica (expectativa de fim do mundo), típica do tempo do Novo Testamento. Jesus, como homem de seu tempo, respira também essa atmosfera, mas se distingue profundamente dela. Apesar disso vale a pergunta: Por que Cristo adotou a ideia do Reino de Deus, do messianismo e do fim do mundo como veículos para sua mensagem? Por que se refere a um irromper iminente do Reino? Por que fala do Filho do Homem que virá sobre as nuvens em glória, de um julgamento final e de todo o simbolismo das esperanças messiânicas? Para responder a estas questões faz-se mister considerar brevemente o sentido religioso da linguagem apocalíptica (de fim do mundo).

6 "E o povo estava em ansiosa expectação"

Flávio Josefo nas suas *Antiguidades judaicas* narra que os judeus dos anos 100 a.C. a 100 d.C. tinham como principal preocupação "libertar-se de toda sorte de dominação dos outros, a fim de que Deus somente seja servido" (Ant. 17,11,2). Desde o exílio (587 a.C.) os judeus viveram praticamente sem liberdade: dos sucessores de Alexandre Magno, passaram sob o jugo dos romanos. As possibilidades de libertação se esgotaram. Só uma intervenção de Deus poderia restituir-lhes a independência. Surge então farta literatura apocalíptica especialmente no tempo dos macabeus, a começar com o livro de Daniel, com o objetivo de inspirar confiança no povo e abrir-lhe uma saída feliz com descrições do reino futuro, com a restauração da soberania davídica e a entronização do absoluto senhorio de Deus. O tema do Reino de Deus faz-se central na literatura bíblica pós-exílica e no tempo entre os dois Testamentos. Reino de Deus possui indiscutivelmente uma conotação política, no sentido judeu, para quem a política é uma parte da religião e designava em concreto a libertação de todas as forças opressoras. O senhorio de Deus sobre tudo tinha que se mostrar também politicamente. O Messias é aquele que instaurará o Reino de Deus. O povo inteiro se preparava para sua vinda. Os fariseus pensavam que com a observância minuciosa de toda a lei se apressava o advento da transformação deste mundo. Os essênios e os monges da comunidade de Qumrân retiraram-se para o deserto para, em absoluta purificação, observância legal e vivendo num estado ideal, poderem aguardar e acelerar o irromper da nova ordem. Os zelotes (fervorosos) opinavam que se devia com ações, guerrilhas e com violência provocar a intervenção salvadora de Deus. Seu lema era: "Só Javé é Rei e só a Ele serviremos". Em nome disso contestavam os césares, o censo, os impostos e o imposto capital que equivalia na época a reconhecer o imperador como senhor e deus. A vinda do Messias irá transformar tudo e realizar-se-á também o fim deste mundo com o começo do reinado eterno de Deus. Os apocalípticos estudavam e procuravam de modo especial decifrar os sinais dos tempos messiânicos, faziam cálculos de semanas e anos na tentativa de determinar no espaço e no tempo os acontecimentos salvadores.

A despeito de seus elementos cosmovisionais, a apocalíptica judaica revela o eterno otimismo, que é a essência de toda religião verdadeira. A situação triste e ambígua deste mundo pecador conhecerá um dia um fim; um dia, Deus irá apiedar-se dos homens e irá libertá-los para Ele de todos os elementos alienatórios. Reino de Deus é a expressão simbólica desta verdade transcendental. Pregar e anunciar o Reino de Deus, como o fizeram os apocalípticos e também Jesus, é testemunhar um sentido último à realidade do mundo e sua radical perfectibilidade a ser atualizada por Deus e só por Ele. O messianismo e as categorias de expressão da apocalíptica eram, nesse sentido, meios adequados para Jesus comunicar sua mensagem libertadora e revelar quem Ele era, o Filho de Deus, o Deus encarnado e o salvador do mundo. Só nessa linguagem Cristo podia fazer-se entender por seus ouvintes, que "estavam em ansiosa expectação" (Lc

3,15). Ele participou dos desejos fundamentais do coração humano, de libertação e de uma nova criação. Essa esperança, expressa na bizarra linguagem apocalíptica, foi o veículo da maior revelação de Deus no mundo.

Apesar destes elementos comuns, a pregação de Cristo destaca-se das expectativas messiânicas do povo. Cristo jamais alimenta o nacionalismo judeu; não diz nenhuma palavra de rebelião contra os romanos, nem faz qualquer alusão à restauração do rei davídico, embora o povo o saudasse assim por ocasião de sua entrada em Jerusalém (Mc 11,10) e na inscrição da cruz estivesse escrito: "O rei dos judeus" (Lc 15,26). Os próprios discípulos não escondem sua tendência nacionalista: "nós esperávamos que libertasse Israel", dizem resignados os jovens de Emaús (Lc 24,21; cf. 19,11) e os apóstolos na despedida derradeira de Cristo: "Senhor, é agora que vais restabelecer o reino de Israel?" (At 1,6). Neste ponto, Cristo decepciona a todos. A pregação de Cristo sobre o Reino distancia-se também das especulações fantásticas dos apocalípticos sobre o fim do mundo, sobre os sinais na natureza e nas nações. Ele renuncia às mirabolantes descrições do último juízo e da ressurreição dos mortos. À pergunta que mais preocupava o povo: "Senhor, até quando?" (cf. Sl 80,5; 74,10; cf. Dn 9,4-19). Cristo responde simplesmente: "Estai preparados porque não sabeis em que hora virá o Filho do Homem" (Mt 24,44). O que mais ressalta em Jesus é a autoridade com que anuncia o Reino e o torna já presente por sinais e gestos inauditos.

Apesar disso, o messianismo político, a considerar pelas tentações de Jesus narradas nos sinóticos (Mc 1,12s.; Mt 4,1-11; Lc 4,1-13), constituiu para Cristo uma real tentação. Já há tempo que exegetas vêm interpretando a tentação como "uma experiência espiritual de Jesus, posta em forma parabólica (*mashal*) para a instrução dos apóstolos". Cristo superou as tentações do messianismo político que no seu tempo se manifesta sob três correntes: profética, com o aparecimento do messias no deserto; sacerdotal, com a manifestação do libertador no templo; e a política, com revelação do messias na montanha de Deus. Ora, as três tentações narradas pelos sinóticos visam mostrar como Jesus Cristo superou os três tipos de messianismo do deserto, do alto da montanha e do pináculo do templo. Ele é sim o Messias-Cristo, mas não de tipo político. Seu Reino não pode ser privatizado e reduzido a uma parte da realidade, como seja a política. Ele veio para sanar toda a realidade em todas as suas dimensões, cósmica, humana e social. O grande drama da vida de Cristo foi tentar tirar o conteúdo ideológico contido na palavra "Reino de Deus" e fazer o povo e os discípulos compreenderem que Ele significa algo de muito mais profundo: que exige conversão da pessoa e transformação radical do mundo da pessoa, no sentido do amor a amigos e inimigos e da superação de todos os elementos inimigos do homem e de Deus. Aos que se escandalizam do paradoxo entre suas pretensões e sua origem simples de família humilde, Ele lhes assegura: "Felizes dos que não se escandalizam de mim" (Lc 7,23; Mt 11,6). O Reino de Deus apresenta-se frágil e sem aparato. Mas é como a semente lançada à terra (Mc 4,26s.), como o grão de mostarda, menor de todas as sementes da Palestina (Mt 13,31s.), ou como fermento na massa (Mt 13,22s.). A aparente pequenez esconde e promete um glorioso futuro: um pouco de fermento leveda toda a massa; a semente cresce e dá espigas com trigo generoso; o grão de mostarda "cresce, torna-se a maior de todas as hortaliças" (Mc 4,32). No começo já está presente o fim. Com Cristo, o Reino já começou a agir no mundo. A velha ordem já está caminhando para seu fim. Já desponta o sol que não conhece o ocaso; irrompeu o tempo da libertação. No próximo capítulo analisaremos a pregação de Jesus sobre o Reino que significa uma revolução no modo de pensar e agir da pessoa e uma global transformação do mundo e das coisas da pessoa.

Conclusão: Ele assumiu nossos anseios mais profundos

De tudo isso uma coisa devemos reter seguramente: a encarnação de Deus não significa apenas que Deus se fez homem. Quer dizer muito mais. Ele participou realmente de nossa condição humana e assumiu nossos anseios mais profundos. Utilizou nossa linguagem marcada fortemente de conteúdos ideológicos, como era a ideia do Reino de Deus. Tentou esvaziá-la e dar-lhe um novo sentido de total libertação e absoluta esperança. Mostrou esse novo conteúdo com sinais e comportamentos típicos. O Reino de Deus que Ele pregou já não é mais uma utopia humana impossível. Mas "porque a Deus nada é impossível" (Lc 1,37), Ele é uma realidade já incipiente dentro de nosso mundo. Com Jesus começou uma "grande alegria para todos" (Lc 2,10) porque já agora sabemos que, com a nova ordem introduzida por Ele, será verdade aquilo que o Apocalipse nos prometia, como a irrupção do novo céu e da nova terra (Ap 21,1.4). Com Ele, já podemos ouvir como um eco longínquo, mas seguro, aquelas palavras "fiéis e verdadeiras": "Eis que eu faço todas as coisas novas [...] Está feito" (Ap 21,5).

3

Jesus Cristo, libertador da condição humana

Na religião judaica, ao tempo de Jesus, tudo estava prescrito e determinado, primeiro as relações para com Deus e depois as relações entre os homens. A consciência sentia-se oprimida por um fardo insuportável de prescrições legais. Jesus levanta um impressionante protesto contra semelhante escravização do homem, em nome da lei. Neste capítulo mostra-se como é a atitude fundamental de Jesus: liberdade sim, frente à lei: contudo, só para o bem e não para a libertinagem. A lei possui apenas uma função humana de ordem, de criar as possibilidades de harmonia e compreensão entre os homens. Por isso, as normas do Sermão da Montanha pressupõem o amor, o homem novo e liberto para coisas maiores.

O tema da pregação de Cristo não foi Ele mesmo nem a Igreja, mas o Reino de Deus. Reino de Deus significa a realização de uma utopia do coração humano e total libertação da realidade humana e cósmica. É a situação nova do velho mundo, totalmente repleto por Deus e reconciliado consigo mesmo. Numa palavra poder-se-ia dizer que Reino de Deus significa uma revolução total, global e estrutural da velha ordem, levada a efeito por Deus e somente por Ele. Por isso, o Reino é Reino *de Deus* em sentido objetivo e subjetivo. Cristo se entende a si mesmo não só como um pregador e profeta desta novidade (Evangelho), mas como já um elemento da nova situação transformada. Ele é o homem novo, o Reino já presente, embora sob os véus da fraqueza. Aderir a Cristo é condição indispensável para participar na nova ordem a ser introduzida por Deus (Lc 12,8-9). Para que se realize semelhante transformação libertadora do pecado, e suas consequências pessoais e cósmicas, de todos os demais elementos alienatórios sentidos e sofridos na criação, Cristo faz duas exigências fundamentais: exige conversão da pessoa e postula uma reestruturação do mundo da pessoa.

1 Reino de Deus implica revolução no modo de pensar e agir

Reino de Deus atinge primeiro as pessoas. Delas se exige conversão. Conversão significa: mudar o modo de pensar e agir no sentido de Deus, portanto revolucionar-se interiormente. Por isso Jesus começa pregando: "Convertei-vos, pois está próximo o Reino dos Céus" (Mt 3,2; 4,17). Converter-se não consiste em exercícios piedosos. Mas num novo modo de existir diante de Deus e diante da novidade anunciada por Jesus. Conversão implica sempre numa ruptura: "Pensais que vim trazer a paz à terra? Digo-vos que não, mas sim a ruptura. Pois doravante estarão numa casa cinco indivíduos separados entre si, três contra dois e dois contra três [...]" (Lc 12,51-52). Porém esta reviravolta no modo de pensar e agir quer ser sadia: quer levar o homem para uma crise e a se decidir pela nova ordem que já está no nosso meio, isto é, Jesus Cristo mesmo (Lc 17,21). A Jesus não interessa tanto se o homem observou antes de tudo todas as leis, se pagou o dízimo de todas as coisas e se observou todas as prescrições legais da religião e da sociedade. A Ele interessa em primeiro plano se o homem está disposto a vender seus bens para adquirir o campo do tesouro escondido, se está pronto a alienar tudo para comprar a pérola preciosa (Mt 13,44-46), se para entrar na nova ordem tem coragem de abandonar família e fortunas (Mt 10,37), arriscar sua própria vida (Lc 17,33), arrancar um olho e cortar uma mão (Mc 9,43; Mt 5,29). Esse *não* à ordem vigente não significa ascese, mas atitude de prontidão para as exigências de Jesus. Agora, pois, urge abrir-se para Deus. Essa exigência vai tão longe que Jesus ameaça com as seguintes palavras duríssimas: "Se não mudardes vosso modo de pensar e agir, ireis todos perecer" (Lc 13,3.5). O dilúvio é iminente e esta é a última hora (Mt 24,37-39; 7,24-27). O machado está colocado à raiz da árvore e, se não der fruto, será cortada (Lc 13,9). Em breve o dono da casa fechará a porta e os atrasados terão que ouvir estas tristes palavras: "Não sei de onde sois" (Lc 13,25b), já é tarde demais (Mt 25,11). Por isso prudente é chamado o homem que compreendeu esta situação de crise radical (Mt 7,24; 24,45; 25,2.4.8.9; Lc 12,42) e tomou uma decisão em favor do Reino capaz de suportar e vencer todas as tentações (cf. Mt 7,24-25). A todos é lançado o convite. A maioria porém se encontra de tal forma atarefada com seus afazeres que rejeita o convite para a festa de núpcias (Lc 14,16-24). Mormente os ricos estão de modo especial instalados (Mc 10,25; cf. Mt 23,24). A porta é estreita e nem todos fazem a força suficiente ou se esforçam por passar por ela (cf. Lc 13,24). A necessidade de conversão exige ruptura às vezes dos laços naturais mais rudimentares do amor para com os familiares mortos e prestes a serem enterrados (Lc 9,59s.; Mt 8,21s.). Quem se decidiu pela novidade de Jesus só olha para frente. O passado ficou para trás (cf. Lc 9,62). Há certo caráter de intimidação no convite de Jesus. Um *ágrafon* transmitido pelo evangelho apócrifo de São Tomé, e considerado por bons exegetas como autêntico de Jesus, diz peremptoriamente: *"Quem está perto de mim está perto do fogo; quem está longe de mim está longe do Reino".* A opção por Jesus não pode ficar a meio caminho como o construtor de uma torre que iniciou a levantar e depois parou pela metade ou como o rei que parte com ares triunfantes para a guerra e frente à força do inimigo tem que retroceder e pactuar com ele (Lc 14,28-32). Urge refletir antes de aceitar o convite. Dizer "Senhor, Senhor" é fácil. É necessário querer fazer o que Ele diz (Lc 6,46). Caso contrário, o último estado dele é pior que o primeiro (Mt 12,43-45b; Lc 11,24-26). A conversão mesma é como o traje de núpcias, como a cabeça perfumada e o rosto maquilado (cf. Mt 6,17), como a música e dança (Lc 15,25), como a alegria do filho que regressa à casa paterna (Lc 15,32; 15,7), semelhante à satisfação que se tem ao encontrar o dinheiro perdido (Lc 15,8-10). E tudo isso começa a emergir no homem desde o momento em que ele se fizer como uma criança (Mt 18,3). A frase "Se não vos converterdes e não vos fizerdes como crianças, não entrareis no Reino dos Céus" (Mt 18,3; cf. Mc 10,15; Lc 18,17) não visa exaltar a inocência natural das crianças. Cristo não é nenhum sentimental romântico. O ponto de comparação está num outro lugar: assim como a criança depende totalmente da ajuda dos pais e sozinha nada pode, da mesma forma o homem, diante das exigências do Reino. São João deixa Jesus dizer claramente: "Quem não nascer de novo não poderá ver o Reino de Deus" (Jo 3,3). Exige-se um novo modo de pensar e de agir. Isso se patenteia melhor se considerarmos a atitude de Jesus frente à lei.

1.1 Jesus Cristo, o libertador da consciência oprimida

Na religião judaica, ao tempo do Novo Testamento, tudo estava prescrito e determinado, primeiro as relações para com Deus e depois as relações entre os homens. Tudo era sancionado como sendo a vontade de Deus expressa nos livros santos da Lei. Chegou-se a absolutizar de tal forma a Lei, que em alguns círculos teológicos se ensinava que o próprio Deus nos céus se ocupava durante horas por dia no seu estudo. A consciência sentia-se oprimida por um fardo insuportável de prescrições legais (cf. Mt 23,4). Jesus levanta um impressionante protesto contra semelhante escravização do homem em nome da lei. "Não é o homem para o sábado, mas o sábado para o homem" (Mc 2,27). Embora no Antigo Testamento se diga claramente: "Não acrescentareis nada a tudo o que vos prescrevo nem tirareis nada daí, mas guardareis os mandamentos do Senhor, vosso Deus, exatamente como vos prescrevi" (Dt 4,2), Jesus toma-se a liberdade de modificar várias prescrições da lei mosaica: a pena de morte para os adulterinos pegos em flagrante (Jo 8,11), a poligamia (Mc 10,9), a lei da observância do sábado (Mc 2,27), considerado como o símbolo do povo escolhido (Ez 20,12), as prescrições acerca da pureza legal (Mc 7,15) e outras. Jesus se comporta sobranceiro frente às leis. Se elas auxiliam o homem, aumentam ou possibilitam o amor, Ele as aceita. Se, pelo contrário, legitimam a escravidão, Ele as repudia e exige quebra. Não é a lei que salva, mas o amor: eis o resumo da pregação ética de Jesus. Ele desteologiza a concepção da lei: a vontade de Deus não se encontra só nas prescrições legais e nos livros santos, mas se manifesta principalmente nos sinais dos tempos (cf. Lc 12,54-57). O amor que Ele prega e exige deve ser incondicional para amigos e inimigos (Mt 5,44). Porém, se Cristo liberta o homem das leis, não o entrega à libertinagem ou à irresponsabilidade. Antes pelo contrário: cria laços e ligações ainda mais fortes que os da lei. O amor deve ligar todos os homens entre si. Num rodapé crítico do Evangelho de São Lucas (6,5 do Codex D) conta-se a seguinte estória que bem revela a atitude de Jesus frente à lei: Jesus encontra em dia de sábado um homem a trabalhar no campo. Ao que Ele lhe diz: *"Homem, se souberes o que fazes és feliz. Se tu porém não o souberes és maldito e um transgressor da lei"*. Que quer dizer Jesus? Quer Jesus abolir definitivamente as festas sagradas e o sábado? Jesus quer dizer o seguinte e nisso vemos sua liberdade e inconformismo ("Ouvistes o que foi dito aos antigos [...] eu porém vos digo": Mt 5,21s.): "Homem, se souberes por que trabalhas em dia de sábado, como eu que curei em dia proibido um homem de mão seca (Mc 3,1), uma mulher encurvada (Lc 13,10) e um hidrópico (Lc 14,1), se souberes trabalhar no dia de sábado para auxiliar alguém e se souberes que para os filhos de Deus a lei do amor está acima de todas as leis – então és feliz! Se porém não souberes e por frivolidade, capricho e bel-prazer profanas o dia santo, és maldito e um transgressor da lei". Aqui vemos a atitude fundamental de Jesus: liberdade sim, frente à lei. Contudo, só para o bem e não para a libertinagem. Cristo não é *contra* nada. Ele é a *favor* do amor, de espontaneidade e da liberdade. Em nome dessa positividade é que Ele às vezes tem que ser contra. Parafraseando Rm 14,23, podemos com razão dizer: Tudo o que não vem do amor é pecado. Em outra ocasião assistimos à mesma preocupação de Jesus de libertar o homem das convenções e dos preconceitos sociais. No tempo e na pátria de Jesus, cabia ao homem o privilégio de poder possuir várias mulheres e de poder apartar-se delas. A lei de Moisés dizia: "Se um homem, tendo escolhido uma mulher, casar-se com ela e não mais encontrar prazer nela porque descobre na mulher algo que o irrita, pode entregar-lhe um documento de divórcio e despedi-la de sua casa" (Dt 24,1). Como motivos para uma mulher não agradar ao homem valiam na jurisprudência da época o fato de ela não ser bonita, de não saber cozinhar bem, de não ter filhos etc. Contra isso levanta-se Cristo e diz taxativamente: "Não separe o homem o que Deus uniu" (Mc 10,9). Essas palavras revelam o espírito cavalheiresco de Jesus contra a anarquia legalizada. No Reino de Deus deve reinar liberdade e igualdade fraterna. Jesus no-la conquistou. Paulo, que compreendeu muito cedo e profundamente essa novidade de Jesus, escreve aos gálatas: "Cristo nos tornou livres. Não vos deixeis sujeitar de novo ao jugo da servidão [...] Mas cuidado com tomardes a liberdade por pretexto para servirdes à carne; antes servi-vos uns aos outros pela caridade. Porque toda a lei se cumpre numa só palavra: Amarás a teu próximo como a ti mesmo" (Gl 5,1.13-14).

1.2 O comportamento do homem novo

A conversão que Jesus pede e a libertação que nos conquistou são para o amor sem qualquer discriminação. Fazer do amor a norma de vida e da conduta moral é impor ao homem algo de dificílimo. É mais fácil viver dentro de leis e prescrições que tudo preveem e determinam. Difícil é criar para cada momento uma norma, inspirada no amor. O amor não conhece limites. Exige fantasia criadora. Só existe no dar e no pôr-se a serviço dos outros. E é só dando que se tem. Essa é a "lei" de Cristo: que nos amemos uns aos outros assim como Deus nos tem amado. Esse é o único comportamento do homem novo, livre e libertado por Cristo e convidado a participar da nova ordem. Esse amor se exprime em fórmulas radicais como no Sermão da Montanha: não só o que mata, mas também o que irrita seu irmão é réu de juízo (Mt 5,22); comete adultério já aquele que deseja uma mulher em seu coração (Mt 5,28); não se deve jurar de forma nenhuma; seja vossa palavra: sim, sim; não, não (Mt 5,34.37); não resistais aos maus; se alguém te esbofetear na face direita, dá-lhe também a outra; e ao que brigar contigo para te tirar a roupa, deixa-lhe também o manto (Mt 5,39-40) etc.

É possível organizar a vida e a sociedade com essas normas? Já Juliano, Apóstata, via aqui um argumento para rejeitar *in toto* o cristianismo: ele é simplesmente impraticável para o indivíduo, para a família e para a sociedade. Alguns pensam: Essas exigências do Sermão da Montanha querem mostrar a impossibilidade do homem de fazer o bem. Visam levar o homem desesperado e convencido de seu pecado a Cristo que cumpriu todos os preceitos por nós e assim nos redimiu. Outros dizem: o Sermão da Montanha apregoa apenas uma moral da boa intenção. Deus não olha tanto *o que* fazemos, mas *como* fazemos. Com prontidão, obediência e reta intenção interior. Um terceiro grupo opina da seguinte forma: as exigências de Jesus devem ser entendidas dentro da situação histórica. Jesus prega o irromper próximo do Reino de Deus. O tempo urge e é curto. É hora da opção final, a vigésima quinta hora. Para esse pequeno intervalo de tempo até o estourar da nova ordem, devemos arriscar tudo e nos preparar. Há leis de exceção.

É uma moral do ínterim, do entretempo até a catástrofe final quando, enfim, aparecerá o novo céu e a nova terra. Todas estas três soluções encerram algo de certo. Mas não atinaram com o essencial, porque partem da pressuposição de que o Sermão da Montanha seja uma lei. Cristo não veio trazer uma lei mais radical e severa nem pregou um farisaísmo mais aperfeiçoado. Ele pregou o Evangelho que significa uma alvissareira notícia: não é a lei que salva, mas o amor. A lei possui apenas uma função humana de ordem, de criar as possibilidades de harmonia e compreensão entre os homens. O amor que salva supera todas as leis e leva todas as normas ao absurdo. O amor exigido por Cristo supera de longe a justiça. A justiça, na definição clássica, consiste em dar a cada um o que é seu. O *seu* de cada um supõe evidentemente um sistema social previamente dado. Na sociedade escravocrata, dar a cada um o que é seu consiste em dar ao escravo o que é seu, e ao senhor o que é seu; na sociedade burguesa, dar ao patrão o que é seu, e ao operário o que é seu; no sistema neocapitalista dar ao magnata o que é seu e ao proletário o que é seu. Cristo com sua pregação no Sermão da Montanha rompe com esse círculo. Ele não prega semelhante tipo de justiça que significa a consagração e legitimação de um *status quo* social que parte de uma discriminação entre os homens. Ele anuncia uma igualdade fundamental: todos são dignos de amor. Quem é meu próximo? é uma pergunta errada que não se faz. Todos são o próximo de cada qual. Todos são filhos do mesmo Pai e por isso todos são irmãos. Daí que a pregação do amor universal representa uma crise permanente para qualquer sistema social e eclesiástico. Cristo anuncia um princípio que analisa toda a fetichização e subordinação desumanizadora a um sistema, seja social ou religioso. Por isso as normas do Sermão da Montanha pressupõem o amor, o homem novo e liberto para coisas maiores: "Se a vossa justiça não for maior que a dos escribas e fariseus não entrareis na nova ordem trazida por Deus" (cf. Mt 5,20). Originalmente o Sermão da Montanha tinha sim o caráter escatológico; Cristo pregou o fim iminente. Para isso exige uma conversão total no sentido do amor. Na redação atual de São Mateus, as palavras de Jesus são situadas dentro de um contexto de Igreja para quem o fim do mundo está num futuro indeterminado. Mas mesmo dentro desta nova situação conservou-se o essencial da pregação de Jesus. Sua mensagem não é de lei, mas de evangelho e de amor. O Sermão da Montanha na sua formulação atual quer ser um catecismo de comportamento do discípulo de Jesus, daquele que já abraçou a Boa-nova e procura normar-se segundo a novidade que Cristo lhe trouxe: a filiação divina.

2 Reino de Deus implica revolução do mundo da pessoa

A pregação de Jesus sobre o Reino de Deus não atinge só as pessoas exigindo-lhes conversão. Atinge também o mundo das pessoas como libertação do legalismo, das conversões sem fundamento, do autoritarismo e das forças e potentados que subjugam o homem. Vejamos como Cristo se comportou frente aos mentores da ordem vigente de seu tempo. Os mentores da ordem religiosa e social eram concretamente para o povo simples, não tanto os romanos em Cesareia junto ao mar ou em Jerusalém, nem o sumo sacerdote do templo, nem imediatamente os governantes colocados pelas forças de ocupação romanas como Herodes, Filipe, Arquelau ou Pôncio Pilatos. Os que distribuíam a justiça, solucionavam os casos e cuidavam da ordem pública eram particularmente os escribas e fariseus. Os escribas eram rabinos, teólogos que estudavam cuidadosamente as Escrituras e a lei mosaica, principalmente as tradições religiosas do povo. Os fariseus constituíam uma congregação de leigos particularmente fervorosos e pietistas. Observavam tudo ao pé da letra e cuidavam que o povo também observasse tudo estreitamente. Viviam espalhados por todo Israel, comandavam nas sinagogas, possuíam enorme influência sobre o povo e para cada caso tinham uma solução que eles arrancavam pelos cabelos das tradições religiosas do passado e dos comentários da lei mosaica (*halacha*). Fazem tudo em função da ordem vigente "para serem vistos pelos homens" (Mt 23,5). Não são maus. Antes pelo contrário. Pagam imposto de tudo (Mt 23,23); gostam dos primeiros lugares na sinagoga (Mt 23,6); são tão fervorosos por seu sistema que correm mundo para conquistar um só adepto (Mt 23,15); não são como os demais homens que podem "ser ladrões, injustos, adúlteros e sonegadores de impostos" (Lc 1,11); observam os jejuns e pagam o dízimo de tudo o que possuem (Lc 18,12); apreciam de tal forma a religião, que edificam monumentos sagrados (Mt 23,29). Embora perfeitíssimos, possuem um defeito capital denunciado por Jesus: "não se preocupam com a justiça, com a misericórdia e com a boa-fé" (Mt 23,23). "Bom seria fazer tudo aquilo" – comenta Ele –, "mas sem omitir isto" (Mt 23,23). Eles dizem e nada fazem. Atam pesadas cargas de preceitos e leis e põem-nas nos ombros dos outros. Eles mesmos nem com um dedo querem movê-las (Mt 23,3-4).

Para entrar no Reino, não basta fazer o que a lei ordena. A presente ordem das coisas não pode salvar o homem de sua alienação fundamental. Ela é ordem na desordem. Urge uma mudança de vida e uma reviravolta nos fundamentos da velha situação. Por isso, os marginalizados da ordem vigente estão mais próximos do Reino de Deus que os outros. Para esses, sente-se Jesus especialmente chamado (Mt 9,13). Ele rompe as convenções sociais da época. Sabemos como as classes sociais eram estritamente observadas entre ricos e pobres, próximos e não próximos, sacerdotes do templo e levitas nas pequenas vilas, fariseus, saduceus e fiscais de impostos. Os que praticavam as profissões desprezíveis eram evitados e amaldiçoados, como os pastores, os médicos, os alfaiates, os barbeiros, os açougueiros e principalmente os publicanos (cobradores de impostos), tidos como colaboradores dos romanos. E como se comporta Jesus frente a essa estratificação social? Sobranceiro. Não se atém às convenções religiosas, como o lavar as mãos antes de comer, antes de entrar em casa e outras tantas. Não respeita a divisão das classes. Fala com todos. Busca contato com os marginalizados, os pobres e desprezados. Aos que se escandalizam, grita Ele: "Não vim chamar os justos, mas os pecadores. Os sãos não precisam de médico" (Mt 11,19). Conversa com uma prostituta, acolhe gentios (Mc 7,24-30), come com um grande ladrão, Zaqueu, aceita em sua companhia um ganancioso que depois o traiu, Judas Iscariotes, três ex-guerrilheiros são feitos seus discípulos e aceita que mulheres o acompanhem em suas viagens, o que era inaudito para um rabino de seu tempo. Os piedosos comentam: "Ele é um comilão e um bebedor de vinho, amigo dos fiscais de impostos e dos pecadores" (Mt 11,19).

Seculariza o princípio de autoridade. As autoridades constituídas não são nem mais nem menos representantes de Deus: "Dai a César o que é de César e a Deus o que é de Deus" (Mt 22,21). Ao Rei Herodes que o expulsa da Galileia manda dizer: "Digam a essa raposa que eu expulso demônios e faço curas hoje e amanhã e no terceiro dia terminarei" (Lc 13,32). A autoridade é mera função de serviço: "Sabeis bem que os senhores escravizam os povos e os grandes fazem violência sobre eles. Convosco, porém, não deverá ser assim: quem quiser ser o primeiro seja o escravo de todos" (Mt 20,25). Não liga para as convenções sociais: "Os últimos são os primeiros e os primeiros são os últimos" (Mc 10,31) e "as prostitutas e os fiscais de impostos entrarão mais facilmente no Reino que os fariseus" (Mt 21,31). Por que isso? Esses, por sua situação de marginalizados do sistema sociorreligioso judaico, estão mais prontos para ouvir e seguir a mensagem de Jesus. Eles não têm nada a perder, pois nada têm ou nada são socialmente. Só têm a esperar. O fariseu não. Vive estruturado no sistema que criou para si: é rico, tem fama, tem religião e está seguro de que Deus está a seu lado. Triste ilusão. A parábola do fariseu cumpridor fiel da lei e orgulhoso e do publicano arrependido e humilde nos ensina bem outra coisa (Lc 18,9-14). O fariseu não quer ouvir a Jesus porque sua mensagem lhe é incômoda, obriga-o a desinstalar-se, exige-lhe uma conversão que já deixou o chão seguro e firme da lei e se norma pelo amor universal que supera todas as leis (Mt 5,43-48). Não é por nada que os fariseus murmuram (Lc 15,2) e fazem troça de Jesus (Lc 16,14), caluniam-no de possesso (Mt 12,24; Jo 8,48.52), armam-lhe entrevistas cavilosas (Mt 22,15-22; Jo 7,38–8,11), tentam agarrá-lo

(Mt 21,45s.; Jo 7,30.32.44) e mesmo matá-lo (Mc 3,6; Jo 5,18; 8,59; 10,31), colhem material de acusação contra Ele (Mt 12,10; 21,23-27) e por fim estão entre os que o condenarão à morte. Mas Jesus não se deixa intimidar. Prega adiante a conversão individual e social porque o fim derradeiro é iminente, "esgotou-se o prazo e a nova ordem a ser introduzida por Deus está próxima" (Mc 1,15; Mt 4,17).

Conclusão: A relevância teológica das atitudes do Jesus histórico

A figura de Jesus que surge destes incisivos *Logia* e curtos relatos é a de um homem livre de preconceitos, com os olhos abertos para o essencial, atirado aos outros, principalmente aos mais abandonados física e moralmente. Com isso Ele nos mostra que a ordem estabelecida não pode redimir a alienação fundamental do homem. Esse mundo, assim como ele está, não pode ser o lugar do Reino de Deus (cf. 1Cor 15,50). Ele precisa sofrer uma reestruturação em seus próprios fundamentos. O que salva é o amor, a aceitação desprendida do outro e a total abertura para Deus. Aqui não há mais amigos ou inimigos, próximos ou não próximos. Há só irmãos. Cristo tentou com todas as suas forças criar as condições para o irromper do Reino de Deus como total transfiguração da existência humana e do cosmos. Independentemente do sucesso ou do insucesso (o sucesso não é nenhum critério para o cristianismo), o comportamento de Jesus de Nazaré possui grande significação para a nossa existência cristã. É verdade que o Jesus histórico já não vive entre nós, mas o Cristo ressuscitado que está para além da história. Contudo, é válido fazermos semelhante reflexão, porque o Cristo ressuscitado é o mesmo que o Jesus histórico de Nazaré, apenas totalmente transfigurado, elevado à direita de Deus, no termo da história e agora presente em nosso meio como Espírito (cf. 2Cor 3,17). Ele trouxe uma situação nova. Usando as palavras de Carlos Mesters: "Não cabe a nós julgar os outros, definindo-os bons ou maus, fiéis ou infiéis, pois a distinção entre bons e maus desaparece se você for bom para os outros. Se existem maus, então examine a sua consciência: você fechou o coração e não ajudou o outro a crescer. A miséria do mundo nunca é desculpa nem motivo de fuga, mas é acusação contra você. Não é você que deve julgar a miséria, mas é a miséria que julga você e o seu sistema, e lhe faz ver os seus defeitos (cf. Mt 7,1-5).

A distinção entre próximo e não próximo não existe mais. Depende agora de você. Se você se aproximar, o outro será seu próximo. Do contrário, não o será. Vai depender da *sua* generosidade e abertura. A regra de ouro é: fazer ao outro aquilo que você quer que ele faça a você (Mt 7,12). A distinção entre puro e impuro não existe fora do homem, mas depende de você, das intenções do seu coração onde está a raiz das suas ações. Neste particular, não existe mais o apoio das muletas da lei. O homem terá que purificar o seu interior e tudo fora dele será puro igualmente (cf. Lc 11,41)... A distinção entre obras de piedade e obras profanas não existe mais, porque a maneira de praticar as obras de piedade não deve distinguir-se da maneira de se praticar as outras obras (Mt 6,17-18). A distinção verdadeira é aquela que o homem estabelece na sua consciência, confrontada com Deus (Mt 6,4.6.18). A visão clara e jurídica da lei não existe mais. A lei oferece um objetivo claro, expresso no Sermão da Montanha, objetivo de doação total que vai exigir caminhada, generosidade, responsabilidade, criatividade e iniciativa por parte do homem. Jesus permite que se observem aquelas tradições, contanto que não prejudiquem, mas favoreçam o objetivo principal (Mt 5,19-20; 23,23). A participação no culto já não dá garantias ao homem de estar bem com Deus. A garantia está na atitude interior que procura adorar a Deus em 'espírito e verdade'. Essa atitude é mais importante que a forma exterior e é ela que julga e testa a validade das formas exteriores do culto". As atitudes de Jesus devem ser seguidas por seus discípulos. Elas inauguram no mundo um novo tipo de homem e de humanismo, que nós cremos ser o mais perfeito que jamais surgiu com capacidade de assimilar valores novos e alheios sem trair sua essência. Segundo isso, o cristão não pertence a nenhuma família, mas à família de todo mundo. Todos são seus irmãos. Como dizia o autor da carta a Diogneto (Panteno? por volta do ano 190): "Obedecem às leis estabelecidas, mas a sua vida ultrapassa a perfeição da lei [...] Toda a terra estrangeira é para eles uma pátria e toda a pátria uma terra estrangeira". Estão nesse mundo, trabalham nele, ajudam-no a construir e também a dirigir. Porém, não colocam nele suas últimas esperanças. Quem como Jesus sonhou com o Reino dos Céus não se contenta mais com esse mundo assim como ele se encontra. Ele se sente, frente a esse mundo, cheio de ambiguidades, como um "paroquiano", no sentido primitivo e forte que essa palavra tinha para São Clemente Romano († 97) ou para Santo Ireneu († 202), isto é, sente-se estrangeiro a caminho de uma pátria mais humana e feliz. Por algum tempo deve morar aqui, mas sabe que desde que apareceu Jesus o homem pode sonhar com um novo céu e uma nova terra.

Jesus devolveu o homem a si mesmo, superando assim profundas alienações que se haviam incrustado nele e em sua história: nas questões importantes da vida nada pode substituir o homem, nem a lei, nem as tradições, nem a religião. Ele deve decidir-se de dentro para fora, frente a Deus e frente ao outro. Para isso, ele precisa criatividade e liberdade. A segurança não vem da observância minuciosa das leis e de sua adesão irrestrita às estruturas sociais e religiosas, mas do vigor de sua decisão interior e da autonomia responsável de quem sabe o que quer e para que vive. Não é sem razão que o eminente filósofo pagão do século III Celso via nos cristãos homens sem pátria e sem raízes que se colocavam contra as instituições divinas do império. Por seu modo de viver, dizia esse filósofo, os cristãos levantaram um grito de revolta (*foné stáseos*). Não porque eles eram contra os pagãos e os idólatras, mas porque eles eram a favor do amor indiscriminado a pagãos e cristãos, a bárbaros e a romanos, e desmascaravam a ideologia imperial que fazia do imperador um deus e das estruturas do vasto império algo de divino. Como dizia o *Kerygma Petri*, os cristãos formavam o *tertium genus*, um terceiro gênero de homens, diverso dos romanos (primeiro gênero) e dos bárbaros (segundo) e formado de ambos indiscriminadamente. O que conta agora não são categorias exteriores e etiquetas que homens podem colar e descolar. Mas o que se revela no coração que se abre para Deus e para o outro. Aqui é que se decide quem é bom ou mau, divino ou diabólico, religioso ou arreligioso. O novo comportamento dos cristãos provocou, sem violência, um tipo de revolução social e cultural no Império Romano, que está na base de nossa civilização ocidental hoje vastamente secularizada e esquecida de seu princípio genético. Tudo isso entrou no mundo por causa do comportamento de Jesus que atingiu o homem pelas suas raízes, acionando o princípio-esperança e fazendo-o sonhar com o Reino que não é um mundo totalmente outro que este, mas esse mesmo, porém totalmente novo e renovado.

4

Jesus, alguém de extraordinário bom-senso, fantasia criadora e originalidade

Antes de darmos os títulos divinos a Jesus, os evangelhos nos permitem que falemos muito humanamente dele; com Ele, como nos diz o Novo Testamento, "apareceu a bondade e o amor humanitário de Deus". Não pinta o mundo, nem pior nem melhor do que é. Nem moraliza logo. Com extraordinário bom-senso, encara a realidade, possui a capacidade de ver e de colocar todas as coisas em seu devido lugar. A esse bom-senso aliava a capacidade de ver o homem maior e mais rico que o seu envolvente cultural e concreto. É que nele se revelou o que há de mais divino no homem e o que há de mais humano em Deus.

A mensagem de Jesus é de radical e total libertação da condição humana de todos os seus elementos alienatórios. Ele mesmo já se apresenta como o homem novo, da nova criação reconciliada consigo mesma e com Deus. Suas palavras e atitudes revelam alguém libertado das complicações que os homens e a história do pecado criaram. Vê com olhos claros as realidades mais complexas e simples e vai logo ao essencial das coisas. Sabe dizê-las breve, concisa e exatamente. Manifesta um extraordinário bom-senso que surpreende a todos que estavam ao seu redor. Talvez esse fato tenha dado origem à cristologia, isto é, à tentativa de a fé decifrar a origem da originalidade de Jesus e de responder à pergunta: Mas quem afinal és Tu, Jesus de Nazaré?

1 Jesus, alguém de extraordinário bom-senso e sã razão

Ter bom-senso é o apanágio dos homens verdadeiramente grandes. Dizemos que alguém é de bom-senso quando para cada situação ele tem a palavra certa, o comportamento exigido e atina logo com o cerne das coisas. O bom-senso está ligado à sabedoria concreta da vida; é saber distinguir o essencial do secundário, a capacidade de ver e de colocar todas as coisas em seu devido lugar. O bom-senso situa-se sempre no lado oposto do exagero. Por isso o louco e o gênio, que em muitos pontos se aproximam, aqui se distinguem fundamentalmente. O gênio é aquele que radicaliza o bom-senso. O louco aquele que radicaliza um exagero. Jesus, assim como os testemunhos evangélicos no-lo apresentam, evidenciou-se como um gênio do bom-senso. Um frescor sem analogias pervade tudo o que faz e diz. Deus, o homem, a sociedade e a natureza estão aí numa imediatez extraordinária. Não faz teologia. Nem apela para princípios superiores de moral. Nem se perde numa casuística minuciosa e sem coração. Mas suas palavras e comportamentos mordem em cheio no concreto onde a realidade sangra e é levada a uma decisão diante de Deus. Suas determinações são incisivas e diretas: "Reconcilia-te com teu irmão"! (Mt 5,24b). "Não jureis de maneira nenhuma"! (Mt 5,34). "Não resistais aos maus e, se alguém te esbofetear na face direita, dá-lhe também a outra"! (Mt 5,39). "Amai vossos inimigos e orai pelos que vos perseguem"! (Mt 5,44). "Quando deres esmola, não saiba a mão esquerda o que faz a direita"! (Mt 6,3)

1.1 *Jesus é profeta e mestre. Mas é diferente*

O estilo de Jesus nos faz pensar nos grandes profetas. Efetivamente ele surge como um *profeta* (Mc 8,28; Mt 21,11.46). Contudo, não é como um profeta do Antigo Testamento que precisa de um chamamento divino e de uma legitimação por parte de Deus. Jesus não reclama para si nenhuma visão de mistérios celestiais aos quais só Ele tem acesso. Nem pretende comunicar verdades ocultas e por nós incompreensíveis. Fala, prega, discute e reúne ao redor de si discípulos como um *rabino* de então. E, contudo, a diferença entre os rabinos e Jesus é como entre o céu e a terra. O rabino é um interpretador das Sagradas Escrituras: nelas lê a vontade de Deus. A doutrina de Jesus nunca é somente uma explicação de textos sagrados. Ele lê a vontade de Deus também fora das Escrituras, na criação, na história e na situação concreta. Em sua companhia aceita gente que um rabino rejeitaria inapelavelmente: pecadores, fiscais de impostos, crianças e mulheres. Tira sua doutrina das experiências comuns que todos fazem e podem controlar. Seus ouvintes entendem logo. Não lhes são exigidas outras pressuposições que as do bom-senso e da sã razão. Por exemplo: todos entendem que uma cidade sobre o monte não pode ficar escondida (Mt 5,14); que cada dia tem suas preocupações próprias (Mt 6,34); que não devemos jurar nunca, nem por nossa própria cabeça, porque ninguém pode por si mesmo fazer um cabelo tornar-se preto ou branco (Mt 5,36); que ninguém pode aumentar por um milímetro sequer o tamanho de seu corpo (Mt 6,27); que o homem vale muito mais que as aves dos céus (Mt 6,26); que não é o homem para o sábado, mas o sábado para o homem (Mc 2,27).

1.2 *Jesus não quer dizer coisas a todo custo novas*

Como transparece, Jesus nunca apela a uma autoridade superior, vinda de fora para reforçar sua própria autoridade e doutrina. As coisas que diz possuem uma evidência interna. A Ele não interessa dizer coisas esotéricas e incompreensíveis, nem a todo custo novas. Mas coisas racionais que os homens possam entender e viver. Reparando-se bem, Cristo não veio trazer uma nova moralidade, diferente daquela que os homens já tinham. Ele traz à luz aquilo que os homens sempre sabiam ou deveriam saber e que, por causa de sua alienação, não chegaram a ver, compreender e formular. Basta considerarmos, a título de exemplo, a regra áurea da caridade (Mt 7,12; Lc 6,31): "Tudo quanto quiserdes que os homens vos façam, fazei-o vós a eles". De Tales de Mileto (600 a.C.) conta-se que, perguntado pela regra máxima do bem-viver, respondeu: "Não faças aquilo que de mau encontras nos outros". Em Pitacos (580 a.C.) topamos com semelhante fórmula: "O que aborrece nos outros não o faças tu mesmo". Isócrates (400 a.C.) estiliza a mesma verdade em forma positiva: "Trata os outros assim como queres ser tratado". Confúcio (551/470 a.C.), perguntado por um discípulo se existe uma norma que possa ser seguida por toda a vida, disse: "O amor ao próximo. O que não desejas para ti, não faças aos outros". Na epopeia nacional da Índia, o Mahabharata (entre 400 a.C. a 400 d.C.), encontra-se a seguinte verdade: "Aprende a suma da lei e, quando a tiveres aprendido, pensa nela: O que odeias não o faças a ninguém". No Antigo Testamento se lê: "Guarda-te de jamais fazer a outrem o que não quererias que te fosse feito" (Tb 4,15). Nos tempos do Rei Herodes surgiu um pagão diante do célebre Rabino Hillel, mestre de São Paulo, e disse-lhe: "Aceita-me no judaísmo à condição de me dizeres toda a lei, enquanto fico sobre um só pé". Ao que Hillel respondeu: "Não faças aos outros o que não queres que te façam a ti. Nisso se resume toda a lei. Tudo o mais é comentário. Vai e aprende!" Cristo nunca leu Tales de Mileto, nem Pitacos, muito menos Confúcio e Mahabharata. Com sua formulação em forma positiva que excede infinitamente a negativa porque não coloca nenhum limite à abertura e preocupação pela dor e pela alegria dos outros, Cristo se filia aos grandes homens que se preocuparam pela *humanitas*. "A epifania da humanidade de Deus culmina na profissão de Jesus de Nazaré à regra áurea da caridade humana." Cristo não quer dizer coisa nova a todo custo, mas coisa velhíssima como o homem; não coisa original, mas coisa que vale para todos; não coisas surpreendentes, mas coisas que alguém compreende por si mesmo, quando tem os olhos claros e um pouco de bom-senso. Com muita razão ponderava Santo Agostinho: "A substância daquilo que hoje a gente chama de cristianismo já estava presente nos antigos nem faltou desde os inícios do gênero humano até que Cristo viesse em carne. Desde então, a verdadeira religião que já existia começou a chamar-se religião cristã".

1.3 *Jesus quer que entendamos: apela à sã razão*

Alguns poucos exemplos ainda, entre tantos outros, mostram-nos à evidência o bom-senso de Jesus e o apelo que faz à sã razão humana: Ele manda amar os inimigos. Por quê? Porque todos, amigos e inimigos, são filhos do mesmo Pai que faz nascer o sol sobre maus e bons e faz chover sobre justos e injustos (Mt 5,45). Manda fazer o bem a todos indistintamente. Por quê? Porque se fizermos o bem somente aos que no-lo fazem, que recompensa teremos? Também os pecadores fazem o mesmo (Lc 6,33). Proíbe ao homem ter mais de uma mulher. Por quê? Porque no princípio não foi assim. Deus criou um par, Adão e Eva (Mc 10,6). Não adianta apenas dizer: Não matarás ou não adulterarás. Já a raiva e o olhar cobiçoso são pecado. Por quê? Porque não adianta combater as consequências se primeiro não se sanar a causa (Mt 5,22.28). Não é o homem para o sábado, mas o sábado para o homem. Por quê? Porque se um animal, em dia de sábado, cair num buraco, nós vamos e o retiramos daí. Ora, o homem é mais que um animal (Mt 12,11-12). Devemos confiar na providência paterna de Deus. Por quê? Porque Deus cuida dos lírios dos campos, das aves do céu e de cada cabelo da cabeça. "Valeis mais que muitos passarinhos"! (Mt 10,31). "Se, pois, vós, sendo maus, sabeis dar coisas boas a vossos filhos, quanto mais vosso Pai, que está nos céus, dará coisas boas aos que lhe pedirem"! (Mt 7,11). É pecado, diz a lei, andar com os pecadores, porque eles tornam impuros. Cristo não se incomoda. Usa a sã razão e argumenta: "Os sãos não precisam de médico, mas os enfermos; nem eu vim chamar os justos, mas os pecadores" (Mc 2,17). Não é o que entra no homem que faz dele um impuro, mas o que dele sai. Por quê? "Tudo o que de fora entra no homem não pode manchá-lo, porque não lhe entra no coração, porém no estômago e vai para o esgoto. O que do homem sai, isso é o que mancha o homem, porque de dentro, do coração, procedem os pensamentos maus, as fornicações, os furtos etc." (Mc 7,18-22). Esse uso da sã razão em Jesus é para nós ainda hoje teologicamente muito relevante. Pois isso nos mostra que Cristo quer que nós entendamos as coisas. Ele não exigiu uma submissão cega à lei!

1.4 *Jesus não pinta o mundo nem pior nem melhor do que é*

Seu olhar sobre a realidade é penetrante e, sem qualquer preconceito, vai logo ao cerne do problema. Suas parábolas mostram que Ele conhece toda a realidade da vida, boa e má. Não pinta o mundo nem pior nem melhor do que é. Nem moraliza logo. Sua primeira tomada de posição não é de censura, mas de compreensão. A natureza não é decantada em sua numinosidade como em Teilhard de Chardin e mesmo em São Francisco de Assis. Ela é vista em sua naturalidade criacional. Ele fala do sol e da chuva (Mt 5,45), do arrebol e do vento sul (Lc 12,54-55), do relâmpago que corta o Oriente e brilha até o Ocidente (Mt 24,27), dos pássaros que não semeiam nem ceifam, nem recolhem em celeiros (Mt 6,26), da beleza dos lírios do campo e da erva que hoje existe e amanhã é lançada ao fogo (Mt 6,30), da figueira que quando deita folhas anuncia a proximidade do verão (Mc 13,28), da colheita (Mc 4,3s.26s.; Mt 13,24s.), da traça e do caruncho (Mt 6,19), dos cães que lambem as feridas (Lc 16,21), dos abutres que comem cadáveres (Mt 24,28). Ele fala dos espinhos e abrolhos, conhece o gesto do semeador (Lc 12,16-21), refere-se à fazenda que produz (Lc 12,16-21) e sabe como se constrói uma casa (Mt 7,24-27). Ele conhece como a mulher faz o pão (Mt 13,33), com que preocupação o pastor anda em busca da ovelha tresmalhada (Lc 15,1s.), como o camponês trabalha (Mc 4,3), descansa e dorme (Mc 4,26s.), como o patrão exige contas dos empregados (Mt 25,14s.), como esses também podem ser açoitados (Lc 12,47-48), como os desempregados vivem sentados na praça à espera de trabalho (Mt 20,1s.), como as crianças brincam de casamento nas praças e os coleguinhas não querem dançar, ou como querem brincar de enterro e os outros não querem se lamentar (Lc 11,16-18), sabe da alegria da mãe ao nascer uma criança (Jo 16,21) e como os poderosos da terra escravizam os outros (Mt 20,25), e como é a obediência entre os soldados (Mt 8,9). Jesus usa de exemplos fortes. Toma a vida assim como ela é. Sabe tirar uma lição do gerente da firma que rouba e é esperto (Lc 16,1-12), refere-se com naturalidade ao rei que entra em guerra (Lc 14,31-33), conhece o ciúme que os homens têm entre si (Lc 15,28) e ele mesmo se compara com um assaltante (Mc 3,27). Há uma parábola considerada autêntica de Jesus e transmitida no Evangelho apócrifo de São Tomé que mostra bem o senso forte e real de Cristo: "O reino do Pai é semelhante a um homem que quer matar um senhor importante. Em casa desembainhou a espada e com ela transpassou a parede. Queria saber se sua mão era suficientemente forte. Depois ele matou o senhor importante". Com isso ele quis ensinar que Deus, ao começar uma coisa, a leva sempre até o fim, à semelhança desse assassino.

De tudo isso algo ressalta claro: Jesus é alguém de um extraordinário bom-senso. Donde lhe vem isso: Responder a essa pergunta é já fazer cristologia. Voltaremos ainda a esse tema.

1.5 Tudo o que é autenticamente humano aparece em Jesus: ira e alegria, bondade e dureza, a amizade, a tristeza e a tentação

Os relatos evangélicos nos dão conta da vida absolutamente normal de Jesus. Ele é alguém que tem sentimentos profundos. Conhece a afetividade natural que devotamos às crianças que Ele abraça (Mt 9,36), impõe as mãos e abençoa (Mc 10,13-16). Impressiona-se com a generosidade do jovem rico: "olhando-o Jesus quis-lhe bem" (Mc 10,21). Extasia-se com a fé de um pagão (Lc 7,9) e com a sabedoria do escriba (Mc 12,34). Admira-se da incredulidade de seus compatriotas de Nazaré (Mc 6,6). Ao assistir o enterro do filho único de uma viúva sentiu-se comovido e "tomado de grande compaixão" aproxima-se dela e a consola dizendo: "Não chores"! (Lc 7,13). Sente compaixão pelo povo faminto, errando como uma ovelha sem pastor (Mc 6,34). Se se indigna com a falta de fé do povo (Mc 9,18), enleva-se com a abertura dos simples a ponto de fazer uma oração agradecida ao Pai (Mt 11,25-26). Sente a ingratidão dos nove cegos curados (Lc 7,44-46) e irado increpa as cidades de Corozaim, Betsaida e Cafarnaum por não haverem feito penitência (Mt 11,20-24). Contrista-se com a cegueira dos fariseus "relanceando os olhos sobre eles com indignação" (Mc 3,5). Usa da violência física contra os profanadores do templo (Jo 2,15-17). Queixa-se dos discípulos que são ignorantões (Mc 7,18). Desafia contra Filipe e lhe diz: "Tanto tempo que estou com vocês e ainda não me conhecem"! (Jo 14,9). Desabafa também contra os fariseus, "dando um profundo suspiro" (Mc 8,12): "Por que pede esta geração um sinal?" (Mc 8,12). Fica nervoso com o espírito de vingança dos apóstolos (Lc 9,55) e com as insinuações de Pedro: "Retira-te, satanás"! (Mc 8,33). Mas alegra-se com eles ao voltarem da missão. Preocupa-se para que nada lhes falte: "Quando vos enviei sem bolsas, sem alforje e sem calçado, faltou-vos alguma coisa? E eles responderam: Nada"! (Lc 22,35). Com eles não quer que o chamem de mestre, mas de amigo (Jo 15,13-15). Tudo o que é seu é também deles (Jo 17,22). A amizade é uma nota característica de Jesus, porque ser amigo é uma forma de amar. E Ele amou a todos até o extremo. As parábolas mostram como Ele conhecia o fenômeno-amizade: com os amigos a gente se reúne para festejar (Lc 15,6.9.29) e fazer banquetes (Lc 14,12-14); ao amigo a gente recorre mesmo sendo importuno (Lc 11,5-8); há amigos inconstantes que traem os outros (Lc 21,16); a amizade pode ser vivida até entre dois cafajestes como Pilatos e Herodes (Lc 23,12). O comportamento de Jesus com os apóstolos, seus milagres, sua atuação no casamento em Caná, a multiplicação dos pães revelam a amizade de Jesus. A relação de Jesus com Lázaro é de amizade: "Senhor, aquele a quem Tu amas está doente [...] Lázaro, nosso amigo, dorme, mas eu vou acordá-lo", diz Jesus (Jo 11,11). Quando Jesus chora a morte do amigo, todos comentam: "Vede como Ele o amava"! (Jo 11,23). Em Betânia com Marta e Maria sentia-se em casa (Mt 21,17), e gosta de retornar para lá (Lc 11,38.42; Jo 11,17). Para muitos de nós homens a amizade com mulheres é um tabu. No tempo de Cristo o era muito mais. A mulher não podia aparecer em público junto com o marido. Muito menos junto de um pregador ambulante como era Jesus. E, contudo, sabemos das amizades de Jesus com algumas mulheres que o seguiam e alimentavam a Ele e aos discípulos (Lc 8,3). Conhecemos os nomes de algumas: Maria Madalena, Joana, a mulher de Cusa, funcionário de Herodes, Susana e outras. Junto da cruz está uma mulher. São elas que o enterram e vão chorar no sepulcro o Senhor morto (Mc 16,1-4). São também mulheres que veem o Ressuscitado. Quebra um tabu social deixando-se ungir por uma mulher de má vida (Mc 14,3-9; Lc 7,37s.) e conversa com uma mulher herege (Jo 4,7s.). Aristóteles dizia que entre a divindade e o homem, por causa da diferença da natureza, não seria possível a amizade. Este filósofo não poderia imaginar a emergência de Deus na carne acolhedora e quente dos homens. Em Jesus tudo o que é autenticamente humano aparece: ira e alegria, bondade e dureza, amizade e indignação. Há um vigor nascivo nele, vitalidade e espontaneidade de todas as dimensões humanas. Ele participou de todos os nossos sentimentos e dos condicionamentos comuns da vida humana como a fome (Mt 4,2; Mc 11,12), a sede (Jo 4,7; 19,28), o cansaço (Jo 4,6; Mc 4,37s.), o frio e o calor, a vida insegura e sem teto (Lc 9,58; cf. Jo 11,53-54; 12,36), as lágrimas (Lc 19,41; Jo 11,35), a tristeza e o temor (Mt 26,37) e as fortes tentações (Mt 4,1-11; Lc 4,1-13; Hb 4,15; 5,2.7-10). Sua psique pôde mergulhar numa fossa terrível a ponto de dizer: "Minha alma está triste até à morte" (Mt 26,38); viveu o pavor e angústia da morte violenta (Lc 22,44). Por isso, comentava o bom pastor de almas, que foi o autor da Epístola aos Hebreus, Ele "pode compadecer-se de nossas fraquezas, porque em tudo foi tentado à nossa semelhança, exceto no pecado" (Hb 4,15).

2 Jesus, alguém de singular fantasia criadora

Falar da fantasia criadora de Jesus pode parecer estranho. A Igreja e os teólogos não costumam exprimir-se assim. Apesar disso, devemos dizer que há muitos modos de falar sobre Jesus, como o próprio Novo Testamento no-lo testemunha. Quem sabe se para nós essa categoria – fantasia – não nos venha revelar a originalidade e o mistério de Cristo? Muitos entendem mal a fantasia e pensam que é sinônimo de sonho, de fuga desvanecedora da realidade, ilusão passageira. Na verdade, porém, fantasia significa algo de mais profundo. Fantasia é uma forma de liberdade. Ela nasce na confrontação com a realidade e a ordem vigente; surge do inconformismo frente a uma situação feita e estabelecida; é a capacidade de ver o homem maior e mais rico que o seu envolvente cultural e concreto; é ter a coragem de pensar e dizer coisa nova e andar por caminhos ainda não palmilhados, mas cheios de sentido humano. Vista assim, podemos dizer que a fantasia era uma das qualidades fundamentais de Jesus. Talvez na história da humanidade não tenha havido pessoa que tivesse fantasia mais rica do que a de Jesus.

2.1 Jesus, alguém que tem a coragem de dizer: Eu

Como já o temos considerado suficientemente, Jesus não aceita sem mais nem menos as tradições judaicas, as leis, os ritos sagrados e a ordem estabelecida de então. São Marcos diz logo no início de seu evangelho que Cristo ensinava "uma doutrina nova" (Mc 1,27). Ele não repete o que o Antigo Testamento ensinou. Por isso teve a coragem de se levantar e dizer: "Ouvistes o que foi dito aos antigos" – e nisso pensava na Lei, em Moisés e nos Profetas –, "eu porém vos digo". Ele é alguém que diz alto EU sem se garantir com outras autoridades vindas de fora. O novo que prega não é algo que os homens não conhecem absolutamente. Mas é o que o bom-senso manda e que foi perdido pelas complicações religiosas, morais e culturais criadas pelos homens. Cristo veio descobrir a novidade do mais antigo e originário do homem, feito à imagem e semelhança do Pai.

Ele não pergunta pela ordem – que é, não raro, ordem na desordem –, mas deixa reinar fantasia criadora. Com isso desconcerta os instalados que se perguntam: Quem é esse? Não é o carpinteiro, filho de Maria? (Mc 6,3a; Mt 13,53-58; Lc 4,16-30; Jo 6,42). Anda com gente proibida, aceita em sua companhia pessoas duvidosas como dois ou três guerrilheiros (Simão, o Cananeu, Judas Iscariotes, Pedro Barjonas), dá uma reviravolta no quadro social e religioso dizendo que os últimos serão os primeiros (Mc 10,31), os humildes serão os mestres (Mt 5,5) e que os fiscais de impostos e as prostitutas entrarão mais facilmente no Reino dos Céus do que os piedosos escribas e fariseus (Mt 21,23). Não discrimina ninguém, nem os heréticos e cismáticos samaritanos (Lc 10,29-37; Jo 4,4-42), nem pessoas da má reputação como uma prostituta (Lc 7,36-40), nem os marginalizados (doentes, leprosos, pobres), nem os ricos cujas casas frequenta enquanto que lhes diz: "Vós sois infelizes, pois tendes a vossa consolação" (Lc 6,24), nem recusa os convites de seus opositores mais figadais, os fariseus, embora com toda liberdade lhes diga sete vezes "ai de vós fariseus hipócritas e cegos" (Mt 21,13-39).

2.2 *Jesus nunca usou a palavra obediência*

A ordem estabelecida é relativizada e o homem libertado de seus tentáculos que o mantinham preso. Sujeição à ordem se chama comumente obediência. A pregação e as exigências de Cristo não pressupõem uma ordem estabelecida (*establishment*). Antes pelo contrário, por causa de sua fantasia criadora e espontaneidade, a checa. A palavra *obediência* (e derivados) que ocorre 87 vezes no Novo Testamento, enquanto podemos julgar, nunca foi usada por

Cristo. Com isso não se quer dizer que Cristo não tenha feito duras exigências. Obediência para Ele não é cumprimento de ordens, mas decisão firme para aquilo que Deus exige dentro de uma situação concreta. Nem sempre a vontade de Deus se manifesta na lei. Comumente ela se revela na situação concreta onde a consciência é surpreendida por uma pro-posta que exige res-posta com res-ponsabilidade. A grande dificuldade encontrada por Jesus em suas disputas com os teólogos e os mestres do tempo consistiu exatamente nisso: o que Deus quer de nós não pode ser resolvido com um simples recurso às Escrituras. Devemos consultar os sinais dos tempos e o imprevisto da situação (cf. Lc 12,54-57). Isso é um apelo claro à espontaneidade, à liberdade e ao uso de nossa fantasia criadora. Obediência é ter os olhos abertos para a situação, consiste em decidir-se e arriscar-se na aventura de responder a Deus que fala hoje e agora. O Sermão da Montanha, que não quer ser lei, é um convite dirigido a todos para terem uma consciência extremamente clara e uma capacidade ilimitada de compreender, simpatizar, sintonizar e amar os homens em suas limitações e realizações.

2.3 Jesus não tem esquemas pré-fabricados

Jesus mesmo é o melhor exemplo de semelhante modo de existir, resumido numa frase do Evangelho de São João: "O que vem a mim, eu não o mandarei embora" (Jo 6,37). Acolhe todo mundo: os pecadores com quem come (Lc 15,2; Mt 9,10-11); os pequeninos (Mc 10,13-16); dá atenção à velhinha corcunda (Lc 13,10-17), ao cego anônimo à beira do caminho (Mc 10,46-52), à mulher que se envergonha do fluxo de sangue (Mc 5,21-34), acolhe à noite um teólogo conhecido (Jo 3,1s.). Não tinha tempo nem de comer (Mc 3,20; 6,31) e dorme profundamente de cansaço (Mc 4,38). Seu falar pode ser duro na invectiva contra o parecer-ser (Mt 3,7; 23,1-39; Jo 9,44), mas pode também ser de compreensão e perdão (Jo 8,10-11). No seu modo de falar e agir, no trato que tem com as várias camadas sociais nunca enquadra as pessoas em esquemas pré-fabricados. A cada qual respeita em sua originalidade: o fariseu como fariseu, os escribas como escribas, os pecadores como pecadores, os doentes como doentes. Sua reação é sempre surpreendente: para cada um tem a palavra exata ou o gesto correspondente. Bem dizia São João: "Ele não tinha necessidade de que alguém desse testemunho do homem, pois conhecia o que havia no homem" (Jo 2,25). Sem que ninguém lho diga, ele sabe do pecado do paralítico (Mc 2,5); do estado da filha de Jairo (Mc 5,39); da mulher que sofria de fluxo de sangue (Mc 5,29s.); do homem possuído pelo demônio (Mc 1,23s.; 5,1s.); dos pensamentos íntimos de seus opositores (Mc 2,8; 3,5). Ele é seguramente um carismático sem analogias na história. Mostra uma soberania impressionante. Desmascara perguntas capciosas (cf. Mc 12,14s.) e dá respostas surpreendentes. Pode fazer abrir a boca de seus adversários, mas também pode tapá-la (Mt 22,34). Os evangelhos referem muitas vezes que Cristo se calava. Ouvir o povo e sentir seus problemas é uma das formas de amá-lo.

2.4 Foi Jesus um liberal?

Perguntava-se há anos um dos maiores exegetas da atualidade e respondia: "Jesus foi um liberal. Disso não se deve tirar nem um fio de cabelo, embora as Igrejas e os piedosos protestem e achem que seja blasfêmia. Jesus foi liberal porque em nome de Deus e na força do Espírito Santo interpretou e mediu Moisés, a Escritura e a Dogmática a partir do amor e com isso permitiu aos piedosos de permanecerem humanos e até razoáveis". O quanto isso é verdade, basta recordar o seguinte episódio que releva à maravilha a liberalidade e o horizonte aberto de Jesus: "Disse-lhe João: Mestre, vimos um que em teu nome expulsa os demônios e que não está conosco; *e nós lho proibimos porque não está conosco.* Disse-lhe Jesus: Não lho proibais, pois ninguém que faça um milagre em meu nome falará depois mal de mim. Quem não está contra nós está conosco" (Mc 9,38-40; Lc 9,49-50). Cristo não é sectário como muitos de seus discípulos ao longo da história. Jesus veio para ser e viver o Cristo e não para pregar o Cristo, ou anunciar-se a si mesmo. Por isso Ele sente realizada sua missão lá onde vê homens que o seguem e fazem, embora sem referência explícita ao seu nome, aquilo que Ele quis e proclamou. O que quis está claro: a felicidade do homem que só pode ser encontrada se ele se abrir ao outro e ao Grande Outro (Deus) (cf. Lc 10,25-37; Mc 12,28-31; Mt 22,34-40). Há um pecado que é radicalmente mortal: o pecado contra o espírito humanitário. Na parábola dos cristãos anônimos em Mt 25,31-46, o Juiz eterno não inquirirá ninguém pelos cânones da dogmática, nem se na vida de cada homem houve ou não uma referência explícita ao mistério de Cristo. Ele perguntará se tivermos feito alguma coisa em favor dos necessitados. Aqui se decide tudo. "Senhor, quando foi que te vimos faminto, ou sedento, ou peregrino, ou enfermo, ou em prisão e não te servimos?" Ele lhes responderá: "Em verdade vos digo que, quando deixastes de fazer isso a um destes pequeninos, a mim não o fizestes" (Mt 25,44-45). O sacramento do irmão é absolutamente necessário para a salvação. Quem negou isso negou a causa de Cristo, mesmo quando tem Cristo sempre em seus lábios e oficialmente se confessa por Ele. A fantasia postula criatividade, espontaneidade e liberdade. É exatamente isso que Cristo exige quando nos propõe um ideal como o do Sermão da Montanha. Aqui não cabe falar mais em leis, mas no amor que supera todas as leis. O convite de Cristo: "Sede perfeitos como vosso Pai celeste é perfeito" (Mt 5,48) derrubou todas as barreiras possíveis para a fantasia religiosa, quer tenham sido levantadas pelas religiões, quer pelas culturas e as situações existenciais.

3 A originalidade de Jesus

Ao falarmos da originalidade de Jesus, devemos antes esclarecer um equívoco. Original não é uma pessoa que diz pura e simplesmente coisa nova. Nem original é sinônimo de esquisito. Original vem de origem. Quem está perto da origem e do originário e por sua vida, palavras e obras leva os outros à origem e ao originário deles mesmos, esse pode ser chamado com propriedade de original. Nesse sentido, Cristo foi um original. Não porque descobre coisas novas. Mas porque diz as coisas com absoluta imediatez e soberania. Tudo o que diz e faz é diáfano, cristalino e evidente. Os homens percebem logo. É isso mesmo! Em contato com Jesus, cada um se encontra consigo mesmo e com aquilo que há de melhor nele. Isto é, cada qual é levado ao originário. O confronto com esse originário gera uma crise: urge decidir-se e converter-se ou então instalar-se no derivado, secundário, na situação vigente. O bom-senso é a captação desse originário no homem que a gente vive e sabe, mas que é difícil de se formular e fixar em imagens.

Cristo soube verbalizar o originário ou sã razão de forma genial, como vimos acima. Por isso que Ele resolve todos os conflitos e coloca um "e" onde a maioria coloca um "ou". O autor da Carta aos Efésios diz muito bem que Cristo derrubou o muro que separava os pagãos dos judeus e "fez dos dois um só homem novo" (Ef 3,14-15). Ele derrubou todos os muros, do sacro e do profano, das convenções, do legalismo, das divisões entre os homens e entre os sexos, dos homens com Deus, porque agora todos têm acesso a Ele e podem dizer "Abba, Pai" (Ef 3,18; cf. Gl 4,6; Rm 8,15). Todos são irmãos e filhos do mesmo Pai. A originalidade de Jesus consiste, pois, em poder atingir aquela profundidade humana que concerne a todos os homens indistintamente. Daí que Ele não funda uma escola a mais, nem elabora um novo ritual de oração, nem prescreve uma supermoral. Mas atinge uma dimensão e rasga um horizonte que obriga tudo a se revolucionar, a se rever e a se converter. Donde vem que Cristo é assim tão original, soberano e altaneiro? Desta pergunta surgiu a cristologia outrora e hoje. Antes de darmos títulos divinos a Jesus, os evangelhos mesmos nos permitem que falemos muito humanamente dele. A fé nos diz que nele "apareceu a bondade e o amor humanitário de Deus" (Tt 3,4). Como descobrimos isso? Não é porventura em seu extraordinário bom-senso, em sua singular fantasia criadora e em sua inigualável originalidade?

Conclusão: Relevância teológica do comportamento de Jesus

O interesse pelas atitudes e comportamento do Jesus histórico parte do pressuposto que nele se revelou o que há de mais divino no homem e o que há de mais humano em Deus. Aquilo, pois, que emergiu e se exprimiu em Jesus deve emergir e exprimir-se também em seus seguidores: total abertura a Deus e aos outros, amor indiscriminado e sem limites, espírito crítico frente à situação vigente social e religiosa, porque ela não encarna pura e simplesmente a vontade de Deus, cultivo da fantasia criadora que em nome do amor e da liberdade dos filhos de Deus questiona as estruturações culturais, primazia do homem-pessoa sobre as coisas do homem e para o homem. O cristão deve ser um homem livre e libertado. Com isso não se quer dizer que ele seja um anarquista e um sem-lei. Ele entende de modo diverso a lei: como diz São Paulo "ele não está mais sob a lei" (Rm 6,15), mas está sob a "Lei de Cristo" (1Cor 9,21) que lhe permite – "sendo totalmente livre" (1Cor 9,19) – viver ora com os que estão sob a lei, ora com os que estão fora da lei, para ganhar a ambos (1Cor 9,19-23). Como se vê, a lei é aqui relativizada e posta a *serviço* do amor. "Para que gozemos desta liberdade, Cristo nos tornou livres [...] e jamais nos devemos deixar sujeitar de novo ao jugo da servidão" (Gl 5,1). Tudo isso vemos realizado de modo exemplar por Jesus de Nazaré com uma espontaneidade que não encontra, quiçá, paralelos na história das religiões. Se *desteologiza* a religião fazendo buscar a vontade de Deus não só nos Livros Santos, mas principalmente na vida diária; se *desmitologiza* a linguagem religiosa usando as expressões das experiências comuns que todos fazem; se *desritualiza* a piedade, insistindo que o homem está sempre diante de Deus e não somente quando vai ao templo para rezar; se *emancipa* a mensagem de Deus de sua ligação a uma comunidade religiosa, dirigindo-a a cada homem de boa vontade (cf. Mc 9,38-40; Jo 10,16); e, por fim, se *seculariza* os meios da salvação, fazendo do sacramento do outro (Mt 25,31-46) o elemento determinante para entrar no Reino de Deus, não veio, porém, fazer a vida dos homens mais cômoda. Antes pelo contrário. Nas palavras do *Grande Inquisidor* de Dostoievski: "Em vez de dominar a consciência, vieste aprofundá-la ainda mais; em vez de cercear a liberdade dos homens, vieste alargar-lhes ainda o horizonte [...] Teu desejo era libertar os homens para o amor. Livre deve ele seguir-te, sentir-se atraído e preso por ti. Em vez de obedecer às duras leis do passado, deve o homem a partir de agora, com o coração livre, decidir diante de si o que é bom e o que é mau, tendo o teu exemplo diante dos olhos". Tentar viver semelhante projeto de vida é seguir a Cristo, com a riqueza que esta palavra – seguir e imitar a Cristo – encerra no Novo Testamento. Significa libertação e experiência de novidade de vida redimida e reconciliada, mas também pode incluir, como em Cristo, perseguição e morte.

Concluindo, como soam profundas as palavras de Dostoievski, ao regressar da casa dos mortos, sua prisão com trabalhos forçados na Sibéria: "Às vezes Deus me envia instantes de paz; nesses instantes, amo e sinto que sou amado; foi num desses momentos que compus para mim mesmo um credo, onde tudo é claro e sagrado. Este credo é muito simples. Ei-lo: creio que não existe nada de mais belo, de mais profundo, de mais simpático, de mais viril e de mais perfeito do que o Cristo; e eu o digo a mim mesmo, com um amor cioso, que não existe e não pode existir. Mais do que isto: se alguém me provar que o Cristo está fora da verdade e que esta não se acha nele, prefiro ficar com o Cristo a ficar com a verdade".

5
O sentido da morte de Jesus

Toda a vida de Jesus foi um dar-se, um ser-para-os-outros, a tentativa e a realização de sua existência, da superação de todos os conflitos. Em nome do Reino de Deus, viveu seu ser-para-os-outros até o fim, mesmo quando a experiência da morte (ausência) de Deus se fez, na cruz, sensível até quase às raias do desespero. Mas confiou e acreditou até o fim que Deus, assim mesmo, o aceitaria. O sem-sentido tinha para ele ainda um sentido secreto e último.

Uma tragédia paira sobre o esforço de Jesus de libertar os homens deles mesmos, das complicações que se criaram e daquilo que, numa palavra, dizemos pecado. Sua "nova doutrina" (Mc 1,27) indispusera contra Ele todas as autoridades de então: os fariseus, partido político-religioso fanaticamente agarrado às tradições e à observância das leis a ponto de fazerem a vida triste e quase impossível; os escribas, teólogos eruditos nas Sagradas Escrituras; os saduceus, grupo extremamente conservador e oportunista de sacerdotes e de famílias bem situadas; os velhos, leigos ricos e altos funcionários da capital, Jerusalém; os herodianos da Galileia, partido amigo de Herodes, que queriam a independência dos romanos; por fim, as próprias forças de ocupação, os romanos. Todos eles têm a Jesus como seu inimigo.

1 O processo contra Jesus

Os evangelhos dão os seguintes motivos por que a obra libertadora de Cristo foi dificultada e como, por fim, Ele foi preso, torturado e condenado à morte.

1.1 A popularidade de Jesus

A aceitação que Jesus encontrava nas massas populares preocupava as autoridades causando-lhes inveja e má vontade (Mc 11,18; Jo 4,1-3; 7,32.46; 12,10.19). Acreditava-se que pregava a subversão (Lc 23,2; Jo 7,12) e que proibia o pagamento do imposto capital ao imperador romano (Lc 23,2), quem sabe até com sérias pretensões de assumir o poder contra o regime vigente (cf. Jo 19,12; 6,15; Lc 23,2). Na verdade, suas críticas atingem os influentes sobre o povo como os fariseus (Mt 23), Herodes (Lc 13,32), os que exercem o poder em geral (Mt 20,25; Lc 22,25), e os ricos (Lc 6,24-26; 18,25). Apavorados dizem: "Se o deixarmos assim, todos crerão nele. Virão os romanos, destruirão nosso lugar santo e a nossa nação" (Jo 11,48). Na realidade, todos temiam por suas posições de força e de privilégio, principalmente os que exploravam os negócios do templo, vendendo animais sacrificais como a família e a casa de Anás. Havia algumas palavras de Jesus ditas num contexto de urgência de conversão frente à iminência do Reino, que lidas com outra ótica poderia causar mal-entendidos políticos: "Não vim trazer a paz, mas sim a espada" (Mt 10,34); "vim trazer a ruptura" (Lc 12,51); "vim para opor o filho contra o pai e a filha contra a mãe" (Mt 10,35); "eu vim lançar fogo à terra, e que quero senão que ele arda?" (Lc 12,49). Evidentemente Cristo não quis violência. Antes pelo contrário, manda que amemos os inimigos (Mt 5,44-48). Na hora em que podia lançar mão da violência, ordena prontamente: "Põe a tua espada na bainha, Pedro, porque todos aqueles que tomam da espada perecerão por ela" (Mt 26,52).

1.2 *Jesus, alguém que desconcerta*

Sem ter frequentado as escolas e sem ter sido ordenado rabino, ensina sem apelar a nenhuma instância (Mc 6,2; Jo 7,15). Sobrepõe-se à casuística na interpretação da lei, considerada aquela santa como a lei mesma (Mc 3,2-5.17; Jo 5,8-13; Lc 13,13-17; 14,1-6). Tolerava em sua companhia gente em contato com a qual se contraía a impureza legal (Mc 2,16; Mt 11,19; Lc 7,39; 15,1-2; 19,7). Falava com Deus e de Deus, em palavras e gestos tidos por blasfêmia (Mc 2,7; Jo 5,18; 7,29; 8,58; 10,30). Luta renhidamente contra toda sorte de falsidade e formalismos sem sentido (Mc 12,38-40; Mt 23,1-39; 5,20; Lc 12,1; 16,15; 18,11). Esses motivos religioso-dogmáticos exacerbavam de modo particular os fariseus, que "começaram a acossá-lo terrivelmente e a importuná-lo com muitas questões" (Lc 11,53). Jesus desconcerta a todos. E todos perguntam: Quem é ele? Donde lhe vem semelhante poder? (Jo 8,25; Mc 4,41; Lc 4,36; Mt 8,27).

1.3 *Jesus, alguém que provoca uma crise radical*

Jesus desconcerta de forma extremamente aguda quando assume atitudes que só são cabíveis a Deus: coloca sua autoridade acima da de Moisés, o que equivale a arrogar-se poderes divinos (Mc 7,1-2; Mt 5,21-48: Ouvistes o que foi dito aos antigos). Perdoa pecados, assunto que só cabe a Deus (Mc 2,7; Lc 7,49). Faz milagres com grande soberania. Vem mostrar aos marginalizados pelo pecado ou pelo destino (doenças, condição social) que por esse fato não são relegados por Deus, mas que agora eles também têm vez e podem sentar juntos na mesma mesa com Ele. O Deus de Jesus Cristo é um Deus de misericórdia e de perdão que se alegra mais com um só pecador que se converte do que com 99 justos que não precisam de penitência (Lc 15,7). A atuação de Jesus produz uma crise nos ouvintes. Crise significa decisão e julgamento. Eles devem decidir-se pró ou contra Cristo. Essa crise e de-cisão significa de fato uma cisão entre a luz e as trevas (Jo 3,19-20), vida e morte, salvação e perdição (Jo 5,24; 8,39). Por três vezes, diz o Evangelista João, Cristo por suas atitudes e palavras provocou um cisma no povo (Jo 7,43; 9,16; 10,19), isto é, produziu uma crise que o levou a uma ruptura-decisão pró ou contra Ele. Cristo é a crise do mundo: ou este se transcende e assim se salva ou se fecha sobre si mesmo, liquida Jesus de seu meio e se perde. Fanatismo religioso, vontade de poder e de manter privilégios assegurados foram, segundo os evangelhos, os motivos principais que levaram os inimigos, divididos entre si, mas unidos contra Cristo, a liquidarem o incômodo profeta de Nazaré. A tese de que o ódio do *status quo* contra Jesus se deva ao fato de Ele ter-se negado a liderar uma rebelião contra os romanos ou por causa de suas relações amistosas com os guerrilheiros zelotas não passa de especulações e fantasias, sem base nas fontes que possuímos. De tudo isso nada sabem os evangelhos. E são as únicas fontes, afora algumas citações posteriores de Flávio Josefo (Ant. Jud. 18,3,3; 20,9,1), de Plínio (Ep.

10), Tácito (Annales 15,44) e Suatônio (Claudius 25), que falam de Jesus.

1.4 De todos os modos vão contra Jesus

Jesus se tornou um perigo para a ordem estabelecida. Por isso, por todos os modos, procura-se enquadrá-lo dentro de um estatuto legal para motivar sua prisão e um processo. Primeiramente exige-se-lhe um atestado oral de boa conduta (Mc 7,5; 2,16.18.24; 11,27 e Jo passim). Depois procura-se isolá-lo do povo e mesmo atiçar este contra Ele. Os milagres que opera são difamados como obra do demônio (Mc 3,22; Jo 7,20; 8,48.52; 10,20; Mt 10,25). Exige-se dele um milagre por encomenda para poder ser estudado mais de perto (Mc 8,11). Com perguntas capciosas, pensa-se pô-lo em apuros ou fazê-lo ridículo frente a algum grupo (Mc 12,18-23). Ou então, em questões controversas, obrigá-lo a tomar partido (Mc 10,2); ou ainda, é-lhe colocada uma pergunta cavilosa cuja resposta ou o faz inimigo do povo ou inimigo das forças de ocupação (Mc 12,13-17; Lc 11,53-54; Jo 8,5-6). É expulso da sinagoga, o que significava para a época excomunhão (Jo 22,22; 12,42). Há várias tentativas de prisão (Mc 11,18; Jo 7,30.32.44-52; 10,39) e duas de apedrejamento (Jo 8,59; 10,31). Por fim, pensa-se em liquidá-lo (Mc 3,6; Jo 5,18; 11,49-50). Porém, sua popularidade é um impedimento grave (Jo 7,46; Mc 12,12). Jesus sabe de tudo isso. Mas não se deixa intimidar. Continua a falar e a colocar perguntas incômodas (Mc 12,13-17; Lc 13,17; 14,1-6). Prega adiante (Jo 5,19-47; 7,19.25; 8,12-29.37; 10,33). Contudo, tem de se defender: na tentativa de apedrejá-lo, esconde-se; quando querem prendê-lo no templo, some no meio da multidão (Jo 8,59; 10,39; cf. Lc 4,30). Uma vez sobe incógnito para Jerusalém (Jo 7,10) ou evita o território de seus adversários, indo da Judeia para a Galileia (Jo 4,1-3). Mesmo aqui evita os fariseus que muito o importunavam indo à zona pagã ao norte ou além do Lago de Genesaré (Mc 7,24; 8,13; cf. Mt 12,15; 14,13). Depois de um duro confronto, retira-se sozinho para a Pereia (Jo 10,40). Ao saber de decisão do Sinédrio de matá-lo (Jo 11,49-50.53), busca com seus discípulos a cidade de Efraim, perto do deserto (Jo 11,54). Na sua última estadia em Jerusalém (segundo o esquema joaneu) mantém-se mais ou menos escondido (Jo 12,36). Passa as noites fora da cidade, em Betânia ou no Monte das Oliveiras (Mc 11,11.19; Lc 21,37; Jo 18,2). As autoridades não sabem exatamente seu paradeiro. Publica-se uma proclamação ao povo, onde se solicita indicar o paradeiro de Jesus para facilitar sua prisão (Jo 11,57). Judas reagiu à declaração das autoridades. Pelo preço de um escravo (30 denários de prata) traiu Jesus (Mt 26,15). A traição de Judas, que se prestou e se presta ainda hoje às mais mirabolantes fantasias, consistiu – isso deixam claro os evangelhos – em indicar às autoridades onde estava Jesus e onde pudesse ser preso sem provocar sensação e tumulto popular. Chegou a esse ato, quiçá, movido por uma profunda decepção: esperava, como outros discípulos também (cf. Lc 24,21; 19,11; At 1,6), que Cristo libertasse politicamente Israel, enxotando os romanos. Cristo, porém, entendeu bem mais universalmente sua libertação, como total transfiguração deste mundo todo, homem e cosmos, chamando-o Reino de Deus.

1.5 Jesus é condenado como "blasfemo" e guerrilheiro

As palavras de Marcos – o relato mais antigo da paixão de Jesus – acerca da traição por Judas encerram um tom sinistro, ressaltado ainda mais por sua brevidade e secura: "O traidor dera-lhes este sinal, dizendo: Aquele que eu beijar, esse é; prendei-o e conduzi-o com segurança. Logo chegou e aproximou-se dele, dizendo: Rabbi, e beijou-o". Jesus mantém-se soberano. Apenas diz: "Saístes como contra um ladrão, com espadas e porretes, para me prender? Todos os dias eu estava no meio de vós, no templo, ensinando, e não me prendestes" (Mc 14,44-49). As cenas que se seguem, cujo caráter histórico é muito discutido porque os relatos são feitos à luz da ressurreição e da profissão de fé em Jesus como Cristo, estão sob o signo da entrega: de Judas, Ele é *entregue* ao Sinédrio (Mc 14,10.42); do Sinédrio, é *entregue* a Pilatos (Mc 15,1.10); de Pilatos, é entregue aos soldados (Mc 15,15), que anonimamente, em nome dos poderosos deste mundo, o *entregam* à morte (Mc 15,25); por fim, Deus mesmo o *entrega* à sua própria sorte, deixando-o sucumbir na cruz (Mc 15,34). Mas antes disso move-se-lhe um duplo processo: um *religioso*, diante das autoridades judaicas, e outro *político*, diante das autoridades romanas. Preso no Jardim das Oliveiras, é conduzido ao palácio do sumo sacerdote onde passa a noite, à espera do dia seguinte, quando, segundo a lei, o Sinédrio podia reunir-se e dar encaminhamento ao processo contra Ele. Durante essa longa vigília é interrogado minuciosamente por Anás, antigo sumo sacerdote, sogro do sumo sacerdote em ofício Caifás, e por outros líderes judeus acerca de sua doutrina, de seus correligionários e de suas intenções. Discute-se muito se esses interrogatórios diante de Anás têm qualquer caráter oficial. Em todos os casos, Jesus dignamente se recusa a dar maiores explicações. É feito objeto de irrisão, esbofeteado, cuspido no rosto, torturado, cenas descritas em pormenores pelos sinóticos e ainda hoje frequentes em ambientes policiais do mundo inteiro. No dia seguinte, no canto sudoeste do templo (na Boulé ou Lishkath há-Gazith – cf. Lc 22,66), reúne-se o Sinédrio com o sumo sacerdote Caifás (que quer dizer inquisidor). Ele abre a sessão com o depoimento das testemunhas. Sobre o conteúdo das acusações nada sabemos: provavelmente tratou-se da posição liberal de Cristo frente ao sábado (Mc 2,23s.; Jo 5,9s.) que constituía motivo de permanente escândalo para os judeus, ou de ser um falso profeta e de expulsar demônios em nome dos demônios (Mc 3,22; Mt 9,34). O resultado foi a discordância nos testemunhos (Mc 14,56). Outra gravíssima acusação que outrora levou Jeremias à condenação de morte (Jr 26,1-19) é levantada também contra Jesus: destruir o templo e reedificá-lo em três dias (Mc 14,58; Jo 2,19). Mas aqui também se verifica discordância entre os acusadores. Nisso, levanta-se Caifás e entra em ação, submetendo Cristo a rigoroso interrogatório, ao fim do qual é declarado digno de morte por crime de blasfêmia (Mc 14,64). Em que consistira esse crime de blasfêmia? Segundo Mc 14,61-62 no fato de Jesus, à pergunta do pontífice – "És tu o Cristo, o Filho do Bendito?" –, ter respondido: "Eu o sou. E vereis o Filho do Homem sentado à direita do Poder e vir sobre as nuvens do céu". Há muito que a exegese católica e protestante se pergunta: Estamos aqui diante de um relato histórico ou diante de uma profissão de fé da comunidade primitiva que interpretou, à luz da ressurreição, a figura de Jesus como sendo a do Messias-Cristo e a do Filho do Homem de Dn 7? É difícil decidir por métodos exegéticos semelhante questão. Certo é que os evangelhos não querem ser obra histórica, mas profissão de fé, onde história e interpretação da história à luz da fé se amalgamam numa unidade vital. Declarar-se Messias-Cristo não constituía em si blasfêmia alguma; já antes de Jesus de Nazaré, haviam-se apresentado como Messias vários libertadores. E por esse motivo nunca foram condenados à morte. Problemático é também se Jesus, para exprimir sua consciência de pregador e realizador do Reino de Deus, usou de títulos como Messias-Cristo, Filho do Homem e outros. Tudo parece indicar, como veremos em pormenor mais tarde, que Cristo se distanciou dos títulos conhecidos e comuns de seu tempo. Ele era por demais original e soberano para poder se enquadrar dentro do universo de compreensão de uma cultura religiosa. Em todos os casos, e isso se funda em dados históricos: Cristo possuía pelo menos no final de sua vida uma consciência nítida de sua missão libertadora de todos os elementos alienatórios no homem e no mundo, de que com Ele o prazo para o irromper do Reino de Deus tinha-se esgotado e que, com sua presença e atuação, essa nova ordem de todas as coisas já começara a fermentar e a se manifestar. Tal consciência transpirou clara no interrogatório solene feito por Caifás. Ora, sustentar semelhante pretensão é situar-se já na esfera do divino. E isso, para um homem, é blasfêmia. Ainda mais pelo fato de Jesus provocar um escândalo sem proporções: arroga-se uma consciência que implica a esfera do divino, por um lado, e, por outro, apresenta-se fraco, sem meios adequados à sua missão e entregue à mercê dos esbirros. Tal figura

109

não escarnece das promessas de Javé de total libertação, especialmente dos inimigos políticos? Frente a semelhante blasfêmia, o Sinédrio em peso e cada um de seus membros (71) votaram: *Lamaweth! Lamaweth!* Isto é: "Seja condenado à morte, à morte"! Um passo decisivo fora dado. A partir de agora, tudo na história do mundo se transformará, a começar por Pedro, que se arrepende (Mc 14,72 par) e por Judas, que se enforca (Mt 27,5; cf. At 1,6-10), até à possibilidade da existência da Igreja de Cristo como continuadora de sua pregação e realidade. O processo político frente ao governador romano Pôncio Pilatos visa ratificar a decisão do Sinédrio. Com refinada tática diabólica, as acusações de ordem religiosa são transformadas em difamações de ordem política. Só assim eles têm chance de serem ouvidos (cf. caso paralelo com Paulo e Gálio em At 18,14s.). Acusam-no, diante de Pilatos, de se considerar um libertador político (Messias), coisa que Cristo jamais quis ser, que prega a subversão entre o povo por toda a Judeia, desde a Galileia (Lc 23,2.5). Ao ouvir a palavra "Galileia", Pilatos se lembra de Herodes que naqueles dias estava também em Jerusalém (Lc 23,6-12). A ele, tetrarca da Galileia, terra e campo da principal atuação de Jesus, competia pronunciar uma palavra decisiva. Cristo é levado a Herodes e por ele interrogado. O silêncio de Jesus o irrita. Herodes devolve-o a Pilatos, vestindo-o de rei de paródia. "Naquele dia, Herodes e Pilatos fizeram-se amigos um do outro, pois antes eram inimigos" (Lc 23,21). Na chacota contra um inocente, até os maus se encontram e estabelecem uma amizade inimiga. Pilatos, porém, percebe logo: Jesus não é nenhum revolucionário político, como os zelotas, nem inventa violência contra os romanos. Talvez possa ser um ingênuo so-

110

nhador religioso. Por isso, por três vezes, diz: "não encontro nele nada que mereça a morte" (Lc 23,4.15.22). O Novo Testamento, não se sabe se por motivos apologéticos (o governador deve testemunhar que o cristianismo não é perigoso ao Estado), ou se, refletindo uma situação histórica, mostra três tentativas de Pilatos de salvar Jesus frente aos que, com renovada insistência, gritavam: "Crucifica-o, crucifica-o" (Lc 23,21): o episódio com Herodes, a tentativa malograda de trocar Jesus pelo guerrilheiro e bandido Barrabás (Lc 23,17-25), e por fim a cena do *Ecce Homo*, após o processo de torturas (Jo 19,1-6). Por outro lado, de outras fontes conhecemos os traços de "venalidade, violência, rapinas, maus-tratos, ofensas, execuções incessantes e sem julgamento, crueldade sem razão" (Filo, *Leg. ad Caium*, § 38) da personalidade de Pilatos. Ele tem prazer em espezinhar os judeus, fazendo de conta que quer salvar a inocência de Jesus. Somente diante da ameaça de poder tornar-se inimigo de César (Jo 19,12) é que anui aos gritos da populaça e dos líderes judeus. São João diz sem qualquer *pathos*: "Então, entregou-lho para que o crucificassem" (Jo 19,16). Dita ainda o *titulus* em três línguas: *Iesus Nazarenus Rex Iudaeorum*. Tudo está pronto. O sacrifício pode começar.

Segundo o costume romano os condenados à morte de cruz (geralmente só escravos e rebeldes, segundo Cícero, *Verres* II, 5, 65, 165: "o mais bárbaro e terrível castigo") são primeiramente flagelados sem misericórdia. Em seguida, devem carregar às costas a travessa da cruz até o lugar da execução, onde já se encontra a parte vertical no chão. São desnudados, pregados na cruz, que assume normalmente a forma de um T, e erguidos, ficando dois ou três metros acima do chão, por horas a fio ou por dias, até que se aproxime a morte por esgotamento, asfixia, hemorragia, rompimento do coração ou colapso. Jesus ficou na cruz do meio-dia até às 15 horas. Os evangelhos nos referem que proferiu sete palavras, cujo valor histórico, porém, é muito discutido: uma em Marcos (15,34), a mesma em Mateus (27,46), três em Lucas (23,34.43.46) e outras três em João (19,26.28.30). Uma, contudo, não deixa qualquer dúvida quanto à sua autenticidade. Ela constitui um escândalo que lança agudamente a pergunta pela autoconsciência de Jesus. Marcos conserva ainda sua formulação aramaica: "Elohi, Elohi, lama sabachthani. Meu Deus, meu Deus, por que me abandonaste"? (Mc 15,34). Cristo viveu numa intimidade sem paralelos com seu Deus, chamando-o de *Abba*, tu, meu querido paizinho; em nome desse Deus, pregou o Reino *de Deus* e confessou-se continuamente por Ele (cf. Mt 11,27). Esse Deus de amor e de humanidade deixou Jesus só. Abandonou-o. É Jesus mesmo que o exprime. Porém, se Deus o abandonou, Cristo não abandonou a Deus. Por isso, mesmo no grito da solidão absoluta, Ele brada: *"Meu Deus, meu Deus..."* "Dando um forte brado, Jesus expirou" (Mt 15,37), entregando-se confiante a quem o havia abandonado, mas que continuava a ser "o meu Deus". Porém, o silêncio de Deus na Sexta-feira Santa será interrompido no domingo da ressurreição.

2 "Tendo amado... amou... até o fim"

A morte não constituiu uma catástrofe que sobreveio abruptamente na vida de Cristo. Sua mensagem, vida e morte formam uma unidade radical. A morte violenta está de algum modo implicada nas exigências de sua pregação. Num texto célebre, já Platão sentenciava em sua *República*:

"O justo será flagelado, esfolado amarrado e com fogo cegado. Quando tiver suportado todas as dores, será cravado na cruz" (Rep. 2,5.361 E). Jesus nunca leu Platão. Contudo, melhor do que esse sumo filósofo, sabia de que o homem e seu sistema de segurança religiosa e social são capazes. Ele sabe que quem quiser modificar a situação humana para melhor e libertar o homem para Deus, para os outros e para consigo mesmo, deve pagar com a morte. Ele sabe como todos os profetas foram violentamente mortos (Lc 11,47-51; 13,34; Mc 12,2). Sabe também do fim trágico do último e do maior de todos os profetas, João Batista (Mc 9,13).

Com sua pregação, Jesus faz a seguinte reivindicação, soberana e legitimada por nenhuma instância do mundo de então: Deus e seu Reino vêm; Deus está aí para todos que se convertem e esperam, especialmente para aqueles que se julgam excluídos de sua salvação e misericórdia; o pobre, pelo fato de ser pobre, não é pecador, como se dizia, nem o cego o é por causa do pecado dele ou de seus pais (Jo 9,3). Pregando isso, Cristo entra inevitavelmente em choque com a ordem religiosa estabelecida. O bem e o mal determinados pelo sistema social e religioso não precisam ser em si bem e mal. Diz o mundo de então: "Maldito o zé-povinho que não conhece a lei" (Jo 7,49). Cristo prega particularmente a esse. Impuro é aquele que não se lava antes das refeições. Cristo não vê como se deva chamar a isso de impureza. A impureza vem de dentro (Mc 7,19-22). Odiar os inimigos não é pecado (Mc 5,43), dizia-se. Cristo diz: é pecado merecedor do fogo eterno (Mt 5,22). Cristo vem no fundo anunciar: Deus e também o homem não podem ser aprisionados dentro de estruturas pré-fixadas, sejam sociais, sejam religiosas. O homem não pode fechar-se sobre si mesmo. Mas deve estar continuamente aberto às imprevistas intervenções de Deus. E o mundo pode usar e abusar da religião para, em nome de Deus, amarrar o homem. Deus não quer amarrar, mas libertar. Por isso, se Jesus vem em nome de Deus anunciar uma total libertação, será considerado pelo sistema como blasfemo (Mc 2,7), louco e fora de si (Mc 3,24), impostor (Mt 27,63), possesso (Mc 3,22; Jo 7,20) e herege (Jo 8,48). A religião pode libertar o homem, quando verdadeira, mas pode escravizá-lo ainda mais, quando ab-usada. Pode fazer o bem melhor, mas pode também fazer o mal pior. E se o profeta continuar a pregar sua mensagem, deverá contar com a violência da ordem estabelecida. Com Cristo, tudo se abala. Com Ele, um velho mundo se acaba. E reaparece um outro, onde os homens têm a chance de serem julgados não por aquilo que as convenções morais, religiosas e culturais determinam, mas por aquilo que, no bom-senso, no amor e na total abertura para Deus e para os outros, descobre-se como sendo a vontade concreta de Deus.

2.1 A fé e a esperança de Jesus

Cristo nunca se deixou determinar pelo mundo circunstante. Soberano, não entra em nenhum compromisso, mas firmemente vive a partir daquilo que julga ser a vontade de Deus, que é a felicidade e a libertação do homem. Se a fé, para o Antigo e o Novo Testamento, consiste, radicalmente, num poder dizer sim e amém a Deus descoberto na vida, num ex-istir e fundamentar-se nele com o sentido absoluto de tudo, num contínuo voltar-se e agarrar-se a Ele, então Jesus foi um extraordinário crente e teve fé. A fé foi o modo de existir de Jesus, deixando-se determinar sempre a partir de Deus e do outro e não simplesmente a partir das normas religiosas e das convenções sociais da época. Suportou as contradições, os riscos e as tentações que a aventura da fé implica. Com razão, a Epístola aos Hebreus nos apresenta Cristo como exemplo de alguém que creu e soube "suportar a cruz, sem fazer caso da ignomínia" que isso significava, por causa de sua fé (Hb 12,2). Essa sua fé e esperança foram especialmente tentadas quando percebeu, mais e mais, a oposição acirrada que sua mensagem e pessoa encontravam nas várias camadas sociais de então. Num dado momento, na assim chamada crise da Galileia (Mc 9,27s.; Lc 9,37), Jesus se deu conta de que a morte violenta estava dentro das possibilidades reais de sua vida. Lc 9,51 diz que "Ele endureceu o rosto", isto é, tomou resolutamente a decisão de ir para Jerusalém: "vai à frente, causando medo aos discípulos" (Mc 10,32), para lá anunciar e esperar o Reino de Deus. Ele não arreda pé. Crê em sua missão libertadora e espera contra toda a esperança.

2.2 *Contava Jesus com a morte violenta?*

Essa pergunta é legítima, do momento que consideramos a autoconsciência de Jesus: Ele se entende como o anunciador da nova ordem a ser introduzida em breve por Deus. Ele mesmo é o Reino já presente e a pertença ao Reino depende da aceitação ou rejeição de sua pessoa. Reino de Deus significa, por sua vez, total e estrutural libertação de toda a realidade, de todos os elementos que a alienam, desde a dor, a morte, o ódio, o legalismo até o pecado contra Deus. Sendo assim, poderia Cristo contar com sua morte violenta? Os evangelhos, como os temos atualmente, deixam claro que Jesus sabia de seu destino fatal.

Por três vezes profetiza seus sofrimentos (Mc 8,31; 9,31; 10,32-34 par) e assume a morte sobre si como sacrifício para a redenção de muitos (todos) (Mc 10,45; Lc 22,19s.; Mt 26,26.28). Contudo, a exegese séria se pergunta, desde o começo deste século: Estamos diante de textos autênticos de Cristo ou diante de uma interpretação teológica, à luz da fé e novidade da ressurreição, elaborada pela comunidade primitiva? As profecias são literariamente tardias e supõem um conhecimento bastante pormenorizado da paixão e da ressurreição. Parece que, realmente, são *vaticinia ex eventu*, formuladas posteriormente com o fito de dar sentido ao problema teológico contido na pergunta: Se Deus se manifestou estar do lado de Cristo pela ressurreição, por que não manifestou isso antes?

As profecias viriam responder a esse problema real da comunidade primitiva. A palavra: "O Filho do Homem não veio para ser servido, mas para servir e *dar sua vida pela redenção de muitos*" (Mc 10,45) é uma das mais discutidas do Novo Testamento. Parece que, na formulação como se encontra, foi colocada na boca de Cristo pela comunidade, pois seu paralelo em Lucas não possui caráter soteriológico: "Eu estou no meio de vós como quem serve" (Lc 22,27). A discussão é ainda mais aguda acerca do conteúdo histórico dos textos eucarísticos de caráter sacrifical (cf. 1Cor 11,23-26; Mc 14,22-25; Lc 22,15-20; Mt 26,26-29), que, parece, supõem já uma teologia e uma práxis eucarística da Igreja primitiva. Já que o texto de Lc 22,15-19a.29 descreve um acontecimento que não possui nenhuma ligação orgânica com a vida da Igreja, mas somente com Cristo mesmo", tudo vem a indicar que estamos diante de um texto autêntico. O texto diz o seguinte: "Tendo desejado ardentemente comer convosco esta Páscoa, antes de sofrer, digo-vos: de agora em diante não tornarei a comê-la, até que ela se cumpra no Reino de Deus. E recebendo o cálice, deu graças e disse: Tomai e distribuí-o entre vós; pois digo-vos; já não tornarei a beber do fruto da videira até que venha o Reino de Deus [...] Eu, pois, vos entrego o Reino, como meu Pai me entregou a mim, para que comais e bebais à minha mesa no meu Reino e vos senteis sobre tronos, julgando as doze tribos de Israel". A Última Ceia, segundo esse texto lucano, tem caráter escatológico. Seria a antecipação da festa no Reino de Deus que Cristo quis celebrar com seus amigos mais íntimos, antes que irrompesse a nova ordem. Com isso, aguça-se a pergunta: "contava Cristo com a morte violenta? Para responder a semelhante pergunta, convém que se retenham as seguintes reflexões: Cristo tinha a consciência de ser o instrumento determinante para a vinda total do Reino. Os evangelhos todos mostram em que intimidade vivia com Deus; em tudo fazia sua vontade que se manifestava no concreto de sua vida de pregador e taumaturgo, na relação com o povo, nas disputas com as autoridades religiosas de então. Jesus vivia na fé, no sentido explicado acima, ia descobrindo aos poucos e com nitidez cada vez maior a vontade de Deus. Podia ser inclusive tentado (Mc 1,12-13; Lc 4,1-13; Mt 4,1-11; cf. Lc 22,28; Hb 2,18; 5,15), e não saber exatamente que futuro lhe estaria reservado. No ambiente apocalíptico da época, dentro do qual Cristo mesmo se situa, acreditava-se que o Reino iria irromper após uma renhida luta entre as forças do mal e do bem. No final de sua vida pública, quando se sente cada vez mais isolado e contestado, suas palavras tornam-se sombrias (cf. Mc 8,27 em diante): dá-se conta que é pelo sofrimento que se entrará no Reino. Lucas nos conserva uma palavra sua que certamente é autêntica: "Tenho de receber um batismo, e como me angustio até que ele se cumpra"! (12,50). Se esse batismo significa logo a morte violenta ou qualquer outro apuro grande, isto certamente não é, para Cristo mesmo, muito claro. Mas permanece sempre fiel e não tergiversa jamais. Sabe-se continuamente nas mãos do Pai. Confia e espera que Ele, no meio das maiores dificuldades pelas quais possa passar, irá intervir para salvá-lo. O importante, porém, não é fazer a sua própria vontade, mas a vontade do Pai, que Ele não conhece exatamente até o fim, se implica somente grandes dificuldades ou mesmo a morte. Sua última grande tentação no Getsêmani mostra a angústia, a incerteza, mas também a resolução fundamental de fazer sempre a vontade de Deus: "Abba, Pai, tudo te é possível; afasta de mim este cálice; mas não seja o que eu quero, senão o que Tu queres" (Mc 14,36 par). Jesus entrevia a possibilidade da morte, mas não tinha a certeza absoluta dela. O brado derradeiro, no alto da cruz: "Meu Deus, meu Deus, por que me abandonaste?" (Mc 15,34) pressupõe a fé e a esperança inabaláveis de que Deus não iria deixá-lo morrer, mas que, mesmo no último instante, iria enfim salvá-lo. Agora, porém, na cruz, sabe com toda a certeza: Deus quer que Ele seja fiel até o fim com a morte. Na verdade, São João exprimiu, à maravilha, a fidelidade de Jesus quando, ao introduzir a paixão, diz: "Jesus, havendo amado os seus que estavam no mundo, até o fim os amou" (Jo 13,1). Cristo aceita a morte injusta infligida pelo ódio dos homens como a derradeira vontade do Pai. Daí que os evangelistas exprimem bem o estado de espírito de Jesus quando o fazem dizer: "Tudo está consumado" (Jo 19,30), "Pai, em tuas mãos entrego meu espírito" (Lc 23,46). É a expressão cabal de aceitação de seu fim trágico.

3 O sem-sentido tem um sentido secreto

Que sentido tem a morte de Cristo? Os apóstolos foram tomados de surpresa. Eles fugiram (Mc 14,27; Mt 26,31). Já a prisão de Jesus fez com que a comunidade deles se dissolvesse e se espalhasse (cf. Mc 14,27; Mt 26,31). Os textos mais antigos das aparições do Ressuscitado atestam que elas se deram primeiramente na Galileia (Mc 14,28; 16,7; Mt 26,32; 28,7.16-20). Isso faz supor que os apóstolos, depois do fracasso de Cristo, regressaram à Galileia. A frustração dos discípulos é atestada pelos jovens de Emaús: "Nós esperávamos que fosse Ele quem resgatasse Israel" (Lc 24,21). Ademais, Jesus morreu na cruz. Morte de cruz, esse terrível método de supliciar, vindo dos persas (Heródoto 3,159 conta que no ano 519 a.C. foram em Babilônia crucificados 3.000 rebeldes) e assumido pelos romanos, significava para o judeu o sinal visível da maldição divina (Dt 21,23; Gl 3,13) e a quintessência da vergonha e ignomínia (Hb 12,2). Pelo fato de ter sido crucificado, Jesus fora, segundo a mentalidade judaica, de fato, abandonado por Deus. Tudo indica que os apóstolos, no começo, não viram nenhuma significação salvífica na morte de Cristo. Os discursos de Pedro nos Atos deixam entrever esse fato. Aí se diz em forma antitética: "Vós o crucificastes e o matastes por mão dos iníquos. Porém Deus [...] o ressuscitou" (At 2,23.36; 3,14-15; 4,10; 5,30). Somente a partir da ressurreição foram decifrando, com crescente clareza, o sentido da morte e da ressurreição como duas cenas do mesmo ato salvífico. A morte de Cristo é vista então como perdão dos nossos pecados (1Cor 15,3). Nessa luz, elaboraram-se os ditos evangélicos, colocados pela fé na boca de Jesus, de que Ele seria entregue e morto (Mc 8,31; 9,31; 10,32-34 par), deveria beber o cálice do sofrimento (Mc 10,38), ser batizado com o batismo de sangue (Mc 10,38; cf. Lc 12,50), que daria sua vida em redenção de muitos (Mc 10,45) etc. Esse significado teológico, conquistado após a luz da ressurreição, queremos, porém, analisá-lo mais tarde. A despeito desta interpretação feita pela comunidade, como sendo a revelação divina trazida pela ressurreição, vale perguntar: Tem a morte de Cristo, considerada em si mesma, relevância teológica para nós hoje? Sim, tem e muito grande. E isso pelos seguintes motivos: Toda a vida de Cristo foi um dar-se, um ser-para-os-outros, a tentativa e a realização, em sua existência, da superação de todos os conflitos. Vivendo o originário do homem assim como Deus o quis, quando o fez à sua imagem e semelhança, julgando e falando sempre a partir dele, revelou uma vida de extraordinária autenticidade e originalidade. Com sua pregação do Reino de Deus, quis dar um sentido derradeiro e absoluto à totalidade da realidade. Em nome desse Reino de Deus, viveu seu ser-para-os-outros até o fim, mesmo quando a experiência da morte (ausência) de Deus se fez, na cruz, sensível até quase às raias do desespero. Apesar do desastre e do fracasso total, não desesperou. Mas confiou e acreditou até o fim que Deus, assim mesmo, o aceitaria. O sem-sentido tinha para Ele ainda um sentido secreto e último. O sentido universal da vida e da morte de Cristo está, pois, em que suportou até o fim o conflito fundamental da existência humana: de querer realizar o sentido absoluto deste mundo diante de Deus, a despeito do ódio, da incompreensão, da traição e da condenação à morte. O mal para Jesus não estava aí para ser compreendido, mas para ser assumido e vencido pelo amor. Esse comportamento de Jesus abriu uma possibilidade nova para a existência humana, exatamente uma existência de fé num sentido absoluto, mesmo frente ao absurdo, como foi a morte conferida pelo ódio a quem só amou e só buscou fazer o bem entre os homens. Daí, Bonhöffer poder dizer que o cristão hoje é chamado a viver essa fraqueza de Deus no mundo. "Jesus não chama para uma nova religião. Jesus chama para a vida. Como é essa vida? Participar da fraqueza de Deus no mundo". Vida assim é nova vida e triunfa lá onde todas as ideologias e especulações humanas sucumbem, isto é, no desespero, no sofrimento imerecido, na injustiça e na morte violenta. Existe um sentido em tudo isso? Existe. Mas somente quando for assumido diante de Deus, no amor e na esperança que vai para além da morte. Crer assim é crer com Jesus que creu. Segui-lo é realizar, dentro de nossas próprias condições, que não são mais as dele, o mesmo comportamento. A ressurreição revelará em toda a sua profundidade que crer e perseverar no absurdo e no sem-sentido não é sem sentido.

Bem exprimiu Bonhöffer, numa célebre poesia o sentido profundo da paixão para a vida do cristão:

> *Homens na sua angústia se chegam a Deus,*
> *imploram auxílio, felicidade e pão;*
> *que salve de doença, de culpa e de morte os seus.*
> *Assim fazem todos, todos: cristãos e pagãos.*

Homens se aproximam de Deus quando Ele em dor,
acham-no pobre, insultado, sem agasalho, sem pão.
Veem-no por nosso pecado vencido e morto, o Senhor;
cristãos permanecem com Deus na Paixão.

Deus está com todos na sua angústia e dor.
Ele dará de corpo e alma o eterno pão.
Morre por cristãos e pagãos como Salvador,
e a ambos perdoa em sua Paixão.

6

Ressurreição: realizou-se uma utopia humana

Jesus possui um significado determinante para nós porque Ele ressuscitou. Aqui reside o núcleo central da fé cristã. Devido ao fato da ressurreição, sabemos que a vida e o sem-sentido da morte têm um sentido certo que chega, com este acontecimento, à plena luz do meio-dia. Abriu-se para nós uma porta para o futuro absoluto e uma esperança inarraigável penetrou no coração humano. Se Ele, na verdade, ressuscitou, então nós seguiremos a ele e "em Cristo, somos todos vivificados" (1Cor 15,20.22).

Jesus anunciou um sentido absoluto ao mundo como libertação total de todas as alienações que estigmatizam a existência humana: da dor, do ódio, do pecado e, por fim, também da morte. Sua presença atualizava semelhante revolução estrutural dos fundamentos deste velho mundo, chamando-a, na linguagem da época, de *Reino de Deus*. Contudo, contrariamente àquilo que se poderia esperar dele (cf. Lc 24,21), morreu na cruz com o seguinte brado na boca: "Meu Deus, meu Deus, por que me abandonaste?" (Mc 15,34). Sua morte parecia não só ter enterrado as esperanças de libertação, mas até destruído a primeira fé dos discípulos. A fuga dos apóstolos (Mc 15,50), a frustração dos discípulos de Emaús (Lc 24,21) e o medo diante dos judeus (Jo 20,19) sugerem-no com suficiente nitidez. Teria sido a morte mais forte do que um tão grande amor? Seria a morte e não a vida a última palavra que Deus pronunciou sobre o destino de Jesus de Nazaré e de todos os homens?

1 A grama não cresceu sobre a sepultura de Jesus

Mas eis que alguns dias após sua morte aconteceu algo de inaudito e único na história da humanidade: Deus o ressuscitou (At 2,23; 3,15; 4,10; 10,39-40). E o revelou a seus discípulos íntimos. Não como quem volta à vida biológica que tinha antes, a exemplo de Lázaro ou do jovem de Naim, mas como quem, conservando sua identidade de Jesus de Nazaré, se manifestou totalmente transfigurado e plenamente realizado em suas possibilidades humanas e divinas. O que aconteceu não foi a revivificação de um cadáver, mas a radical transformação e transfiguração da realidade terrestre de Jesus, chamada ressurreição. *Agora* tudo se revelou: Deus não abandonara Jesus de Nazaré. Ele estava a seu lado, ao lado daquele que, segundo a lei, era maldito (Dt 21,23; Gl 3,13; cf. Hb 4,15). Não deixou que a grama crescesse sobre a sepultura de Jesus. Mas fez que todos os grilhões se rompessem e Ele emergisse para uma vida não mais ameaçada pela morte, mas selada para a eternidade. *Agora* se mostrou quão verdadeira era a pregação de Jesus: a ressurreição é a realização de seu anúncio de total libertação, especialmente do domínio da morte. A ressurreição significa a concretização do Reino de Deus na vida de Jesus. Se a rejeição dos homens não permitiu que o Reino de Deus se concretizasse cosmicamente, Deus porém, que vence no fracasso e faz viver na morte, realizou-o na existência de Jesus de Nazaré. *Agora* sabemos: a vida e o sem-sentido da morte têm um sentido certo que chegou, com a ressurreição de Jesus, à plena luz do meio-dia. Paulo pensando nisso podia, triunfante, brincar: "A morte foi tragada pela vida. Ó morte, onde está a tua vitória? Ó morte, onde está o espantalho com que amedrontavas os homens?" (1Cor 15,55).

Jesus possui um significado determinante para nós porque Ele ressuscitou. Se não tivesse ressuscitado, "vã seria nossa fé" e "seríamos os mais miseráveis de todos os homens" (1Cor 15,14-19). Porque, em vez de nos filiarmos ao grupo dos que dizem "comamos e bebamos porque amanhã morreremos" (1Cor 15,32), fugiríamos da realidade num mito de sobrevivência e ressurreição e enganaríamos os outros com isso. Porém, se Ele, na verdade, ressuscitou, então nós seguiremos a Ele e "em Cristo somos todos vivificados" (1Cor 15,20.22). Abriu-se para nós uma porta para o futuro absoluto e uma esperança inarraigável penetrou no coração humano. Aqui reside o núcleo central da fé cristã. Sem isso, ela não se sustenta. Nesse ponto, pouco nos ajudam os historiadores. A ressurreição não é um fato histórico qualquer, suscetível de ser captado pelo historiador. É um fato só captável na fé. Ninguém viu a ressurreição. O evangelho apócrifo de São Pedro (surgido por volta de 150 d.C.), que numa linguagem fantástica narra *como* Cristo ressuscitou, foi rejeitado pela Igreja, porque certamente a consciência cristã cedo percebeu que assim maciçamente não se pode falar da ressurreição do Senhor. O que possuímos são aparições e o sepulcro vazio. À base destas experiências, os apóstolos, radiantes, chegaram à seguinte interpretação verdadeira que atingiu a realidade da vida nova de Jesus: "O Senhor ressuscitou verdadeiramente e apareceu a Simão" (Lc 24,34). Para assegurar a realidade da fé na ressurreição, por tantos hoje questionada, e para podermos "dar aos que nos pedem as razões de nossa esperança" (1Pd 3,15) devemos refletir, brevemente, sobre os dados bíblicos fundamentais.

2 Que diz a exegese moderna sobre a ressurreição de Jesus?

Como já se aludiu acima, há dois dados determinantes nos relatos acerca da ressurreição de Jesus: o sepulcro vazio e as aparições aos discípulos. Segundo estudos sérios de exegetas católicos e também protestantes sobre as tradições que, recolhidas e relacionadas, deram origem aos nossos atuais evangelhos, constata-se o seguinte: inicialmente, na tradição, circulavam entre os primeiros cristãos, autonomamente e sem referência mútua, os dois relatos. Mais tarde, como já se vê em Mc 16,1-8, quando os evangelhos foram compostos, costuraram-se, não sem tensões internas, as duas tradições: os relatos que só falavam de sepulcro vazio agora assimilaram em si também os relatos das aparições. A tradição antiga em Mc 16,5a.8 dizia assim: As mulheres foram ao sepulcro. Encontraram-no vazio. Fogem. De medo, nada contam a ninguém. A aparição do anjo (Mc 16,5b-7), e, em São João, do próprio Ressuscitado (Jo 20,11s.), seria um acréscimo da outra tradição que só conhece aparições e não o sepulcro vazio.

2.1 *O sepulcro vazio não deu origem à fé na ressurreição*

Contudo, se atentarmos bem, o fato do sepulcro vazio não é feito por nenhum evangelista prova da ressurreição de Jesus. Em vez de provocar fé ele deu origem a medo, espanto e tremor, de sorte que "as mulheres fugiram do sepulcro" (Mc 16,8; Mt 28,8; Lc 24,4). O fato foi interpretado por Maria Madalena como roubo do corpo do Senhor (Jo 20,2.13.15). Para os discípulos não passa de um diz que diz de mulheres (Lc 24,11.22-24.34). Como transparece, o sepulcro vazio, tomado em si mesmo, apresenta-se como um sinal ambíguo, sujeito a várias interpretações, uma das quais poderia ser a da ressurreição. Mas não há nenhuma necessidade intrínseca que obrigue a tal constatação com a exclusão das outras possibilidades de interpretação. Somente a partir das aparições, sua ambiguidade é elucidada e pode ser lida pela fé como um sinal da ressurreição de Jesus. Como tal, o sepulcro vazio é um sinal que faz a todos pensar e leva a refletir na possibilidade da ressurreição. É um convite à fé. Não é ainda a fé. A fé de que o Senhor ressuscitou – e aqui reside a razão do sepulcro vazio – é expressa na linguagem da época, colocando a explicação na boca do anjo: "O Nazareno ressuscitou. Não está aqui. Olhai o lugar onde o depositaram" (Mc 16,6c). Sem querermos questionar a existência dos anjos, não precisamos admitir, dentro dos próprios critérios bíblicos, que um anjo tenha aparecido junto ao sepulcro. O anjo substitui, especialmente para o judaísmo pós-exílico, o Deus-Javé em sua transcendência manifestando-se entre os homens (cf. Gn 22,11-14; Ex 3,2-6; Mt 1,20). As mulheres que viram o sepulcro vazio souberam das aparições do Senhor aos apóstolos na Galileia. Logo atinaram com o sentido: o sepulcro está vazio, não porque alguém roubou seu corpo, mas porque Ele ressuscitou. Essa interpretação das mulheres é tida como uma revelação de Deus. Exprimem-na na linguagem comum da época como sendo uma mensagem do anjo (Deus).

2.2 As aparições de Cristo, origem da fé na ressurreição

O que realmente levantou a ambiguidade do sepulcro vazio e deu origem à exclamação de fé dos apóstolos – Ele ressuscitou verdadeiramente! – foram as aparições. As fórmulas mais antigas em 1Cor 15,3b-5 e em At 2–5 deixam entrever claramente, por sua formulação rígida e sem qualquer *pathos*, que essas aparições não são visões subjetivas, produto da fé da comunidade primitiva, mas realmente aparições transubjetivas, testemunho de um impacto que se lhes impôs de fora. Nisso concordam todos os exegetas hoje, protestantes e católicos, mesmo os mais radicais. Quantas foram essas aparições, seu lugar exato e quem foram os agraciados é difícil de se determinar historicamente. Os atuais textos evangélicos refletem várias tendências de ordem apologética, teológica e cultural que matizaram de forma palpável as tradições primitivas. O texto literariamente mais antigo (1Cor 15,5-8, dos anos entre 54-57) dá-nos conta de cinco aparições do Senhor vivo. Mc 16,1-8 não conhece nenhuma. Mas diz claramente que o Ressuscitado se deixará ver na Galileia (7b). O final de Mc 16,9-20 condensa as aparições relatadas nos outros evangelhos e, com boas razões, pode ser considerado um acréscimo posterior. Mt 28,16-20 conhece uma só aparição aos Onze. A outra aparição às mulheres, às portas do sepulcro vazio (28,8-10), é vista pelos exegetas como uma elaboração ulterior sobre o texto de Mc 16,7: as palavras do Ressuscitado são notavelmente semelhantes às do anjo. Lc 24,13-53 refere duas aparições: uma aos discípulos de Emaús e outra aos Onze e a seus discípulos em Jerusalém. Jo 20 relata três manifestações do Senhor, todas elas em Jerusalém. Os relatos revelam duas tendências fundamentais. Marcos e Mateus concentram seu interesse na Galileia enquanto Lucas e João em Jerusalém, com a preocupação de ressaltarem a realidade corporal de Jesus e a identidade do Cristo ressuscitado com o Jesus de Nazaré. Estudos sérios dos exegetas nos permitem afirmar que as aparições na Galileia são historicamente seguras. As de Jerusalém seriam as mesmas da Galileia, porém transferidas, por motivos teológicos, para Jerusalém. Jerusalém possui para a Bíblia um significado histórico-salvífico de primeira ordem: "A salvação vem de Sião (Jerusalém)" (Sl 13,7; 109,2; Is 2,3; cf. Rm 11,26). A morte, a Páscoa e Pentecostes se deram aí, o que é explorado teologicamente por Lucas e João. Quanto ao modo destas aparições, os evangelhos transmitem-nos os seguintes dados: são descritas como uma presença real e carnal de Jesus. Ele come, caminha com os seus, deixa-se tocar, ouvir e dialoga com eles. Sua presença é tão real que pôde ser confundido com um viandante, com um jardineiro e com um pescador. Ao lado disso, há fenômenos estranhos: aparece e desaparece. Atravessa paredes. Reparando-se mais atentamente, nos textos mais antigos como 1Cor 15,5-8; At 3,15; 9,3; 26,16; Gl 1,15 e Mt 28, nota-se surpreendentemente uma representação espiritualizante da ressurreição. Textos mais recentes, como em Lucas e João, denotam uma materialização cada vez maior, culminando nos evangelhos apócrifos de Pedro aos hebreus e na "Epístola Apostolorum". Isso se explica se considerarmos que a Páscoa de Cristo, na interpretação mais antiga, testemunhada em At 2–5, em Lc 24,26 e em Fl 2,6-11, não foi concebida ainda em termos de ressurreição, mas de *elevação* e *glorificação* do justo sofredor. Trata-se da assim chamada interpretação dentro do horizonte da apocalíptica. Com o tempo, porém, devido às polêmicas, especialmente com os convertidos vindos do helenismo, questionava-se se a glorificação de Cristo e sua entronização junto a Deus implicava também a vida corporal. Perguntava-se: O Jesus da glória é o mesmo que o Jesus de Nazaré? Então a comunidade primitiva, especialmente com Lucas e João, interpretou as aparições e o sepulcro vazio dentro de outro horizonte de compreensão, mais adaptado aos questionamentos colocados, o escatológico, e começaram a usar a terminologia de *ressurreição*. Cristo, em sua realidade terrestre corporal, foi pela ressurreição totalmente transfigurado: não é um "espírito" (Lc 24,39), nem um "anjo" (At 23,8-9). O que morreu e foi sepultado é o mesmo que ressuscitou (1Cor 15,3b-5). Daí a preocupação de se acentuar o fato das chagas (Lc 24,39; Jo 20,20.25-29), de que Ele comeu e bebeu com seus discípulos (At 10,41) ou de que comeu diante deles (Lc 24,43). Os relatos de vivências do Ressuscitado por pessoas particulares, como Maria Madalena (Jo 20,14-18; cf. Mt 28,9-10), os discípulos de Emaús (Lc 24,13-35), são cercados de motivos teológicos e apologéticos, dentro do esquema literário das legendas, para deixar bem claro aos leitores a realidade do Senhor vivo e presente na comunidade. O relato dos dois discípulos de Emaús intenciona assegurar à comunidade posterior, que já não tinha mais aparições do Senhor, de que ela também tem acesso ao Ressuscitado pela palavra da Escritura e pelos sacramentos da fração do pão, exatamente como os dois discípulos a caminho de sua cidade.

De tudo isso, algo resulta claro: a ressurreição não é nenhuma criação teológica de alguns entusiastas pela pessoa do Nazareno. A fé na ressurreição é fruto de um impacto sofrido pelos apóstolos com as aparições do Senhor vivo. Eles foram surpreendidos e dominados por tal impacto que estava fora de suas possibilidades de representação. Sem isso, jamais teriam pregado o Crucificado como sendo o Senhor. Sem "essa alguma coisa" que aconteceu em Jesus jamais teria havido Igreja, culto e louvor ao nome desse profeta de Nazaré e muito menos o testemunho máximo por esta verdade, dado pelo martírio de muitos da Igreja primitiva. Afirmando-se, porém, a ressurreição, não só se afirma os *magnalia Dei* acontecidos na vida de Jesus. Testemunha-se outrossim a possibilidade de transfiguração e atualização total e global das possibilidades do mundo presente, de que a vida eterna venha transformar a vida humana e de que Deus possa realizar seu Reino no homem. Escândalo para muitos (cf. 1Cor 1,23; At 17,32), a ressurreição é esperança e certeza de vida eterna para todos e para o mundo (cf. 1Pd 1,3; 1Cor 15,50s.). Por isso que a Igreja primitiva, junto com a ressurreição de Cristo, proclamava seu significado *para nós* como esperança (1Pd 1,3) de vida futura, como total libertação de nossa esquizofrenia fundamental, chamada pecado (1Cor 15,3.17; Rm 4,25; Lc 24,37; At 10,43). "Porque Jesus ressuscitou dos mortos como primícias dos que morrem" (1Cor 15,20; Cl 1,18). "Ele é o primogênito entre muitos irmãos" (Rm 8,29). O que é presente atual para Ele será para nós todos futuro próximo.

3 Com a ressurreição tudo se ilumina

A ressurreição trouxe uma reviravolta total nos apóstolos. Ganharam um horizonte novo e novos olhos com os quais podiam ler de forma absolutamente nova a realidade humana do passado, do presente, do futuro. Convém que ressaltemos em alguns pontos o que a ressurreição significou para a comunidade primitiva.

3.1 A ressurreição reabilitou Jesus diante do mundo

A morte de cruz fizera de Cristo, aos olhos do mundo, alguém abandonado por Deus (Gl 3,13). A fé que os apóstolos nele depositaram, testemunhada pelo seu seguimento, pela participação na pregação da Boa-nova do Reino e pela perseverança nas tentações de Jesus, fora quebrada. Nesses se realizou a palavra de Cristo: "todos irão escandalizar-se de mim" (Mc 14,27; Mt 26,31). Eles simplesmente fogem e retornam à Galileia (Mc 14,50; Mt 25,56). Agora, tudo se revoluciona: voltam a crer nele, não como num messias e libertador nacionalista (cf. o pedido dos filhos de Zebedeu: Mc 10,37; Mt 20,21; cf. ainda Lc 19,11; 22,38; 24,21; At 1,6), mas como o Filho do Homem de Dn 7 "elevado" e "feito assentar-se à direita de Deus" e "entronizado como Filho de Deus em poder" (cf. Rm 1,4; At 13,33; Mt 28,18). Com toda coragem, professam diante dos judeus: "Vós o entregastes e matastes [...] Deus, porém, o ressuscitou dentre os mortos" (At 2,23s.; 3,15; 4,10; 5,30; 10,39s.). Essa fé, como veremos mais tarde, irá articular-se em profundidade cada vez mais penetrante até chegar a decifrar o mistério de Jesus como sendo o próprio Deus que visitou os homens na carne mortal.

3.2 Com a ressurreição de Jesus já começou o fim do mundo

Essa constitui a fé firme da primitivíssima Igreja. Mateus insinua esta convicção até na forma literária com que relata a ressurreição de Jesus (28,1-15): a descida do anjo, o terremoto, a remoção da pedra, a confusão dos guardas, bem como os fenômenos acontecidos por ocasião da morte de Cristo, nomeadamente "a ressurreição de muitos corpos de santos" (Mt 27,51-53) relevam nítidos traços apocalípticos. Com o emergir de Cristo do sepulcro começou, no meio do velho mundo, a fermentar já o novo céu e a nova terra: o fim é iminente com a ressurreição dos demais homens, principalmente dos que creem (cf. Rm 5,12; 1Cor 15,45s.; 2Cor 5,10). Cristo é o primeiro dos mortos: os outros o seguirão em breve (1Cor 15,20; Rm 8,29; Cl 1,18). O mesmo Espírito, pelo qual Cristo ressuscitou, mora já nos fiéis (Rm 8,11) e vai formando em todos eles um corpo de glória.

3.3 A ressurreição revelou: a morte de Jesus foi por nossos pecados

A ressurreição veio fundamentalmente revelar que Cristo não era um malfeitor, um abandonado por Deus, nem um falso profeta e messias. Pela ressurreição, Deus o reabilitou diante dos homens. "A pedra rejeitada pelos homens foi feita pedra angular" (Mc 12,10). A maldade, o legalismo e o ódio dos homens o arrastaram até a cruz, embora o fizessem em nome da lei santa e da ordem vigente. A partir da ressurreição, a comunidade primitiva começou a se perguntar: Por que Cristo devia morrer, se Deus depois o ressuscitou? Se Deus mostrou pela ressurreição que está do lado dele, por que não o manifestou no tempo de sua vida pública? O relato dos discípulos de Emaús nos insinua com que agudeza essa pergunta interessava à jovem Igreja. Consultavam as Escrituras, faziam trabalho teológico e refletiam à luz da ressurreição para decifrar esse profundo mistério. Os discípulos de Jesus, retratados nos textos evangélicos chamados de *Quelle*, não atribuíam ainda caráter salvífico à morte de Cristo. Para eles, Jesus participou do destino comum a todos os profetas, a morte violenta (cf. Lc 11,49s. e par; Lc 13,34s. par; 1Ts 2,14s.; At 7,51s.). Porém, Deus o exaltou e o constituiu como o Filho do Homem, prestes para vir sobre as nuvens. Esta é a imagem que a *Quelle* se faz de Cristo. Outro grupo da comunidade cristã palestinense procurava interpretar a trágica morte de Cristo como a realização do plano escondido e preestabelecido de Deus (At 2,23; 4,28). Nesse sentido, se diz que Cristo "devia morrer" (Mc 8,31), o que já as Escrituras do Antigo Testamento prediziam (Mc 14,49). Na mesma linha de interpretação, concebem-se as profecias de Jesus acerca de sua morte e ressurreição, todas elas, muito provavelmente, elaboradas após a ressurreição (Mc 8,31; 9,31; 14,41). Morte e ressurreição tornam-se compreensíveis se inseridas, como no caso, dentro do plano de Deus. Contudo, não bastava constatar a "necessidade" histórico-salvífica do caminho cruento de Jesus. Procurava-se decifrar seu sentido secreto. Que sentido teria a morte violenta do Justo? Não tinha dito o Cristo terrestre: "Eu estou no meio de vós como quem serve"? (Lc 22,27). A comunidade palestinense aos poucos foi interpretando a morte de Cristo como a forma extrema de serviço à humanidade. E nesse contexto se diz que "o Filho do Homem não veio para ser servido, mas para servir e dar sua vida pela redenção de muitos" (Mc 10,45). Essa interpretação foi possível porque nos ambientes do judaísmo tardio e helenístico circulava a ideia de que a morte de mártires e até de crianças inocentes poderia assumir caráter representativo e redentivo em favor dos pecadores (cf. 2Mc 7,32.37; cf. 7,18; 2Mc 6,28s.; 17,20-22; 18,4). Is 53 refere-se claramente ao Servo sofredor que "tomou sobre si nossas enfermidades, e encarregou-se de nossos sofrimentos" (4). Embora inocente, "o Senhor fez recair sobre Ele o castigo das faltas de todos nós" (6). Porém, esse castigo nos salvou e "fomos curados graças a seus padecimentos" (5). Com semelhante interpretação, a comunidade queria exprimir o que já emergia no comportamento e palavras de Jesus de Nazaré: com sua morte, infligida injustamente, Deus se voltou para os pecadores e perdidos e convidou-os à comunhão com Ele. Um passo adiante se deu quando se interpretou sua morte como expiação *sacrifical* pelos pecados do mundo, como aparece em Rm 3,25 e na Epístola aos Hebreus. O pensamento já está contido nas palavras da Última Ceia, quando se fala do sangue que será derramado por nós (Mc 14,24; Lc 22,20; Mt 26,28: "para a remissão dos pecados"). Outra explicação da morte de Cristo é articulada por Paulo: a cruz significa o fim da lei: "Ele, que não conheceu o pecado, fez-se pecado por nós, para que nele fôssemos justiça de Deus" (2Cor 5,21). Pela cruz Ele, inocente, atraiu para si toda a maldição da lei (cf. Dt 21,23: "maldito todo aquele que é pregado na cruz") e assim cumpriu todas as suas exigências. Com isso, a aboliu (Gl 3,13; 2,13s.; Ef 2,14-16).

Todas estas interpretações da Igreja primitiva são tentativas, utilizando o material representativo e o seu modo próprio de ver a realidade, de dar sentido à morte de Cristo. A ressurreição projetou uma luz iluminadora sobre o sem-sentido de seu martírio. Todas elas, a despeito da diversidade do modelo de representação, são nisso unânimes: Cristo não morreu por causa de seus pecados e culpas (2Cor 5,21; 1Pd 2,21s.; 3,18), mas por causa da maldade dos homens. Como transpareceu acima, a interpretação da morte de Cristo como sacrifício é uma entre tantas. Os próprios textos do Novo Testamento não permitem que ela seja absolutizada, como o foi na história da fé, dentro da Igreja latina. Contudo devemos dizer: Cristo morreu em consequência da atmosfera e situação de má vontade, ódio e fechamento sobre si mesmo em que os judeus e toda a humanidade viveram e ainda vivem. Jesus não se deixou determinar por esta situação, mas amou-nos até o fim. Assumiu sobre si tal condição pervertida; foi solidário conosco: morreu solidário para que ninguém mais no mundo devesse morrer solitário; Ele está com cada um para fazê-lo participar daquela vida que se manifestou na ressurreição: vida eterna em comunhão com Deus, com os outros e com os cosmos.

3.4 *A morte e a ressurreição dão origem à Igreja*

O Reino de Deus que na pregação de Jesus tinha uma dimensão cósmica pôde, devido à rejeição dos judeus, realizar-se apenas numa só pessoa, isto é, em Jesus de Nazaré. Como dizia Orígenes, Cristo é a *"autobasileia tou Theou"*: Deus realizou seu Reino só no seu Enviado. Com isso, ficou aberto o caminho para que haja uma Igreja com a mesma missão e mensagem de Cristo: anunciar e ir realizando aos poucos o Reino de Deus no meio dos homens. Não só aos judeus, mas a todos deve ser anunciada a Boa-nova de que os homens e toda a realidade têm um fim bom, e esse fim se chama vida corporal e eterna. No meio do mundo, a Igreja leva a causa de Cristo adiante, testemunha-a e realiza-a simultaneamente sob os véus da fé, do amor, da esperança e do mistério. A missão surgiu da convicção de que o Ressuscitado, agora no céu, elevado em poder, é o Senhor de todas as coisas. Urge anunciar e levar a todos, judeus e pagãos, a adesão ao que isso significa em perdão de pecados, reconciliação, certeza de libertação das forças e potentados, que no mundo se arrogam poderes divinos e querem ser como tais venerados, e certeza de total abertura e acesso a Deus Pai.

4 A relevância antropológica da ressurreição de Jesus

Devido à ressurreição de Jesus, o cristianismo deixa de ser uma religião saudosista que comemora um passado. É uma religião do presente que celebra a certeza de uma presença viva e pessoal. Com isso, o cristianismo veio responder aos problemas mais pungentes do coração humano resumidos na frase: Que será do homem?

4.1 Para o cristão não há mais utopia, mas somente topia

O homem é por essência um ser a caminho de si mesmo: procura realizar-se em todos os níveis, no corpo, na alma e no espírito, na vida biológica, espiritual e cultural. Mas nesse anseio é continuamente obstaculizado pela frustração, pelo sofrimento, pelo desamor e pela desunião consigo mesmo e com os outros. O princípio-esperança que está nele faz elaborar constantes utopias como a *República* de Platão, a *Cidade do Sol* de Campanella, a *Cidade da eterna paz* de Kant, o *Paraíso do proletariado* de Marx, o *Estado absoluto* de Hegel, a situação de total amorização de Teilhard de Chardin ou, se quisermos ainda, o lugar onde não há lágrimas nem fome e sede dos nossos índios tupi-guaranis e apapocuva-guaranis. Todos suspiramos como São Paulo: "Quem me livrará deste corpo de morte?" (Rm 7,24). E todos suspiramos, com o autor do apocalipse, pela situação "onde a morte não existirá mais, nem mais luto, nem prantos, nem fadiga, porque tudo isto já passou" (Ap 21,4). A ressurreição de Jesus quer ser esta utopia realizada dentro de nosso mundo. Porque ressurreição significa a escatologização da realidade humana, a introdução do homem corpo-alma no Reino de Deus, a realização total das capacidades que Deus colocou dentro da existência humana. Com isso, foram aniquilados todos os elementos alienatórios que dilaceravam a vida, como a morte, a dor, o ódio e o pecado. Para o cristão, a partir da ressurreição de Jesus, não existe mais *utopia* (em grego: que não existe em nenhum lugar), mas somente *topia* (que existe em algum lugar). A esperança humana se realizou em Jesus ressuscitado e já está se realizando em cada homem. À pergunta: que será do homem?, a fé cristã responde com toda a alegria: ressurreição como total transfiguração da realidade humana espírito-corporal.

4.2 *Deus não substitui o velho pelo novo: faz do velho novo*

Uma pergunta interessa a todos nós: como haveremos de ressuscitar? São Paulo, tendo diante dos olhos Jesus ressuscitado, responde: os mortos ressuscitarão em incorrupção, em glória e em força, numa realidade humana totalmente repleta de Deus (cf. 1Cor 15,42-44). Ele chega a falar num corpo espiritual (44a.b). Porém, convém esclarecer: corpo, para a mentalidade paulina e semita, não significa "corpo" como um dos componentes do homem, distinto da "alma". Corpo é o homem todo inteiro (corpo-alma) como pessoa, em sua relação para com os outros. Corpo é o homem em sua capacidade de comunicação. Agora, na presente situação, o homem-corpo possui uma vida terrestre e perecível. Pela ressurreição, o homem-corpo recebe uma vida imortal, vinda de Deus, livre de qualquer ameaça de corrupção. O homem-corpo transforma-se de carnal em espiritual (isto é, repleto de Deus). Paulo insiste: "É preciso que *este* corpo (homem) corruptível se revista de incorrupção e que *este* ser mortal (homem-corpo) se revista de imortalidade" (1Cor 15,53). O homem-corpo, assim como está (carne e sangue), "não poderá herdar o Reino de Deus" (ressurreição; 1Cor 15,50a). Ele precisa ser transformado (52b): "a nossa mortalidade será absorvida pela vida" (2Cor 5,4c). Não se pense que o corpo ressuscitado seja algo de absolutamente novo. Deus não substitui o velho pelo novo, mas faz o velho novo. Corpo também não significa o cadáver, nem o conglomerado físico-químico de nossas células vivas. Corpo é algo de mais profundo: é a consciência da matéria humana ou o espírito se manifestando e realizando dentro do mundo. A matéria de nosso corpo se transforma e se modifica de tempos em tempos e contudo mantemos sempre nossa identidade corporal. Quando dizemos *eu*, exprimimos nossa identidade espírito-corporal. Ora, a ressurreição transforma nosso *eu* espírito-corporal à imagem de Jesus ressuscitado.

4.3 O fim dos caminhos de Deus: o homem-corpo

Se o homem-corpo é o homem todo inteiro em sua capacidade de comunicação, então a ressurreição concretiza e potencializa isso ao máximo. Já em sua situação terrestre, o homem-corpo é comunhão e presença, doação e abertura para os outros, pois é o corpo que nos faz presentes ao mundo e aos outros. Porém, ao mesmo tempo que comunica, impede a comunicação. Não podemos estar em dois lugares. Estamos presos ao espaço e ao tempo. A comunicação se processa por códigos e símbolos, geralmente ambíguos. Pela ressurreição, todos esses empecilhos são destruídos: reina total comunhão, dá-se absoluta comunicação com as pessoas e coisas. O homem, agora corpo-espiritual, tem uma presença cósmica. Como se vê: o fim dos caminhos de Deus reside no homem-corpo, totalmente transfigurado e feito total abertura e comunicação.

4.4 A ressurreição na morte?

As forças do século futuro já estão agindo no coração do velho mundo (Hb 6,5). Pela fé, pela esperança, pelo seguimento a Cristo e pelos sacramentos, o germe da ressurreição (Jesus mesmo) é depositado dentro da realidade do homem-corpo. Ele não se perderá com a morte: "aquele que crê no Filho tem a vida eterna" (Jo 3,36; 3,15-16.36; 11,26; 5,24). Todos que se revestiram de Cristo são nova criatura (Gl 3,27 e 2Cor 5,17). O estar em Cristo é primícia de vida ressuscitada e a morte é uma forma de estar em Cristo (Fl 1,23; 2Cor 5,8; 1Ts 5,10). Nós seremos transformados à semelhança de Cristo (Fl 3,21). Ora, tudo o que no homem está em germe receberá na morte realidade plena e caráter definitivo. Como a morte é passagem para a eternidade, onde não há tempo, nada repugna admitir que já aí se realiza a escatologia final com a ressurreição dos mortos. A parusia final revelaria o que já se verificou no fim do mundo pessoal. O homem, unidade corpo-alma, entraria, já na morte, na total e definitiva realização daquilo que ele semeou aqui na terra: ressurreição para a vida ou para a morte. O cadáver pode ficar para trás e ser entregue à corrupção: nosso verdadeiro corpo personalizado pelo *eu* (que é mais do que matéria físico-química) participará da vida eterna. Com otimismo cristão ensina-nos o Vaticano II: "Nós ignoramos o tempo da consumação da terra e da humanidade e desconhecemos a maneira de transformação do universo. Passa certamente a figura deste mundo deformada pelo pecado, mas aprendemos que Deus prepara morada nova e nova terra [...] Contudo, a esperança de uma nova terra, longe de atenuar, antes deve impulsionar a solicitude pelo aperfeiçoamento desta terra. Nela cresce o Corpo da nova família humana que já pode apresentar algum esboço do novo século [...] O Reino já está presente em mistério aqui na terra. Chegando o Senhor, ele se consumará" (GS 39).

7
Quem foi afinal Jesus de Nazaré?

Cada grupo cultural – palestinense, judeu-cristão na diáspora, cristão helenista – utilizou os títulos mais nobres e o que de melhor possuíam em suas culturas para exprimir a profundidade que se escondia na autoridade, no bom-senso e na fantasia criadora de Jesus. Neste capítulo se analisa como o processo cristológico procurou e procurará sempre, ontem e hoje, situar Jesus dentro da totalidade da vida humana, como é vivida e compreendida pelos homens dentro da história.

A ressurreição de Jesus e sua glorificação e elevação junto a Deus colocou a pergunta fundamental: Quem é afinal Jesus de Nazaré? Qual foi e qual é a sua função na história dos homens? Todo o Novo Testamento constitui, em grande parte, uma tentativa de responder adequadamente a esta pergunta colocada em toda a sua radicalidade pela ressurreição. A comunidade primitiva utilizou mais de 50 nomes, títulos ou qualificações para definir quem é Jesus: o título *Cristo* é empregado cerca de 500 vezes; *Senhor* ocorre 350 vezes; *Filho do Homem*, 80 vezes; *Filho de Deus*, 75 vezes; *Filho de Davi*, 20 vezes e assim por diante. Jesus é chamado com nomes que vão desde os mais humanos, como mestre, profeta, o justo, o bom, o santo, até os mais sublimes, como Filho de Deus e Salvador e, por fim, é qualificado de Deus mesmo. Num espaço de tempo de trinta anos após a sua morte, Ele atraiu a si todos os títulos de honra e glória humanos e divinos que existiam e se podiam imaginar dentro do Império Romano. Esse processo de decifração do significado e da realidade de Jesus de Nazaré denominamos de cristologia. Cristologia ontem e hoje é uma ininterrupta tentativa de responder quem é Jesus e o que Ele significa para a existência humana. O processo cristológico não começou propriamente com a ressurreição. Já antes da morte e glorificação de Jesus, os apóstolos e os judeus se perguntavam quem Ele era e o que afinal Ele queria. Agora, porém, a partir da ressurreição, surge uma cristologia explícita. Existe, pois, uma continuidade na cristologia, como se dá também uma continuidade entre o Jesus histórico e o Cristo da fé, porque Aquele que morreu e foi sepultado é o mesmo que ressuscitou. O que no tempo do Jesus histórico era latente e implícito tornou-se com a ressurreição patente e explícito. Se o processo cristológico, como tentativa de decifrar quem é Jesus começou já no tempo de sua atividade terrestre, que dados e fenômenos deslancharam a reflexão sobre Jesus?

1 A soberania de Jesus: a cristologia indireta

Já temos refletido anteriormente sobre o extraordinário bom-senso de Jesus, sobre sua singular fantasia criadora e sobre sua originalidade. Jesus apresentou-se como alguém que frente às tradições religiosas de seu povo, frente à situação social vigente se comportou com extrema soberania. Falava com Deus e de Deus de forma considerada blasfema pelos seus conterrâneos (Mc 2,7; Jo 5,18; 10,30 passim). Assume atitudes somente cabíveis a Deus, como perdoar pecados e modificar a lei santa de Moisés (Mc 2,7; Lc 7,49; Mc 7,1-12; Mt 5,21-48). Prega o Reino de Deus como total libertação do homem, do pecado, dos sofrimentos e da morte. Sente-se tão identificado com o Reino, que faz depender sua posse da adesão à sua pessoa (Lc 12,8-9). Aos discípulos que chama para segui-lo a fim de junto com Ele anunciar o Reino e preparar o povo (Mc 1,17 par; 3,14-15; 6,7-13; Lc 9,16; 10,1-20), faz duras exigências: corte de todas as ligações humanas (cf. Lc 14,26; 9,59-62); sacrifício da própria vida (Lc 14,27; Mt 10,38; Mc 8,34) e renúncia aos bens da terra (Lc 14,33; Mc 6,8-10). Tal chamado de seguimento implica já fé na pessoa e nas intenções de Jesus. Aqui documenta-se também o específico da consciência de Jesus, de agir em nome e no lugar de Deus. À sua presença, as estruturas do velho mundo se modificam: doenças são curadas (Mt 8,16-17), a morte é vencida (Lc 7,11-17; Mc 5,41-43), os elementos da natureza lhe obedecem (Mt 8,27) e demônios impuros cedem lugar ao espírito de Deus (Mt 12,28). Diante de Jesus, todos se admiram e perguntam: Quem é esse? (Mt 21,10).

1.1 A admiração como início da filosofia e da cristologia

A tradição filosófica dos gregos sempre insistiu que a origem e a paixão fundamental da filosofia consiste na capacidade de admiração. Admirar alguma coisa ou alguém é captar a luz como brilha e resplende neles. É deixar-se absorver no objeto sem querer logo enquadrá-lo dentro de um esquema feito. Exatamente porque não se enquadra dentro de categorias preexistentes, mas emerge em sua nascividade e originalidade, é que algo nos pode causar admiração. Jesus foi alguém que causou enorme admiração porque rompeu todos os esquemas de interpretação dados. Já como menino de doze anos "todos que o ouviam se admiravam sobre sua compreensão e sobre suas respostas" (Lc 2,47). Na primeira vez que aparece em público na sinagoga de Nazaré, "as pessoas se diziam: De onde lhe vem tal sabedoria e tais prodígios? Não é Ele o filho do carpinteiro? [...] De onde lhe vem, pois, tudo isso"? (Mt 13,54-56; Mc 6,23; Lc 4,22-23; Jo 6,42). Da mesma forma, quando prega na sinagoga de Cafarnaum: "maravilhavam-se de sua doutrina, pois Ele lhes ensinava como quem tem poder, e não como os escribas" (Mc 1,22; Lc 4,31). Ao terminar o Sermão da Montanha, "as multidões se admiravam de sua doutrina" (Mt 7,28). Os milagres provocam a mesma reação no povo: "que palavra é esta, que com força e poder impera aos espíritos imundos, e eles saem?" (Lc 4,36). Outros exclamam: "Tal coisa nunca vimos"! (Mc 2,12). "Coisa inacreditável vimos hoje"! (Lc 5,26). "Nunca aconteceu coisa assim em Israel"! (Mt 9,33b). Ao acalmar a tempestade do mar, os discípulos admirados exclamam: "Quem é esse que até os ventos e o mar lhe obedecem?" (Mt 8,27; Mc 4,41; Lc 8,25). Sua fama se espalha por todas as partes (Lc 4,37) e atinge até o estrangeiro, como a Síria (Mt 4,24). Da Idumeia, de Tiro e Sidon vinham pessoas para ouvir e ver o que fazia (Mc 3,7-8; Lc 4,17-18a). A admiração chega a um clímax que se chama pavor (Lc 8,37; Mc 5,43b; Mt 9,8; Mc 4,41). Quem é esse? A admiração que as palavras e o comportamento de Jesus provocam encerra já latentemente uma cristologia. Jesus tem consciência de que com Ele a proximidade do Reino de Deus está já se realizando. Está aberto a todos: aos pecadores públicos como os cobradores de impostos com quem come, aos guerrilheiros zelotas, dos quais três pertencem ao grupo dos Doze, aos observantes da lei como os fariseus, às mulheres, aos estrangeiros e às crianças. Com isso, mostra que Deus ama a todos e a todos convida para o banquete escatológico (Mt 11,19 e Lc 14). "Provocativo para a direita e para a esquerda, mais próximo a Deus que os sacerdotes, mais livre frente ao mundo que os ascetas, mais moral que os moralistas e mais revolucionário que os revolucionários, Ele compreende a vontade de Deus como a norma próxima da ação. E o que quer a vontade de Deus? Isso para Jesus é claro: a felicidade dos homens". Em nome de Deus, a quem Ele se sente unido, fala num estilo de grande soberania, como quem tem poder: "Em verdade, em verdade vos digo [...] Eu porém vos digo", formulações estas que, segundo a fé e a tradição judaica, implicam já com a esfera de Deus.

1.2 *Cristologia negativa*

Muitos se admiram da soberania de Jesus, mas, como referem a miúdo os evangelhos, "se escandalizavam dele" (Mt 13,57 passim). Dizem: Ele não passa de um carpinteiro, filho de Maria, o irmão de Tiago, de José, de Judas e de Simão (Mc 6,3). Como pode arrogar-se a fazer coisas que só a Deus cabem? (Mc 2,7; 14,64). Ademais, faz coisas que a lei proibiu, como andar em dia de sábado, colher espigas e curar (Mc 2,24 passim). Ele e seus discípulos não são penitentes, como os seguidores de João (Mc 1,18). Come com os pecadores e é amigo dos cobradores de impostos, tidos como aliados das forças de ocupação romanas e por isso odiados pelo povo (Mc 2,16). Ele é beberrão e comilão (Mt 11,19). É um blasfemo (Mc 2,7); possesso dos demônios (Mc 3,22); é subversivo; proíbe pagar os impostos a César e se diz chefe político-revolucionário (Messias-Rei: Lc 23,2). Os parentes saíram para levá-lo, pois diziam: Ele está fora de si (Mc 3,20); é um impostor (Mt 27,63) e, o que é pior, um herege (samaritano: Jo 8,48) e possesso do demônio (Lc 12,24-32; 11,15-22). Essa cristologia negativa foi elaborada pelos adversários de Jesus, que se escandalizavam devido às suas atitudes sobranceiras, libertadoras e profundamente humanas, mas que criavam um permanente conflito como *status quo* religioso e social, fixado em si mesmo e difamador de qualquer novidade.

1.3 Cristologia positiva

Havia, contudo, muitos outros que se admiravam e captavam a originalidade de Jesus. Como qualificá-lo? Que nome deve-se-lhe dar? Começam por chamá-lo de médico (At 2,22; Lc 5,17; Mt 8,17); depois de *rabbi* (rabino, mestre: Mc 9,5; 11,21; Mt 26,49). Porém Jesus, em oposição aos demais rabinos, não é nenhum biblista que para cada afirmação busca sua fundamentação teológica num texto bíblico. "Ele ensinava como alguém que possui poder e não como os peritos da Bíblia" (Mt 7,29). Quem dos rabinos de então falava com tanta soberania a ponto de dispensar qualquer exegese e interpretação da lei e retrucar simplesmente: "Ouvistes o que foi dito aos antigos, eu porém vos digo [...]" (Mt 5,21s.) e, com isso, ou radicalizava ainda mais a proibição de matar (Mt 5,21-26), do adultério (Mt 5,27-30) e do juramento (Mt 5,33-37) ou abolia pura e simplesmente as determinações legais sobre o divórcio (Mt 5,31-37), sobre a vingança (Mt 5,38-42) e o ódio aos inimigos? (Mt 5,43-48). Seu modo de falar lembra muito um profeta. E de fato foi repetidas vezes chamado de profeta: "Quem é este?" – perguntava toda a cidade de Jerusalém –, "e a multidão respondia: Este é Jesus, o profeta, de

Nazaré da Galileia" (Mt 21,11; Lc 24,19; Mt 21,46; Mc 6,15; 8,28; 14,65). Jesus mesmo se entende na linha profética (Mc 6,4; Lc 13,33), mas tem consciência de ir além: "aqui há alguém maior do que Jonas" (Mt 12,41) porque "a lei e os profetas vão até João" (Lc 16,16; Mt 11,12). Jesus nunca legitima, como os profetas antes dele, sua vocação profética (cf. Am 6,14; Is 1,24); jamais apela a visões ou vozes que vêm do alto. Suas palavras se sustentam por si e age como se Ele mesmo fosse a última instância. Quem é Jesus? Que título pode adequadamente exprimir sua autoridade, sua soberania e bom-senso? Talvez *filho de Davi?* (Mt 9,27; 15,22; 20,30; 12,23; 21,9). Jesus pertenceu à linhagem de Davi, conforme o testemunho da tradição da Igreja primitiva (Rm 1,3; Mt 1,2-17; Lc 3,23-38). Mas Ele jamais deu importância a esse fato. As esperanças do povo imaginavam um filho de Davi como um rei-libertador político. Jesus repele semelhante messianismo político retrucando: "Se Davi chama ao Messias libertador de seu Senhor, como pode ele ser seu filho?" (Mc 12,37). Quem é Jesus? Podem os homens responder a isso? Talvez Jesus mesmo?

2 Jesulogia: como Jesus se entendia a si mesmo?

Como Jesus se entendia a si mesmo? Que títulos Ele usa para si mesmo? Aqui devemos distinguir claramente entre a consciência que Jesus tinha de si e de sua missão e as formas como o exprimiu. Não resta dúvida, e isso ficou claro nos capítulos anteriores, que Jesus, pelo menos no final de sua vida, possuía uma consciência nítida de ser determinante para a irrupção do Reino e de que Ele estava numa relação única com Deus. Quem chama a Deus de Abba-Pai, sente-se e é seu filho. Porém, o Jesus dos sinó-

ticos nunca usou diretamente a expressão Filho de Deus.
Só os demônios (Mc 3,11; 5,7), as vozes celestes no batismo e na transfiguração (Mc 1,11; 9,7) e Pedro em sua confissão – considerada como uma revelação de Deus (Mt 16,16s.) – afirmam que Jesus é Filho de Deus. A massa zombadora ao pé da cruz coloca na boca de Jesus a afirmação: "Eu sou Filho de Deus" (Mt 27,43). Mas isso é um acréscimo claro do Evangelista Mateus. Duas vezes, contudo, a expressão absoluta Filho é usada por Jesus mesmo (Mc 13,32 e Mt 11,27): "quanto àquele dia ou àquela hora, ninguém a conhece, nem os anjos do céu, nem o *Filho*, senão só o Pai"; "tudo me foi entregue por meu Pai, e ninguém conhece o Pai senão o *Filho* e aquele a quem o *Filho* quiser revelá-lo". Esse título exprime por um lado a soberania do Filho e por outro sua obediência e submissão ao Pai, como aparece claro na oração de ação de graças (Mt 11,25). Porém, tal título não possuía nenhuma significação messiânica para a tradição judaica. Mas, nessa expressão *Filho*, surge a autoconsciência de Jesus. São João irá assumi-la e tematizá-la mostrando como exatamente nessa relação íntima do Filho para com o Pai residiu a oposição do judaísmo contra Jesus (Jo 5,18; 10,30s.; 19,7). Mas isso é já cristologia e não mais jesulogia; é reflexão sobre Jesus, feita à luz da ressurreição e não tanto expressão de sua autoconsciência. Nós cremos que sua experiência profunda do Pai e da correspondente filiação constituíam o fundamento da consciência de Jesus de ser o Enviado e o Inaugurador do Reino de Deus. Para exprimir essa experiência religiosa Jesus não usou o título de Filho de Deus. Mas esse fato serviu de fundamento para a comunidade primitiva chamá-lo com razão de Filho unigênito de Deus. A intimidade com o Pai lhe dá autori-

dade para falar e agir no lugar de Deus. Para exprimir essa sua consciência, parece que Jesus não assumiu nenhuma das representações messiânico-escatológicas comuns no judaísmo e nas esperanças de libertação do povo. Jesus era por demais simples, soberano, original e ligado às classes humildes e aos desclassificados sociais para se intitular a si mesmo com títulos de honra e de excelência até divina. Jesus não veio para pregar o Messias, o Cristo, o Filho de Deus, mas para viver, com palavras e atos, o Filho de Deus, o Cristo, e o Messias. Aqui reside o significado do assim chamado segredo messiânico do Evangelho de São Marcos. Será obra teológica e cristológica da Igreja primitiva descobrir, iluminada pelo fulgor da ressurreição, nas atitudes de Jesus, o Deus e o Messias escondidos. Não porque a comunidade chama a Jesus de Filho de Deus e Cristo, Ele é feito Cristo e Filho de Deus. Mas porque Ele de fato o foi, pode a comunidade com razão chamá-lo de Filho de Deus e de Cristo. Essas reflexões valem também para o título *Filho do Homem*, que nos sinóticos ocorre quase que exclusivamente na boca de Cristo. Há três ordens de emprego desse título: num *primeiro* grupo, Jesus fala do Filho do Homem no sentido das esperanças apocalípticas: Ele virá sobre as nuvens, distinguindo sempre entre o eu de Jesus e Filho do Homem (Mc 8,38; 13,26; 14,62; Mt 24,27.37.39.44). O Filho do Homem é alguém diferente de Jesus. Num *segundo* grupo de passagens, Jesus fala do Filho do Homem, não num contexto de parusia nas nuvens, mas de sofrimento, morte e ressurreição do Filho do Homem (Mc 8,31; 9,31; 10,22s.). Já o temos referido anteriormente: essas passagens e profecias sobre a morte e ressurreição parece não terem sido ditas por Jesus, porque elas pressupõem já a

Paixão e a Páscoa até em seus detalhes. Isso teria sido trabalho cristológico da comunidade de fé para explicar o sentido redentor da morte de Cristo. Há ainda um *terceiro* grupo que não fala nem dos sofrimentos nem da parusia do Filho do Homem, mas de seu poder de perdoar pecados (Mc 2,10), de sua soberania frente ao sábado (Mc 2,28) e de sua liberdade de manter amizades com os associais e pecadores (Mt 11,19) e de ser um sem-pátria, que não sabe onde pôr a cabeça (Mt 8,20). Como sérios e bons exegetas observavam, temos nesse terceiro grupo trabalho cristológico da Igreja primitiva que já havia identificado o Filho do Homem em poder de Dn 7 com o Jesus histórico. O poder do Jesus histórico e sua liberdade frente ao *status* social e religioso se deve ao fato de Ele ser já o Filho do Homem exaltado à direita de Deus, embora em forma humilde e escondida.

É bastante improvável também que Jesus tivesse usado para si o título de Filho do Homem vindo em poder por sobre as nuvens. Não há nenhuma afirmação de Jesus que estabeleça a relação entre sua existência terrestre e sua figura de juiz universal. Jesus teria falado, sim, do futuro do Filho do Homem, em terceira pessoa. Porém como Mc 8,38 e Lc 12,8-9 bem o testemunham, colocou uma relação estreita entre Ele e o Filho do Homem: "Quem me confessar diante dos homens, o Filho do Homem confessá-lo-á diante dos anjos de Deus". A comunidade primitiva, devido à ressurreição, identificou, com razão, Jesus com o Filho do Homem, de tal forma que, em muitas passagens, Filho do Homem substitui o pronome *eu* (Mt 16,13; Mc 8,27) ou inversamente (Mt 10,32s.; Lc 12,8s.; Mc 8,38). As palavras de Jesus histórico sobre o Filho do Homem puderam, devido à ressurreição, ser entendidas como palavras sobre Jesus mesmo. Com isso, estabeleceu-se uma ponte entre a jesulogia e a cristologia: o título Filho do Homem em poder, reinterpretado, pode mostrar a continuidade entre o Jesus histórico e o Cristo da fé entre o Filho do Homem que em sua vida terrestre permaneceu latente e o Filho do Homem que, pela ressurreição e exaltação junto a Deus, revelou-se patente. O mesmo vale dizer do título *Messias* ou *Cristo*. A análise crítica dos textos não permite dizer que Jesus utilizou para si semelhante título, que na época se revestia de três representações fundamentais: o Cristo (ungido, salvador) apareceria como um rei libertador político, ou como um sumo sacerdote da casa de Aarão ou como o Filho do Homem, vindo sobre as nuvens em poder. Por sua origem, o Messias ou Cristo não é nenhuma figura sobrenatural, mas simplesmente um libertador terrestre. Jesus se distancia de tais representações. Ele possui, sim, a consciência de ser o libertador da *condition humaine*, mas evita usar títulos que o objetivem só como um libertador político, concorrente com o imperador romano. A confissão de Jesus diante do Sinédrio (Mc 14,61) exprime a fé da comunidade primitiva em Jesus como Cristo e o único e verdadeiro libertador esperado. A confissão de Pedro (Mc 8,29): "Tu és o Cristo", nos termos como vem expressa, parece não ter sido um fato histórico. Pedro, em nome da comunidade eclesial formada após a ressurreição, de quem é o chefe, exprime a fé comum: Tu és o Cristo. Esse título tornou-se depois simplesmente nome, de sorte que *Jesus Cristo* exprime a realidade do Jesus histórico juntamente com o Cristo da fé. O nome já exprime a continuidade entre a jesulogia e a cristologia.

O importante consiste na compreensão de que os títulos de alteza e divindade atribuídos a Jesus não visam fundamentar a autoridade e soberania mostrados na vida terrestre de Jesus. Antes pelo contrário: querem decifrar e explicar essa autoridade. Por que Ele agiu assim? Donde lhe vem tanto poder? Porque é Profeta? Filho de Davi? Filho do Homem? Messias? Nenhum título conseguiu exprimir a radicalidade do bom-senso, da fantasia criadora e da soberania de Jesus. Não são os títulos que criaram essa autoridade. Mas a autoridade deu origem aos títulos. Nenhum deles, contudo, consegue exaurir a riqueza da figura de Jesus, diante da qual todos, até os demônios, se admiravam. Quem és tu afinal, Jesus de Nazaré?

3 A ressurreição de Jesus: a cristologia direta

A ressurreição marcou uma reviravolta profunda que tirou todas as ambiguidades que cercavam as atitudes e palavras de Jesus e tornou ridícula a cristologia negativa. Agora desencadeou-se o processo cristológico direto que vem até os dias de hoje. A ressurreição radicalizou ainda a pergunta e a admiração dos discípulos: Quem é Jesus? Como qualificar o mistério de sua pessoa? Como entender sua missão salvífica? A Igreja primitiva tomou títulos e imagens de seu mundo cultural; primeiramente, a comunidade judeu-cristã palestinense compreende a Jesus ressuscitado dentro das categorias escatológicas e apocalípticas, próprias do judaísmo da época. Depois, a comunidade judeu-cristã da diáspora, já sob influência da cultura grega, alarga o horizonte de compreensão e denomina Jesus com outros epítetos. Por fim, quando se formam comunidades gregas, o mistério de Jesus é decifrado dentro de categorias culturais próprias ao mundo grego. O processo cristológico procurará sempre, ontem e hoje, situar Jesus dentro da totalidade da vida humana como é vivida e compreendida pelos homens dentro da história. Em cada horizonte de compreensão, seja judeu, seja grego, seja o nosso do mundo da segunda metade do século XX, a fé fará "Cristo tudo em todas as coisas" (Cl 3,11).

3.1 Para a comunidade cristã palestinense Jesus é o Cristo, o Filho do Homem etc.

A ressurreição de Jesus foi primeiramente vista pela comunidade primitiva como elevação e glorificação do justo junto a Deus (At 2,24.33; 5,30.31; cf. 3,13-15). Por isso que os primeiros títulos atribuídos ao ressuscitado são os de Santo e Justo (At 3,14) e de Servo de Deus (At 4,27).

Ele tomou sobre si nossas iniquidades e morreu inocente por mãos de homens iníquos (At 2,22; 3,14). Ele foi realmente o servo sofredor de que falava Isaías (52,13–53,12), o justo que conduz à vida (At 3,14). Exaltado (At 2,33; 5,31) e glorificado (At 3,13); é agora o Filho do Homem escondido no céu e prestes a vir para ser o juiz escatológico (At 3,20s.). A Ele foi dado todo o poder no céu e na terra (Mt 28,18). Ele é o Messias, esperado pelos antigos e por todos os homens, que para trazer a salvação e libertação passou primeiro pelo sofrimento e morte (Lc 24,26). Pela ressurreição, porém, Ele foi entronizado como Messias-Cristo (At 2,36), como fora já predito pelas profecias antigas (Sl 2,7; 110,1). Esse conceito de Messias-Cristo contradiz frontalmente as esperanças populares de um libertador político glorioso. Se é o Messias, então deve ser também filho de Davi e o profeta escatológico, já predito no Deuteronômio

(18,15.18s.; At 3,22s.). Como Cristo Ele é também Senhor sobre todas as coisas (At 2,36); com Ele já começou também a restauração de tudo (At 3,21). A comunidade primitiva esperava sua manifestação definitiva, clamando em aramaico: Marana-tha: Vem, Senhor! (At 22,20; 1Cor 16,22). Na comunidade palestinense, o ressuscitado é chamado ainda de Filho de Deus. Para o Antigo Testamento, filho de Deus é primeiramente Israel (Ex 4,22); em seguida, o rei (Sl 2,2); mais tarde, o justo também podia ser considerado Filho de Deus. Para a primitiva compreensão, contudo, filho de Deus possuía caráter jurídico e não físico, como mais tarde, para a evolução posterior com São Paulo e com São Lucas. Jesus, filho de Davi, realiza a profecia de 2Sm 7,14: "Eu serei teu Pai e tu serás meu filho"; como diz São Lucas: "Ele reinará sobre o trono de Davi, seu Pai, e será rei sobre a casa de Jacó para sempre e seu reino não terá fim" (Lc 1,32). Antes da ressurreição, Jesus era descendente de Davi, agora é introduzido como o rei universal, chamado juridicamente Filho de Deus (cf. Rm 1,3). Como se depreende, todos esses títulos são próprios da cultura judaica. Dentro dela, Jesus Cristo foi decifrado e qualificado com todos os epítetos de honra e glória existentes.

3.2 Para os judeu-cristãos na diáspora Jesus é o novo Adão e Senhor

Os judeu-cristãos vivendo na diáspora estavam sob a influência da cultura grega. Eles tentam decifrar a riqueza do mistério de Jesus com conceitos tomados da tradição judaica, enriquecidos, porém, com novas representações vindas de seu mundo ambiente. Assim, atribuiu-se a Jesus o título de Senhor. Senhor era inicialmente, como nos dias de hoje, um título de gentileza, e Jesus foi nos evangelhos chamado assim por pagãos (Mt 8,8; Mc 7,28), mas também por judeus (Mt 8,21; 18,21). Depois da ressurreição, a comunidade palestinense começou a chamar o ressuscitado de Senhor no sentido escatológico: Ele vem e trará a consumação dos mundos. No mundo helênico, os judeu-cristãos invocam Jesus como Senhor para aclamá-lo e celebrá-lo presente como ressuscitado nas comunidades. Os cristãos se definem até como "aqueles que invocam o nome do Senhor" (1Cor 1,2; Rm 10,13). Esse uso vem da tradução grega do Antigo Testamento (Septuaginta: Jl 3,5; cf. At 2,21). Os cristãos, diferenciando-se dos judeus, não se reúnem somente em nome de Deus-Javé, mas em nome do Senhor Jesus. Senhor significava no mundo helênico o rei. Cristo é Senhor, sim, mas não no modelo político. Ele desempenha funções divinas: rege sobre o cosmos todo e sobre todos os homens. Senhor não significa ainda igualdade com Deus. Apenas que Deus lhe deu o poder até à parusia para realizar sua obra libertadora de todas as forças inimigas de Deus e do homem. Desta forma apresenta-se, pois, como o mediador único. Por isso a comunidade aclama-o. Com a ressurreição se manifestou o homem novo. Quem está em Cristo, é já nova criatura (2Cor 5,7). Por isso, Cristo é visto pela comunidade também como a nova humanidade e o novo Adão (Rm 5,12-21; 1Cor 15,15). Ele é o sumo sacerdote imaculado, mediador da nova e eterna aliança (Hb 2,14-18; 4,14).

3.3 *Para os cristãos helenistas Jesus é o Salvador, a Cabeça do cosmos, Filho Unigênito de Deus e Deus mesmo*

Os cristãos helenistas, vivendo dentro da atmosfera de outro mundo cultural, interpretaram com categorias próprias a eles o sentido da soberania de Jesus. Para eles que não eram judeus, os títulos Messias, Filho do Homem, etc., não significavam quase nada. Salvador, porém, era um título para o qual mostravam especial sensibilidade. O imperador era considerado como salvador; nos ritos mistérios se invocava a divindade como salvadora da morte e da matéria. Para o Novo Testamento, Jesus é venerado como Salvador, especialmente em sua epifania, à semelhança da epifania do imperador numa cidade (Lc 2,11; 2Tm 1,10; Tt 2,13), epifania esta que nos livra da morte e do pecado (2Tm 1,10). São João chama a Jesus de "salvador do mundo" (4,42; 1Jo 4,14), não só no sentido de ser o libertador dos homens e do mundo, mas também para insinuar que, em oposição aos imperadores, só Ele é o Salvador. Os helenistas conheciam também muitos filhos de deuses (*theios anér*), gerados de uma virgem, como imperadores (Alexandre, o Grande), taumaturgos (Apolônio de Tiana) ou filósofos (Platão). O filho de deus pertence à esfera divina. Os helenistas começaram a entender o título bíblico atribuído a Cristo – Filho de Deus – num sentido não mais jurídico, mas físico. Cristo é de fato o Filho Unigênito de Deus, enviado ao mundo (Rm 8,3). Se é Filho de Deus, então, num próximo passo, refletiu-se sobre sua preexistência junto de Deus. O célebre hino, na Epístola aos Filipenses, descreve a trajetória do Filho de Deus: subsiste primeiro na condição de Deus; em seguida, tomou a condição de servo, para finalmente ser exaltado como Senhor absoluto e cósmico (2,6-11). Ele é o primogênito, gerado antes de todas as coisas (Cl 1,15), e por isso imagem de Deus invisível (Cl 1,15); nele, por Ele e para Ele, todas as coisas possuem sua existência e consistência (Cl 1,16-17). Ele é a cabeça do cosmos (Ef 1,10; Cl 2,9) e por Ele tudo chega a seu termo (1Cor 8,6). Não só a obra da redenção depende de Cristo. Sendo preexistente, Ele possui também uma ação no ato criador de Deus, como o exemplar supremo, no qual e para o qual tudo tem sua origem e sentido. Cristo é assim de alguma forma "tudo em todas as coisas", o Cristo cósmico (Cl 3,11). Um passo adiante foi dado por São João quando chama Cristo de Logos. O Logos era Deus (Jo 1,1b) e se fez carne e armou tenda entre nós (1,14). Por mais que se discuta acerca da proveniência desse título Logos (Verbo, Palavra), o certo é que para João Jesus mesmo como terrestre é a Palavra. Para João, a Palavra não pode ser separada da Pessoa e transmitida independentemente como mero conteúdo de conhecimento. A Palavra é a Pessoa, de tal forma que só possui a salvação quem adere à Pessoa, isto é, quem crê nela. Que significa, porém, crer em Jesus-Palavra? Para São João, é aceitar Jesus como o revelador do Pai e um com Ele (Jo 10,30). Se a Palavra se encarnou, então transfigurou também toda a realidade. Daí que Cristo pôde dizer: eu sou a luz, o pão verdadeiro, a água viva, o caminho, a verdade, a vida. Dizendo que Cristo é a Palavra e a Palavra era Deus (Jo 1,1b), então se atingiu o ponto máximo do processo cristológico. A soberania, a autoridade de Jesus confirmada pela ressurreição, recebem aqui a mais exaustiva interpretação. Ele é Deus, título esse que ocorre com toda a clareza, pelo menos três vezes, no Novo Testamento (Hb 1,8; Jo 1,1b; 20,28; muito provável: Jo 1,18; Tt 2,13; 1Jo 5,20; Rm 9,5 e 2Pd 1,1). Isso se deu por volta do ano 90, fora da Palestina, e foi certamente a grande contribuição dos cristãos helenistas ao processo cristológico. Agora, atingiu-se a radicalidade do mistério de Jesus: Ele é o Deus encarnado, simultaneamente Deus e homem.

Com esse último título *Deus* descobriu-se a profundidade máxima que se escondia na autoridade, no bom-senso e fantasia criadora de Jesus. Só mesmo utilizando nomes divinos e atribuindo-lhe a própria divindade se pôde dar uma resposta adequada à pergunta: "E vós, quem dizeis que eu sou?" (Mt 16,15).

Mas para chegar a semelhante formulação passou-se por um longo processo de interpretação. Tudo o que havia de importante e essencial para a vida e para a história foi atribuído a Cristo, até a realidade mais sublime e essencial que possa haver, Deus. Vimos apenas alguns nomes dados a Jesus. Mas há outros mais, também significativos e que nos mostram como Cristo foi inserido concretamente dentro da vida. Ele é chamado fundamento da casa (1Cor 3,11), pedra angular que tudo sustenta (Ef 2,20), a porta (Jo 10,7), a cabeça de todas as coisas (Ef 4,15; 1,10), o princípio e o fim de tudo (Ap 22,13), o sim e o amém de Deus aos homens (2Cor 1,19-20; Ap 3,14), a luz (Jo 1,4), o caminho (Jo 14,6), o pão verdadeiro (Jo 6,45), a água (cf. Jo 4,10), o bom pastor (Jo 10,11), a videira verdadeira (Jo 15,1), a paz (Ef 2,14), a sabedoria de Deus (1Cor 1,30), o poder de Deus (1Cor 1,24), a glória de Deus (Jo 1,14), a imagem visível de Deus invisível (2Cor 4,4 e Cl 1,15), a figura da substância divina (Hb 1,3), o esplendor da glória do Pai (Hb 1,3), a Páscoa (1Cor 5,7), o cordeiro imaculado (Ap 5,12; 1Pd 1,19) que tira o pecado do mundo (Jo 1,29), a pedra de onde brotou a água para os judeus beberem (1Cor 10,4), a água que mata a sede no deserto (Jo 7,37-39; 4,13-14), o maná verdadeiro (Jo 6,32-34), o novo templo (Jo 2,21) e o Deus conosco (Mt 1,23) e outros tantos nomes que nos revelam como Cristo é essencial para a vida humana.

Conclusão: Não basta dar título a Jesus e chamá-lo Senhor, Senhor!

Todos os títulos que acima referimos visam sempre a mesma coisa: decifrar a figura de Jesus que os Apóstolos conheceram: "o que ouvimos, o que vimos com nossos olhos, o que contemplamos e o que nossas mãos apalparam tocando" (1Jo 1,1). Para isso, cada grupo – palestinense, judeu-cristão na diáspora, cristãos helenistas – utilizou os títulos mais nobres e o melhor que possuíam em suas culturas. Cada qual trouxe a sua colaboração na decifração de Jesus histórico que conheceram na Palestina morto e ressuscitado. Convém ressaltar: os títulos e nomes, mesmo os mais divinos, não querem apagar o homem-Jesus. Antes querem ressaltá-lo. Não querem fundamentar a soberania e autoridade de Jesus, mas exprimi-la e realçá-la. No final de tudo, após longo processo de meditação sobre o mistério que se escondia em Jesus, chegaram a dizer: humano assim como foi Jesus de Nazaré, na vida, na morte e na ressurreição, só podia ser Deus mesmo. E chamaram-no então de Deus. Com isso, rompem-se todos os conceitos humanos. Define-se um mistério por outro mistério. Há porém uma vantagem: o mistério do homem, nós podemos de alguma forma vislumbrá-lo, porque cada um, que vive com autenticidade sua própria humanidade, confronta-se com ele a cada passo. O mistério humano evoca o mistério de Deus. Que significa que um Homem seja Deus? Como pode ser Jesus de Nazaré o Verbo encarnado? Aqui se esconde um mistério que a fé professa e a teologia é invocada a meditar alto. O nome *Jesus Cristo* já nos insinua a resposta: há uma unidade: Jesus simultaneamente Cristo. Homem e Deus são distintos, mas em Jesus Cristo chegaram a formar uma unidade sem confusão e sem mutação. Num capítulo posterior tentaremos articular nossa fé sobre esse dado cristológico. Em toda a reflexão teológica, porém, urge não esquecer: ela não vem em primeiro lugar, nem deve substituir a fé. Mais importante do que a reflexão é a vida. São João, em polêmica com os teólogos gnósticos que esqueciam esse dado primário, acentuou claramente: toda cristologia deve estar unida à ética: "quem diz que permanece nele deve andar como Ele andou" (1Jo 2,6). "Nem todo aquele que faz cristologia e diz: Senhor, Senhor! entrará no Reino dos Céus, mas sim aquele que faz a vontade de meu Pai que está nos céus" (Mt 7,21-23). Cristo continua a chamar e a convidar para o seguimento, a fim de atingirmos a meta por Ele totalmente realizada e para nós apontada como tarefa a ser continuamente cumprida.

8
O processo cristológico continua – Os relatos da infância de Jesus: Teologia ou história?

Quanto mais se medita sobre Jesus mais se descobre o mistério que sua vida humilde escondia e mais se remonta para as origens. Por volta dos anos 75-85, quando São Lucas e São Mateus redigiram seus evangelhos, recolheram-se as reflexões que se haviam feito nas várias comunidades. Para todos era claro que Jesus foi constituído por Deus como Messias, Salvador, Filho de Deus e Deus mesmo em forma humana. A partir desta fé se interpretaram os fatos relativos ao nascimento e à infância de Jesus. Atrás desses relatos se esconde trabalho teológico muito profundo e intenso num esforço de decifrar o mistério de Jesus e anunciá-lo para os fiéis dos anos 75-85 d.C. As cenas familiares do Natal, descritas por São Lucas e por São Mateus, querem antes ser proclamações da fé acerca de Jesus Salvador do que relatos neutros acerca de sua história.

O processo cristológico, como o temos desenvolvido no capítulo precedente, fez-nos compreender como surgiram os títulos e os nomes atribuídos a Jesus. Atrás de cada título, seja Cristo, Filho do Homem, Filho de Deus etc., esconde-se uma longa reflexão teológica. Essa reflexão pode chegar até à sofisticação da teologia rabínica mais refinada. É o que veremos nos relatos da infância de Jesus. No sentir comum dos cristãos os relatos do nascimento de

Jesus e a celebração do Natal constituem uma festa para o coração. A fé se torna sentimento. Com isso ela atinge o que há de mais profundo e íntimo na personalidade humana: faz vibrar, alegrar e saborear a vida como sentido. No presépio, diante da manjedoura com o Menino entre o asno e o boi, a virgem e o bom José, os pastores e as ovelhas, a estrela, as artes e as profissões, a natureza, as montanhas, as águas, o universo das coisas e dos homens se congraçam e reconciliam diante do Menino. No dia de Natal, todos nos tornamos meninos e deixamos que, uma vez pelo menos, o pequeno príncipe que mora em cada um de nós fale a linguagem inocente das crianças que se extasiam diante do pinheirinho, das velas acesas e das bolas cristalinas. O homem mergulha no mundo da infância, do mito, do símbolo e da poesia que é a própria vida, mas que os inter-esses, os negócios, a preocupação pela sobre-vivência abafam, impedindo a vivência da eterna criança adulta que cada qual ainda é. Tudo isso são valores que devem ser definidos e alimentados. Contudo, para se manterem como valores cristãos devem estar em conexão com a fé. Sem isso o sentimento e a atmosfera do Natal se transformam em sentimentalismo, explorado pela máquina comercial da produção e do consumo. A fé se relaciona com a história e com Deus que se revela dentro da história. Então: o que se deu de fato no Natal? Será mesmo que apareceram anjos nos campos de Belém? Vieram de fato reis do Oriente? É curioso imaginar uma estrela errando por aí, primeiro até Jerusalém e depois até Belém onde estava o Menino. Por que não se dirigiu diretamente a Belém, mas primeiro resplendeu sobre Jerusalém, estarreceu toda a cidade e o Rei Herodes a ponto de este ter decretado a morte das crianças inocentes? Em que medida nisso tudo vai conto ou realidade? Qual é a mensagem que Lucas e Mateus intencionaram com a história da infância de Jesus? O interesse deles é histórico ou, quem sabe, através da amplificação edificante e embelezadora de um dito da Escritura ou de um acontecimento real, comunicar uma verdade mais profunda acerca do Menino que mais tarde pela Ressurreição iria manifestar-se como o Libertador da condição humana e a grande esperança de vida humana e eterna para todos os homens?

Para os olhos de um conhecedor dos procedimentos literários usados nas Escrituras e para o historiador do tempo de Jesus os relatos do Natal não são sem problemas. Atrás da simplicidade cândida e do lirismo de algumas cenas esconde-se uma teologia sofisticada e pensada até nas suas mínimas minúcias. Esses textos não são os mais antigos dos evangelhos. São os mais recentes e elaborados quando já havia toda uma reflexão teológica sobre Jesus e o significado de sua morte e ressurreição, quando já estavam ordenados por escrito os relatos de sua paixão, as parábolas, os milagres e os principais ditos de Jesus, quando já se tinham criado os principais títulos, como Filho de Davi, Messias, Cristo, novo Moisés, Filho de Deus etc., pelos quais se tentava decifrar o mistério da humanidade de Jesus. No fim de tudo apareceu o começo: a infância de Jesus pensada e escrita à luz da teologia e da fé que se criara ao redor de sua vida, morte e ressurreição. É exatamente aqui que se situa o lugar de compreensão dos relatos de sua infância, como vêm narrados por Mateus e por Lucas.

1 A fé que procura compreender

A fé não exime nem dispensa a razão. Ela, para ser verdadeira, deve procurar compreender, não para abolir o mistério, mas vislumbrar-lhe as reais dimensões e cantar, maravilhada, a graciosa lógica de Deus. A fé professava que Jesus é o Salvador, o Messias, o Sentido de tudo (Logos), o profeta anunciado outrora (Dt 18,15-22), o novo Moisés que libertaria os homens num êxodo definitivo de todas as ambiguidades da condição humana. Eis, porém, que uma pergunta preocupou bem cedo os apóstolos: em que ponto de sua vida Deus instituiu Jesus como Salvador, Messias e Filho de Deus? A pregação mais antiga responde: na morte e na ressurreição (cf. 1Cor 15,3-8; At 10,34-43). São Marcos, que escreveu seu evangelho por volta de 67-69, afirma: com o batismo de João, Jesus foi ungido pelo Espírito Santo e proclamado Messias e Libertador. Realmente o Evangelho de São Marcos não conhece nenhum relato da infância de Cristo e inicia com a pregação preparadora de João Batista e com o batismo de Jesus. Mateus, que elaborou seu evangelho por volta de 80-85 d.C., responde: Jesus é desde o seu nascimento o Messias esperado; mais ainda: toda a história da salvação desde Abraão caminhou para Ele (cf. a genealogia de Cristo: Mt 1,1-17). Lucas, que escreveu seu evangelho pela mesma época, dá um passo adiante e diz: desde o Natal, na gruta de Belém, Jesus é o Messias e o Filho de Deus. Porém, não só a história santa de Israel desde Abraão marchou até que Ele nascesse na gruta, mas toda a história humana desde Adão (Lc 3,38). Por fim, vem São João por volta do ano 100, herdando uma longa e profunda meditação sobre quem era Jesus, e responde: Jesus era o Filho de Deus já antes de ter nascido, em sua preexistência junto a Deus, muito antes da criação do mundo porque "no princípio era a Palavra [...] E a Palavra se fez condição humana e armou tenda entre nós" (Jo 1,1.14). Como transparece, quanto mais se medita sobre Jesus mais se descobre seu mistério e mais se remonta para as origens. Todo esse processo é fruto do amor. Quando se ama uma pessoa, procura-se saber tudo dela: sua vida, seus interesses, sua infância, sua família, seus antepassados, de que país vieram etc. O amor vê mais longe e profundamente que o frio raciocínio. A ressurreição revelou as verdadeiras dimensões da figura de Jesus: Ele interessa não só aos judeus (Abraão), nem só aos homens todos (Adão), mas até ao cosmos, porque "sem Ele nada se fez de tudo o que foi criado" (Jo 1,3). A partir da luz ganha com o clarão da ressurreição, os apóstolos começam a reler toda a vida de Cristo, reinterpretar suas palavras, recontar seus milagres, e a descobrir em alguns fatos, em si simples, de seu nascimento a presença latente do Messias e Salvador, revelado patentemente, porém, só depois com a ressurreição. Nessa mesma luz foram ganhando nova luz muitas passagens do Antigo Testamento tidas como proféticas, agora ampliadas e explicadas em função da fé em Jesus, Filho de Deus. Por isso, o sentido teológico dos relatos da infância não reside tanto em narrar fatos do nascimento de Jesus, mas através da roupagem de narrações plásticas e teológicas em anunciar para os ouvintes dos anos 80-90 d.C. *quem é* e *o que é* para a comunidade dos fiéis Jesus de Nazaré. Portanto, deve-se buscar menos história do que mensagem da fé. Entre os fatos históricos contidos nos relatos de Natal a exegese crítica católica enumera os seguintes: 1. Noivado de Maria com José (Mt 1,18; Lc 1,27; 2,5); 2. A descendência davídica de Jesus (Mt

1,1; Lc 1,32) através da descendência de José (Mt 1,16.20; Lc 1,27; 2,4); 3. O nome *Jesus* (Mt 1,21; Lc 1,31); 4. O nascimento de Jesus da Virgem Maria (Mt 1,21.23.25; Lc 1,31; 2,6-7) 5. Nazaré como residência de Jesus (Mt 2,23; Lc 2,39). Abaixo veremos como Mateus e Lucas trabalharam literária e teologicamente esses dados para com eles e através deles anunciarem, cada qual a seu modo, uma mensagem de salvação e de alegria para os homens: que nesse menino (envolto em faixas e deitado na manjedoura por não haver lugar na estalagem) (Lc 2,7) se escondia o sentido secreto da história desde a criação do primeiro ser e que nele se realizaram todas as profecias e as esperanças humanas de libertação e total plenitude em Deus.

2 Mateus e Lucas: Jesus é o ponto Ômega da história, o Messias, Filho de Davi esperado, o Filho de Deus

A ressurreição mostrou que, com Cristo, a história chegou ao seu ponto Ômega porque a morte foi vencida e o homem totalmente realizado e inserido dentro da esfera divina. Por isso Ele é o Messias e, se Messias, então da família real de Davi. Pelas genealogias de Jesus tanto Mateus (1,1-17) quanto Lucas (3,23-38) querem trazer a prova de que Jesus e nenhum outro realmente emergiu quando a história chegou ao seu ponto Z; que Ele ocupa aquele exato lugar na genealogia davídica que corresponde ao Messias e que Ele se insere nesta genealogia de tal forma que se cumpra a profecia de Isaías (7,14) – de ser filho de uma virgem –, recebendo o nome, e com isso seu inserimento na genealogia, de seu pai adotivo José.

Segundo o livro 4Esd 14,11-12 esperava-se o Messias, Salvador de todos os homens desde Adão, no final da 11ª semana do mundo. Onze semanas do mundo resultam 77 dias do mundo. São Lucas constrói a genealogia de Jesus desde Adão, mostrando que ele surgiu na história quando se completou o 77 dia do mundo, cada dia com um ancestral de Jesus. Por isso, a genealogia de Jesus de Adão até José perfaz 77 antepassados. A história chegou ao seu ponto Ômega quando Jesus nasceu em Belém. Que essa genealogia é artificialmente construída se percebe comparando-a com a de Mateus. Ademais há longos espaços vazios entre uma geração e outra.

Mateus utiliza um procedimento semelhante para provar que Jesus é filho de Davi e assim o Messias esperado. Substituindo-se as consoantes do nome *DaViD* (as vogais não contam em hebraico) por seus respectivos números resulta o número 14 (D = 4, V = 6, D = 4: 14). Mateus constrói a genealogia de Jesus de tal forma que resultam, como ele mesmo o diz expressamente (1,17), 3 vezes 14 gerações. O número 14 é o duplo de 7, número que para a Bíblia simboliza a plenitude do plano de Deus ou a totalidade da história. As 14 gerações de Abraão até Davi mostram o primeiro ponto alto da história judaica; as 14 gerações de Davi até a deportação para a Babilônia revelam o ponto mais baixo da história santa; e as 14 gerações do cativeiro babilônico até Cristo patenteiam o definitivo ponto alto da história da salvação que jamais conhecerá ocaso porque aí surgiu o Messias. À diferença de Lucas, Mateus insere ainda na genealogia de Jesus quatro mulheres, todas elas mal-afamadas: duas prostitutas, Tamar (Gn 38,1-30) e Raab (Js 2; 6,17.22s.), uma adúltera, Betsabeia, mulher de

Urias (2Sm 11,3; 1Cr 3,5) e uma moabita pagã, Rute (Rt 4,12s.). Com isso, Mateus quer insinuar que Cristo assumiu os pontos altos e baixos da história e tomou também sobre si as ignomínias humanas. Cristo é o último membro da genealogia, exatamente aquele ponto onde a história chega ao seu ponto Z, completando 3 vezes 14 gerações. Portanto, só Ele pode ser o Messias prometido e esperado.

3 José e a concepção da Virgem em Mateus: um rodapé à genealogia

Em sua genealogia de Jesus, Mateus quer provar que Cristo realmente descende de Davi. Na realidade não o consegue provar, porque no passo decisivo em vez de dizer: Jacó gerou José, José gerou Jesus, interrompe e afirma: Jacó gerou José, esposo de Maria, *da qual* nasceu Jesus, chamado o Cristo (1,16). A mulher na jurisprudência judaica não conta na determinação genealógica. Logo, Cristo através de Maria não pode se inserir na casa de Davi. Contudo, para Mateus é claro que Jesus é filho da Virgem Maria e do Espírito Santo (1,18). Aqui, pois, surgiu um problema: como inserir Jesus através da árvore genealógica masculina dentro da genealogia davídica se Ele não tem pai humano? Para resolver tal problema faz como que um rodapé ou uma glosa (explicação de uma dificuldade) e narra a concepção e a origem de Jesus (1,18-25). A intenção não é narrar a concepção virginal de Jesus, nem descrever, como o faz Lucas, o nascimento de Jesus. O centro do relato está em São José que, sabendo do estado de Maria, quer abandoná-la de noite. O sentido do relato de Mt 1,18-25 é resolver o problema levantado: o esclarecimento vem no versículo 25: José coloca no menino o nome de Jesus. José, descendente de Davi, legalmente esposo de Maria, dando o nome a Jesus, torna-se juridicamente seu pai e com isso o insere em sua genealogia davídica. Assim, Jesus é filho de Davi através de José e também o Messias. Desta forma, realiza-se também a profecia de Isaías que o Messias nasceria de uma virgem (Is 7,14) e o plano de Deus se realiza plenamente.

4 Quis São Lucas contar a concepção virginal de Jesus?

A anunciação e o nascimento de Cristo são relatados pelo Evangelista São Lucas, que é considerado na tradição como o evangelista pintor. Realmente nos capítulos 1-2 ele pinta um *dípticon*. Dípticon era para o mundo medieval (como podem ser vistos em igrejas antigas também no Brasil) um altar com duas semijanelas ou alas nas quais havia pinturas que se correspondiam. Assim Lc 1–2 pinta a infância de João Batista num paralelo perfeito com a infância de Jesus. De modo semelhante fará depois Mateus, traçando um paralelo entre Moisés e Jesus. Contudo, em cada ponto paralelo, Lucas mostra como Cristo é maior que João Batista. Assim, há uma correspondência perfeita entre o anúncio do nascimento de João Batista através do Anjo Gabriel (Lc 1,5-25) e o anúncio do nascimento de Jesus (1,26-56); em ambos os casos ao nascer, ao se circuncidar a criança e ao se dar o nome verificam-se sinais miraculosos (1,57-66; 2,1-21); anuncia-se em ambos os casos o significado salvífico de João e de Jesus nas profecias de Zacarias (João), respectivamente de Simeão e da Profetisa Ana (Jesus) (1,67-80; 2,22-40). Em ambos os casos faz-se também uma referência ao crescimento dos dois meninos

João e Jesus. Em todas as cenas releva-se que o ciclo de Jesus supera sempre o ciclo de João: na anunciação da concepção de João o Anjo Gabriel não faz nenhuma saudação (Lc 1,11), ao passo que com Maria ele a saúda gentilmente (1,28). A Zacarias o anjo diz: Tua oração foi ouvida (1,13), ao passo que a Maria observa reverente: Tu achaste graça aos olhos do Senhor (1,31). Na cena da visitação de Maria a Isabel a saudação de Maria faz a criança estremecer no seio materno de Isabel, agora repleta do Espírito Santo. Jesus, ao contrário, desde o início é o portador do Espírito porque tem sua origem dele e da Virgem. João Batista surge no deserto (1,80), Cristo, porém, no templo (2,41-52). Tais procedimentos literários para ressaltar a função salvífica de Cristo são utilizados de forma ainda mais refinada ao narrar o anúncio da concepção de Cristo (1,26-38) que se deu no sexto mês da concepção de João Batista. Ora, seis meses de 30 dias resultam 180 dias; nove meses da concepção de Jesus até seu nascimento dão 270 dias; do nascimento até a apresentação do menino no templo somam 40 dias. A soma total resulta 490 dias, ou 70 semanas. O que significa para os leitores do Novo Testamento 70 semanas? Segundo Daniel (9,24), após 70 semanas-ano o Messias viria e libertaria o povo dos pecados e traria a justiça eterna. Lucas quer com esses dados insinuar que a profecia de Daniel se completou e só Jesus é o Messias esperado. As palavras da anunciação mesma, ditas pelo anjo, a reação da Virgem, a saudação de Gabriel são formuladas em estreita ligação com palavras semelhantes ou iguais proferidas em semelhantes situações no Antigo Testamento (para Lc 1,42 = Jt 13,18; para Lc 1,28.30-33 = Sf 3,14-17; para Lc 1,28 = Gn 26,3.28; 28,15; Ex 3,12; 1Sm 3,19; 1Rs

1,37 etc.). A concepção de Jesus por obra e força do Espírito Santo não quer tanto explicar o processo biológico da concepção (para Lucas é indiscutível que Jesus nasceu da Virgem como virgem), mas antes relacionar Jesus-Salvador com outras figuras libertadoras do Antigo Testamento que, pela força do Espírito Santo, foram instituídas em sua função (1Sm 10,6s.; 16,13s.; Jz 3,10; 6,34; 11,29; 13,25; 1Rs 19,19; 2Rs 2,8-15 etc.). Aqui se percebe a diferença de perspectiva entre a catequese tradicional e a perspectiva de São Lucas e São Mateus. A catequese tradicional acentuava por excelência a virgindade de Nossa Senhora, o fato da virgindade física e perpétua de Maria, "antes, durante e após o parto". Para os relatos evangélicos a virgindade pessoal de Maria é secundária. Mais importante é a concepção virginal de Jesus. Como o exprime muito bem Dom Paulo Eduardo Andrade Ponte: "A preocupação dos evangelistas era destacar *não* o caráter *virginal*, mas o caráter *sobrenatural, divino* dessa concepção. Para eles a concepção de Jesus foi virginal para poder ser sobrenatural, e não sobrenatural para ser virginal. Ela foi virginal para que Deus pudesse ser a sua causa, não somente primeira, mas *principal*, para que Ele pudesse ser o seu autor direto [...] Ao ouvir certos sermões ou ao ler determinados livros de espiritualidade, tinha-se a impressão de que a concepção de Jesus foi sobrenatural e milagrosa para preservar a virgindade de sua mãe. Ela teria sido, portanto, sobrenatural para ser virginal e não virginal para ser sobrenatural. E isso era inspirado por toda uma conceituação moralizante e maniqueísta da virgindade no cristianismo". Bem diversa, porém, é a perspectiva dos evangelhos: para eles Cristo está no centro e em sua função a virgindade de Maria. Por isso que o Novo Testamento prefere chamar Maria de *Mãe de Jesus* (Jo 2,1.3.12; 19,25-26; At 1,14) ao invés de *a Virgem* que ocorre apenas duas vezes nos textos neotestamentários (Lc 1,27; Mt 1,23) e ainda para relevar sua função maternal por obra do Espírito Santo. A concepção de Jesus mesma é descrita na forma como a glória de Deus é manifestada no tabernáculo da aliança (Ex 40,32 = Lc 1,35). Assim como o tabernáculo está cheio do Espírito de Deus, da mesma forma e ainda muito mais o filho de Maria, que realmente merece ser chamado Filho de Deus (Lc 1,35). Por força do Espírito surge alguém que é de tal forma penetrado por esse mesmo Espírito que somente dele ganha sua existência. Cristo é a nova criação daquele mesmo Espírito que criou o velho mundo. Esse é o sentido teológico profundo que Lucas quer transmitir com a concepção de Jesus por força do Espírito Santo; e não tanto descrever um fenômeno miraculoso de ordem biológica, embora esse esteja suposto e sirva de motivo da reflexão teológica.

5 Onde teria nascido Jesus: Belém ou Nazaré?

Semelhante trabalho teológico como vimos até aqui se processa também ao se narrar o nascimento de Jesus em Belém. O nascimento em si é narrado sem qualquer tom romântico, mas no seu caráter rude e seco ganha grande profundidade: "Ora, quando se achavam lá (Belém), chegou o tempo em que devia dar à luz. Ela deu à luz seu filho primogênito, envolveu-o em faixas e deitou-o numa manjedoura, por não haver lugar para eles na hospedaria" (Lc 2,6-7). Esse fato comum, que poderia ter acontecido com qualquer mãe, é relido, devido à ressurreição, dentro de um conteúdo teológico. Se Ele se revelou como sendo o Messias e é filho de Davi por parte de seu pai legal José, então deve-se realizar nele também a outra profecia que diz: de Belém sairá aquele que irá governar Israel (Mq 5,1; 1Sm 16,1s.), o Messias; e não de Nazaré, a pátria de Jesus, lugar tão insignificante que jamais ocorre em todo o Antigo Testamento. Lucas não visa especialmente ressaltar o lugar geográfico, mas fazer uma reflexão teológica sobre Belém e sua significação messiânica para deixar claro que Jesus é o Messias. Provável que a pátria de Jesus historicamente tenha sido Nazaré, lugar teologicamente irrelevante. Para fazer Jesus nascer em Belém, Lucas cria uma situação em que de Nazaré a Sagrada Família é levada a ir para Belém. Para atingir tal fim teológico Lucas refere que César Augusto decretara um recenseamento de toda a terra e que fora feito na Palestina quando Quirino era governador da Síria (província a que pertencia a Palestina). Sabemos, contudo, que esse censo só foi feito historicamente no ano 6 d.C. como o próprio Lucas nos Atos lembra (At 5,37), dando origem a um grupo de guerrilheiros terroristas comandados por Judas da Galileia, os zelotas, que protestaram contra tal medida. Lucas utiliza tal fato histórico, reprojeta-o para trás, para *por um lado* motivar a viagem de Maria e José de Nazaré para Belém (e por motivos teológicos lá fazer nascer Jesus) e *por outro* insinuar que o evento-Jesus interessa não só a Israel, mas a todos os homens como "luz que ilumina as nações" (Lc 2,32). As referências à história profana por ocasião do nascimento de Cristo e do surgimento da pregação de João não visam tanto situar historicamente os fatos, mas antes ressaltar a estreita ligação existente entre a história sagrada com a história profana universal na qual Deus através de Jesus Cristo realiza a salvação.

6 Quem são os pastores dos campos de Belém?

Se o relato do nascimento de Cristo por sua simplicidade pouco revela do mistério inefável que acontecia dentro da história do mundo, a narrativa dos anjos aparecendo nos campos de Belém o proclama com toda a clareza. Um anjo do Senhor (aqui são legiões) proclama, como comumente ocorre na Bíblia, o significado secreto e profundo do acontecimento; "eis que vos anuncio uma Boa-nova, de grande alegria para todo o povo: hoje, na cidade de Davi, nasceu-vos um salvador, que é Cristo Senhor" (Lc 2,11). Os anjos proclamam o significado daquela noite: céu e terra se reconciliam porque Deus dá paz e salvação aos homens todos. O que em Lc 2,8-20 se narra, por sua origem, não quer tradicionar um fato passado com os pastores em Belém. Os pastores são, teologicamente, os representantes dos pobres, para os quais foi anunciada a Boa-nova e para os quais Jesus foi enviado (Lc 4,18). Aqui não há nenhum resquício de um romantismo pastoril. Os pastores constituíram uma classe desprezada e sua profissão tornava as pessoas impuras frente à lei. Eles pertenciam à classe daqueles que não conheciam a lei, como diziam os fariseus. Ora, Cristo – e isso Lucas deixa transparecer várias vezes em seu evangelho – foi enviado exatamente a esses associais e marginalizados religiosamente. A eles é comunicada por primeiro a mensagem alegre da libertação. Essa mensagem, muito provavelmente, não foi proclamada aos pastores nos campos de Belém, mas dirige-se aos ouvintes de São Lucas por volta de 80-85 d.C. para explicar-lhes que aquele em quem creem é o verdadeiro libertador. Para os que têm olhos de fé, a fraqueza da criança franzina envolta em faixas esconde um mistério que, desvelado, é uma alegria para todo o povo: é Ele, o Esperado, o Senhor do cosmos e da história (Lc 2,11).

7 São Mateus: Jesus é o novo Moisés e o libertador definitivo

São Mateus conhece ainda quatro episódios ligados à infância de Cristo: a vinda dos reis magos seguindo uma estrela do Oriente, a fuga da Sagrada Família para o Egito, a matança dos santos inocentes decretada por Herodes e a volta da Sagrada Família do Egito para Nazaré (Mt 2). Estamos aqui diante de fatos históricos ou antes diante de reflexão teológica no estilo dos *midraxes* (historização de uma passagem da Sagrada Escritura ou amplificação embelezadora de um fato para ressaltar-lhe a mensagem) para exprimir a fé acerca de Jesus? Esta última possibilidade ressalta clara dos próprios textos.

7.1 *Que significam os reis magos e a estrela?*

Como vimos acima, para São Mateus Cristo é o Messias que chegou na plenitude dos tempos, realizando as profecias todas ditas a respeito dele. Uma dessas profecias referia-se ao fato de que no final dos tempos viriam para Jerusalém reis e nações para adotar a Deus e ao Messias e oferecer-lhe dons (Is 60,6; Sl 71,10s.). Por isso que magos vão a Jerusalém (Mt 2,1s.) antes de chegarem a Belém. Eles seguem uma estrela do Oriente (Mt 2,3), chamada estrela do rei de Judá. A estrela é um motivo muito conhecido no tempo do Novo Testamento. Cada qual possui sua estrela, especialmente, porém, os grandes e poderosos, como Alexandre, Mitridates, Augusto, os sábios e filósofos como Platão. O judaísmo conhece também a estrela do libertador messiânico, na profecia de Balaão (Nm 24,17). Pelo nascimento de Abraão, de Isaac, de Jacó e especialmente de Moisés, apareceu uma estrela no céu. Essa era a crença judaica ao tempo do Novo Testamento. Acresce ainda um fato histórico: desde os tempos de João Kepler os cálculos astronômicos têm mostrado que no ano 7 a.C. ocorreu realmente uma grande conjunção de Júpiter e Saturno na constelação de Peixes. Esse fenômeno não deve ter passado despercebido, já que na época se cultivava muito a crença nas estrelas. Júpiter, para a astronomia helenista, era considerado o rei soberano do universo. Saturno designava o astro dos judeus. A Constelação de Peixes estava relacionada com o fim do mundo. Dando-se a conjunção destes astros, os sábios do Oriente, magos que decifravam o curso das estrelas, deram naturalmente a seguinte interpretação: No país dos judeus (Saturno) nasceu um rei soberano (Júpiter) dos fins dos tempos (Peixes). Eles se põem em marcha e assim se cumprem, para Mateus, as profecias acerca do Messias Jesus Cristo. Textos do Antigo Testamento e um fenômeno astronômico teriam motivado o relato de Mateus com o fito de anunciar a fé da Igreja em Jesus como o Messias escatológico.

7.2 *Como o primeiro libertador (Moisés) assim também o último (Jesus)*

Assim como Lucas traça um paralelo entre a infância de Jesus e a de João Batista, de forma semelhante Mateus traça um paralelo entre a infância de Jesus e a de Moisés. Era crença da época do Novo Testamento que o Messias libertador dos últimos tempos seria também o novo Moisés, fazendo sinais e milagres como Moisés. Até se dizia: "Como o primeiro libertador (Moisés), assim também o último (o Messias)". Sabemos que Mateus em seu evangelho apresenta Cristo como o novo Moisés, que à semelhança do primeiro deu também uma nova lei, na montanha: o Sermão da Montanha. O *midraxe* judaico de Moisés refere o seguinte – e nisso vai o paralelo quase perfeito com Jesus: O faraó é notificado do nascimento do libertador (Moisés) através de magos; de forma semelhante Herodes sabe dos magos acerca do definitivo Libertador (Jesus). O faraó e todo o povo do Egito ficam estarrecidos: Herodes e toda Jerusalém perturbaram-se (Mt 2,3). Tanto o faraó quanto Herodes determinam a matança das crianças inocentes. Como Moisés, assim também Jesus escapa do morticínio. O pai de Moisés sabe através de um sonho que seu filho será o futuro salvador. José, de forma semelhante, sabe através de um sonho que Jesus será o salvador ("pois Ele salvará seu povo dos seus pecados": Mt 2,21). O paralelismo salta aos olhos, completado ainda por um outro texto de Ex 4,19-23: "Após a morte do faraó disse Deus a Moisés: Volta para o Egito, pois morreram os que tramavam contra tua vida". Moisés toma sua mulher e seu filho e regressa. Mt 2,2.19-21 diz a mesma coisa: após a morte do rei, Deus fala através do anjo: "Levanta-te, toma o menino e sua mãe e volta para a terra de Israel, pois morreram os que haviam tramado contra a vida do Menino". José toma sua mulher e seu filho legal e retorna. O destino do novo Moisés (Jesus) repete o destino do primeiro Moisés. Como se deu com o primeiro Libertador, assim também com o último. Jesus menino é realmente o Messias-Libertador esperado e o profeta escatológico. A fuga para o Egito e o morticínio das crianças inocentes de Belém não precisam ter sido necessariamente fatos históricos. Eles servem para criar um paralelo com o destino de Moisés. As fontes da época, especialmente Flávio Josefo, que informa bastante minuciosamente de Herodes, não conhecem semelhante matança. Embora não possa ser provada historicamente (nem precisa porque no relato de Mateus ela serve como reflexão teológica) podia ter sido possível. Sabemos que Herodes era extremamente cruel: dizimou a própria família, a ponto de o historiador do século V Macróbio (Saturnale 2,4.11) referir o trocadilho de César Augusto: Prefiro ser o porco (*hys*) de Herodes a ser seu filho (*hyós*).

Mt 1–2 apresenta numa perspectiva pós-pascal, como num prólogo, os grandes temas de seu evangelho. Esse Jesus de Nazaré é o único verdadeiro Messias, filho de Abraão, descendente da casa real messiânica de Davi, o novo Moisés, que agora no ponto culminante da história e no seu final conduzirá o povo do êxodo do Egito para a pátria definitiva.

Conclusão: Natal – Ontem e hoje a mesma verdade

Um ou outro leitor, não informado dos elementares procedimentos exegéticos com os quais a exegese católica hoje trabalha, poderá no final deste capítulo ficar escandalizado. Tudo é conto? Os evangelistas nos enganaram? Os relatos do santo Natal não são contos nem fomos enganados. Nós é que erramos quando queremos abordar os evangelhos numa perspectiva não intencionada por seus autores e queremos respostas para perguntas que eles não se colocaram nem intencionaram colocar. Os evangelhos, especialmente o evangelho da infância de Jesus, não são um livreto de história. São anúncio e pregação, onde fatos reais e ditos da Sagrada Escritura ou comentários midráxicos da época foram assumidos, trabalhados e postos a serviço de uma verdade de fé que querem proclamar. Por isso, o Magistério oficial da Igreja recomenda ao estudioso da Escritura que ele, "para bem entender o que Deus nos quis transmitir, deve investigar atentamente o que os autores sagrados quiseram dar a entender e aprouve a Deus manifestar por suas palavras [...] especialmente deve tomar em conta o gênero literário" (*Dei Verbum* n. 12). Na época do Novo Testamento um gênero literário muito divulgado é o *midraxe hagádico* que, como repetidas vezes anotamos, toma um fato ou um dito escriturístico, trabalha-o, embeleza-o com o fito de sublinhar e proclamar de forma inequívoca uma verdade de fé. É o que aconteceu com os relatos da infância. Aí há fatos reais. Mas revestidos de forma teológica, numa linguagem que para nós hoje se tornou quase incompreensível. Mas é dentro deste gênero literário que se esconde a mensagem, que devemos desentranhar, reter e proclamar novamente, dentro de nossa linguagem atual: que esse menino frágil não era um joão-ninguém nem um ninguém-joão, mas o próprio Deus feito condição humana, que tanto amou a matéria que a assumiu, e que gostou tanto dos homens que quis fazer-se um deles, para libertar-nos, e se humanizou para divinizar-nos. Com Ele o processo evolutivo psicossocial atingiu uma culminância determinante para o resto da marcha até Deus, pois nele já se deu o fim presente e a meta já alcançada dentro do tempo. Essa é a mensagem fundamental que os relatos da infância de Jesus nos querem transmitir, para que, aceitando-a, tenhamos esperança e alegria: já não estamos sós na nossa imensa solidão e busca de unidade, integração, solidariedade e reconciliação de tudo com tudo. Ele está no meio de nós, o Emanuel, o Deus-conosco: "hoje nasceu-nos um Libertador, que é Cristo Senhor" (Lc 2,11). Quem quiser salvaguardar a todo custo a historicidade de cada cena dos relatos natalinos, acaba perdendo a mensagem intencionada por seus autores inspirados e por fim situa-se fora da atmosfera evangélica criada por São Lucas e São Mateus, onde a preocupação não é se houve ou não estrela dos reis magos, se apareceram ou não anjos em Belém, mas sim o significado religioso do Pequeno que aí está para ser recebido por nós, não numa fria manjedoura, mas no calor de nossos corações, cheios de fé.

Mas que faremos com os mitos depois de desmitologizados? Eles estão aí sendo sempre representados no presépio e vividos na memória das crianças pequenas e grandes. Perderam seu valor? Se perderam seu valor histórico-factual talvez agora começam a ganhar seu verdadeiro significado religioso-antropológico. Podemos falar dos mistérios profundos de Deus que se encarna, do mistério insondável da própria existência humana do bem e do mal, da salvação e perdição sem ter que contar estórias e usar de mitos e de símbolos? O estruturalismo o viu muito bem, mas a teologia o sabia desde sempre que o mito, o símbolo e a analogia constituem o próprio da linguagem religiosa, porque sobre as realidades profundas da vida, do bem e do mal, da alegria e da tristeza, do homem e do Absoluto só conseguimos balbuciar e usar uma linguagem figurada e representativa. Contudo, ela é mais envolvente que o conceito frio. Por ser sem limites estanques e definidos sugere muito mais o inefável e o transcendente que qualquer outra linguagem científica ou do método historicista. Por isso é bom que continuemos a falar do Menino entre o boi e o asno, dos pastores e das ovelhas, da estrela e dos magos, do rei mau e do bom José, da Virgem-mãe e das faixas que envolvem o Pequenino sobre as palhas secas. Mas devemos nos dar conta – e isso é necessário se não quisermos alimentar magicismo e sentimentalismo – que tudo isso constitui o reino do símbolo e não da realidade do fato bruto. O símbolo é humanamente mais real e significativo do que a história factual e os dados frios. O mito e o conto (bem dizia Guimarães Rosa que no conto tudo é verdadeiro e certo porque tudo é inventado) quando conscientizados e aceitos pela razão como contos e mitos não alienam, não magificam nem sentimentalizam o homem, mas o fazem mergulhar numa realidade onde ele começa a perceber o que significa inocência, reconciliação, transparência divina e humana das coisas mais banais e o sentido desinteressado da vida, aqui no Natal encarnado na criança divina. Que fazer dos relatos do Natal e com o presépio? – Que continuem. Mas que sejam entendidos e revelem aquilo que querem e devem revelar: que a eterna juventude de Deus penetrou esse mundo para nunca mais deixá-lo, que na noite feliz de seu nascimento nasceu um sol que não conhece mais ocaso.

9
Humano assim só pode ser Deus mesmo! Jesus, o Homem que é Deus

Não é da análise abstrata do que seja Deus e do que seja o homem que entendemos quem é Jesus Homem-Deus. Mas foi convivendo, vendo, imitando e decifrando Jesus, que seus discípulos chegaram a conhecer a Deus e ao homem. O Deus que em e por Jesus se revela é humano. E o homem que em e por Jesus emerge é divino. Foi num homem que a Igreja primitiva descobriu a Deus. Os dogmas não visam prender ou substituir o mistério, mas estabelecem sempre uma regra doutrinária e comunitária de falar a partir do mistério. Neste capítulo se passam em revista as principais tentativas de expressão até a fórmula de reconciliação do Concílio de Calcedônia. Levando em consideração o fato de que as palavras natureza e pessoa assumiram, atualmente, significados diferentes, procura-se uma aproximação do mistério a partir de Jesus mesmo. Essa profissão de fé sobre Jesus e a partir de Jesus carrega consigo uma exigência de imitação do seu modo de ser como ser-para-os-outros. A Encarnação, portanto, encerra uma mensagem concernente não só a Jesus Cristo, mas também à natureza e ao destino de cada homem.

O homem Jesus de Nazaré revelou em sua humanidade tal grandeza e profundidade que os apóstolos e os que o conheceram, no final de um longo processo de decifração, só puderam dizer: humano assim como Jesus só pode ser

Deus mesmo. E começaram então a chamá-lo de Deus. A partir deste momento, os apóstolos, que eram judeus, deixaram de ser judeus para tornarem-se cristãos. O judeu possui como dogma fundamental de sua fé a absoluta unicidade de Deus. O Xemá (profissão de fé) que todo judeu piedoso recita duas vezes ao dia começa: "Ouve, Israel: O Senhor, nosso Deus, é o único Senhor". Ninguém pode estar ao lado dele, mesmo que esse alguém se chame Jesus de Nazaré ressuscitado.

1 Um Deus humano e um homem divino

Como se há de entender que Jesus, judeu de Nazaré, da desprezada Galileia (metade da população era pagã), juridicamente filho do carpinteiro José e da virgem Maria, cujas "irmãs" e "irmãos" são conhecidos como Jacó, José, Judas e Simão (Mc 6,3; Mt 13,56), nascido sob o Imperador romano Augusto na *immensa romanae pacis maiestas*, crescido sob o governador da Província da Síria Quirino (Lc 2,1) e administrador romano da Judeia Pôncio Pilatos (Lc 3,1) e da Galileia, pátria de Jesus, Herodes Antipas (Lc 3,1), crucificado sob o Imperador Tibério na sexta-feira do 14 (segundo São João) ou 15 (segundo os sinóticos) do mês Nisan e após alguns dias ressuscitado – como entender que esse homem concreto, com sua história individual e datável, seja ao mesmo tempo Deus? Que grandeza, soberania e profundidade não deveria ele ter revelado e vivido para poder ser chamado de Deus?! Que significa agora Deus? Quem é o homem para que dele se possa fazer semelhante afirmação? Que quer dizer a união de ambos – Deus e homem – num ser histórico e irmão nosso Jesus de Nazaré?

Estamos aqui diante de um lado central de nossa fé que situa o cristianismo num nível à parte no conjunto geral das religiões. Do momento em que o cristianismo afirma que um homem é simultaneamente Deus, ele está só no mundo. Precisamos dizê-lo: isso é um escândalo para os judeus e para todos os homens religiosos e piedosos ontem e hoje que veneram e adoram um Deus transcendente, totalmente outro, para além deste mundo, inobjetivável, infinito, eterno e incompreensível e acima de tudo o que o homem pode ser e conhecer. O que seja Deus como experiência no judaísmo, no paganismo e nas religiões do mundo, nós cristãos encontramos vivido e concretizado num homem, Jesus de Nazaré, em sua vida, em suas palavras e comportamentos, em sua morte e ressurreição. O que seja o homem em sua radicalidade e verdadeira humanidade nós cristãos o aprendemos meditando a vida humana de Jesus Cristo. Não é portanto da análise abstrata do que seja Deus e homem que nós entendemos quem é Jesus Homem-Deus. Mas foi con-vivendo, vendo, imitando e decifrando Jesus que viemos a conhecer a Deus e ao homem. O Deus que em e por Jesus se re-vela é humano. E o homem que em e por Jesus emerge é divino. Nisso reside o específico da experiência cristã de Deus e o homem, que é diferente da experiência do judaísmo e do paganismo. Foi num homem que a Igreja primitiva descobriu a Deus. E foi em Deus que viemos a saber quem é de fato e para que está destinado o homem. Por isso, olhando para Jesus Cristo podemos com razão dizer: o mistério do homem evoca o mistério de Deus; a vivência do mistério de Deus evoca o mistério do homem. Não podemos falar do homem sem ter que falar de Deus e não podemos falar de Deus sem ter que falar do homem.

As reflexões que fizemos até aqui, a partir de e sobre Jesus talvez nos permitam dizer: quanto mais homem se apresenta Jesus, tanto mais se manifesta aí Deus. Quanto mais Deus é Jesus tanto mais se revela aí o homem.

Como se hão de entender semelhantes afirmações que são verdadeiros paradoxos e uma união difícil de opostos? Ao falarmos de Jesus Cristo, devemos pensar sempre, conjunta e simultaneamente, em Deus e no homem. A unidade de ambos em Jesus é de tal ordem, que nem Deus nem o homem perdem alguma coisa de sua essência e realidade. Tão profunda é a unidade de Deus e do homem em Jesus, que a humanidade deve poder ser encontrada em sua divindade e a divindade em sua humanidade. Com que palavras vamos exprimir semelhante realidade? Tentaremos brevemente refletir vários modelos com os quais a fé se exprimiu outrora e se exprime ainda hoje. Iremos também ensaiar uma reflexão que talvez possa, dentro de nossa linguagem e preocupação pelo homem de hoje, nos fornecer um pouco de luz para entender a profundidade divina e humana de Jesus e, a partir dele, também nosso próprio mistério.

2 Não podemos falar sobre, mas só a partir de Jesus Cristo

A fé sempre procurou vislumbrar o que significa dizer: Jesus é verdadeiro Deus e verdadeiro homem. A fé que procura entender se chama teologia, no caso, cristologia. A teologia (cristologia) não quer nem deve checar a fé. Quer antes pelo contrário ajudar e esclarecer a fé. Quer ser uma forma de fé: crítica, racional, científica (se possível), preocupada em analisar melhor a vida de fé, não para violar-lhe a intimidade, mas para poder detectar a racionalidade e a lógica graciosa de Deus e poder assim amá-lo de forma mais intensa e humana. O falar cristológico jamais poderá ser um falar *sobre* Jesus. Não possuímos uma instância superior donde podemos falar *sobre* Ele de forma objetiva e imparcial. Podemos falar *sobre* coisas. Jamais porém *sobre* pessoas, sobre Jesus e sobre Deus. O teólogo verdadeiro só pode falar *a partir* de Jesus, isto é, tocado por sua realidade vivida na fé e no amor. Só então, inserido dentro de sua vida, poderá vislumbrar seu significado e começar a ver no homem Deus e em Deus o homem. Ao falarmos e refletirmos a partir de Jesus Cristo, usamos palavras, instrumentos e modelos do mundo cultural que nos cerca, pelos quais nós podemos entender os outros e nos fazemos compreender a nós mesmos. Os nossos conceitos e fórmulas constituem o vaso exterior e frágil que conserva a essência preciosa. Não substituem o mistério. Mas querem comunicá-lo, de forma imperfeita embora, mas sempre dentro de uma linguagem compreensível para cada época. Mesmo os dogmas não visam prender e substituir o mistério, mas como diz muito bem o grande teólogo alemão Karl Rahner: os dogmas estabelecem sempre uma regra doutrinária e comunitária de falar a partir do mistério. São a fixação verbal e doutrinária, com o auxílio dos instrumentos de expressão que a cultura ambiental oferece, das verdades fundamentais do cristianismo para um determinado tempo. Por isso, para ser cristão e ortodoxo não basta recitar fórmulas antigas e veneráveis. Precisa-se viver o mistério que as fórmulas encerram e tentar dizê-lo sempre de novo dentro de nossa linguagem e de nosso tempo. Só assim a fé deixa de ser um objeto museal e começa a tornar-se um elemento inspirador da vida e de contínua superação em direção a Deus e à profundidade humana. Na história da fé, houve muitas tentativas de dilucidação de como Jesus possa ser simultaneamente homem e Deus. Praticamente cada geração se confronta e se define diante deste mistério e tenta, com responsabilidade e com as possibilidades que a linguagem sugere, dar uma resposta, ora mais feliz, ora menos inspirada. Houve erros, desvios e até heresias que são radicalizações de uma verdade parcial a ponto de perder ou deturpar a totalidade da fé. Apesar disso, as heresias são testemunhos de uma preocupação apaixonada por Jesus. Diante de Jesus Deus-homem pode-se dizer demais e também de menos. Pode-se pecar pelo excesso, bem como pela deficiência. O falar correto a partir de Jesus deve ser assim que não dê nem demais a Deus nem demais ao homem, nem diminua o homem nem diminua a Deus.

3 Uma tensão difícil: nem demais nem de menos a Jesus-Deus, nem demais nem de menos a Jesus-Homem

Na história da reflexão cristológica nota-se a seguinte tendência: ora acentua-se mais o Deus em Jesus em detrimento do homem; ora prevalece o homem em Jesus em prejuízo de Deus. Mas pode acontecer também que a unidade do homem e de Deus em Jesus não é mantida na devida medida. Há uma tendência que radicaliza a união a ponto de Deus absorver o homem ou o homem absorver a Deus. O inverso também pode verificar-se: acentua-se de tal forma a dualidade Deus-homem, que não se vê como ambos possam unir-se no indivíduo concreto Jesus de Nazaré. Ensaiaremos, brevemente, traçar os grandes marcos históricos na meditação do mistério cristológico e ver como a ortodoxia se manteve sempre dentro de uma forte tensão dialética, evitando os extremos, seja do lado humano, seja do lado divino de Jesus, até chegar a formular no Concílio Ecumênico de Calcedônia (451) com toda a clareza a verdade fundamental de que Jesus é verdadeiro homem e verdadeiro Deus total e simultaneamente.

O primeiro grande problema teve sua origem no próprio monoteísmo bíblico: como garantir, de forma compreensível, a divindade de Jesus? Uma primeira corrente, já combatida pelo Evangelista São João, afirmava: Jesus foi Deus sim, mas sua humanidade era aparente. Por isso também não sofreu e sua morte foi ilusória (ebionitas e docetistas). Outra corrente afirmava a divindade de Jesus, mas ensinava: Jesus é a encarnação do Pai. Foi o Pai que sofreu e morreu (patripassianismo). Outros diziam: Jesus está na esfera divina, mas é subordinado a Deus (subordinacionismo). Ele é o Logos, que está junto a Deus, mas foi criado como o primeiro dentre todos os seres (arianismo). Deus é um e único e sua unidade não pode sofrer nenhum comprometimento com o caráter divino de Jesus. Um outro grupo afirmava a filiação divina de Jesus, como o fazem muitos textos do Novo Testamento, mas entendiam-no como Filho adotivo (adocianismo) e não como o Filho eterno e Unigênito do Pai. Uma outra corrente se bateu vigorosamente até com monges armados e com intrigas de corte na afirmação de que Jesus seria só semelhante a Deus e não igual a Ele em sua natureza (omoioúsios de Ario). No Concílio de Niceia lutou-se renhidamente por um "i" – omooúsios (igual) ou omoioúsios (semelhante) a Deus – com a participação do povo nas praças, nos mercados e nos açougues. Esse concílio ecumênico (325) dirimiu a polêmica ensinando de forma solene e irreformável que "Jesus é Filho de Deus, Deus de Deus, luz da luz, Deus verdadeiro do Deus verdadeiro, nascido, não feito, da mesma substância do Pai, pelo qual tudo foi feito, o que há no céu e o que há na terra". Como transparece: a fé se opôs sempre a qualquer diminuição da divindade de Jesus. Ele é verdadeiro Deus. A pergunta, entretanto, deve ser ainda respondida: Como se relacionam entre si essas duas realidades – Deus e homem – num ser concreto e único? Aqui verificaram-se não poucas disputas entre teólogos e escolas. Duas correntes celebrizaram-se na Antiguidade, cujas soluções repercutem na piedade e na teologia até os dias de hoje: a Escola de Alexandria e a Escola de Antioquia na Ásia Menor.

3.1 *Deus se fez homem para que o homem se fizesse Deus*

Alexandria foi na Antiguidade um centro cultural e filosófico dos mais renomados. Aí se cultivava preferentemente o platonismo em suas várias versões, a especulação arrojada e a mística ardente da união com o Uno e Absoluto. O Logos constitui para essa escola o ponto de orientação e o conceito-chave na compreensão do universo. O Logos pervade o cosmos, confere-lhe vida, ordem e unidade. De forma excelente, toma forma concreta no homem, definido como o ser racional e lógico. Em Jesus Cristo, o Logos conheceu sua máxima encarnação de tal forma que, na opinião de Santo Atanásio, a humanidade de Cristo é apenas seu órgão e instrumento de presença e atuação neste mundo. O Logos é, de forma tão profunda e radical, presente em Cristo que quem está diante de Jesus está diante de Deus mesmo. Deus se fez homem para que o homem se fizesse Deus: eis uma fórmula querida pela escola e que exprime a essencial unidade do homem e de Deus em Cristo. Tais afirmações incorrem no risco de não salvaguardarem suficientemente a dualidade em Jesus. Manifesta-se nesta escola alexandrina, latentemente, o perigo monofisita, isto é: à força de se acentuar a unidade homem-Deus em Jesus, a natureza divina absorve totalmente a natureza humana. Em Cristo haveria então uma só natureza, e essa divina, e consequentemente também uma só pessoa, a do Verbo eterno, posição essa defendida primeiro por Êutiques. O homem Jesus de Nazaré perde sua independência e realidade histórica, o que seria reduzir novamente o mistério de Cristo. De fato, semelhante redução da realidade humana de Jesus a favor da divina foi ensinada em Alexandria. Apolinário de Laodiceia utilizando-se de um princípio de Aristóteles (Met 1039 a 3s.), segundo o qual das naturezas completas não podem formar uma unidade, argumentava: para que haja uma unidade profunda e íntima entre Deus e o homem em Jesus, como de fato vigora, é necessário que uma natureza seja incompleta. Essa é evidentemente a natureza humana. Então Apolinário ensinava que pela encarnação o Logos substituiu o espírito humano. O homem é composto de corpo, alma e espírito. Em Jesus, o espírito fora substituído pelo Logos. Contra Apolinário, que assim diminuía o homem Jesus, levantou-se São Gregório Nazianzeno replicando com um princípio fundamental: aquilo que Deus não assumiu também não redimiu. Ora, o Logos não assumiu o espírito humano. Logo este não foi redimido. E o pecado, completava outro grande teólogo, Teodoro de Mopsuéstia, dá-se especialmente no espírito.

Esse, mais do que o corpo, devia ser assumido para ser redimido. Já anteriormente Ario havia afirmado dentro da mesma tendência que pela encarnação o Verbo substituiu a alma humana. De novo, dá-se uma redução heterodoxa da humanidade de Jesus. Outros opinavam que, pelo fato da encarnação, a inteligência humana fora substituída pelo Verbo (mononoetismo). Alguns outros afirmavam que fora a vontade humana (monoteletismo). Por fim, alguns ensinavam que o princípio operativo em Jesus provinha unicamente do Verbo (monergismo). Só Jesus-Deus age, não o Jesus-homem. Todas essas posições foram rejeitadas pela ortodoxia, porque não lograram manter a tensão difícil da fé em Jesus, verdadeiro homem e verdadeiro Deus. A unidade em Jesus é profunda e íntima; porém não deve ser concebida assim que faça eliminar os termos Deus-homem. Pressuposição errônea em todas essas concepções reside em compreender a perfeição da natureza humana estaticamente identificando-a como fechamento e isolamento em si mesma. As discussões cristológicas posteriores irão mostrar exatamente o inverso: a perfeição humana reside exatamente em sua abertura total e infinita a ponto de poder ser repleta de Deus. Contudo, o monofisitismo, a tendência de acentuar demasiadamente a natureza divina de Jesus, constitui uma tentação constante para a teologia e especialmente para a piedade popular. Jesus veio para o que era seu – a humanidade – e a grande tentação dos fiéis consiste em deixar realizar aquelas tristes palavras de São João: e os seus não o receberam na forma como ele quis se apresentar, como homem, irmão e participante de nossa condição sofredora e frágil.

3.2 Um homem todo inteiro foi assumido pelo Verbo eterno

Uma outra escola se celebrizou na Antiguidade por sua cultura e por seu senso do real e do concreto: a Escola de Antioquia, influenciada fortemente por Aristóteles. Esta escola tomou muito a sério o princípio aristotélico de que fizera uso também a Escola de Alexandria: duas naturezas completas não se podem unificar numa única. Disso concluiu Diodoro de Tarso († 394) que a natureza humana e a divina não se unem no Jesus de Nazaré, senão que são apenas agregadas uma à outra, cada qual permanecendo perfeita em si mesma. A união em Jesus não é íntima e profunda, mas acidental. Daí se segue que em Jesus não há somente duas naturezas, mas também duas pessoas distintas, uma humana e outra divina. O patriarca de Constantinopla, o Monge Nestório, tirou as consequências lógicas desta compreensão e começou a pregar do alto do púlpito que Nossa Senhora não poderia ser chamada mãe de Deus (theotókos), mas somente mãe do homem Jesus (anthropotókos), com precisão teológica, mãe de Cristo (christotókos). São Cirilo, Patriarca de Alexandria, opôs-se violentamente a Nestório. No Concílio de Éfeso (431), convocado para resolver os desentendimentos, provocou-se enorme cisão entre os participantes que se excomungavam mutuamente. Por fim, a muito custo, a expressão Mãe de Deus (theotókos) triunfou como expressão ortodoxa de mariologia e cristologia. A tendência fundamental da Escola de Antioquia tem como representantes máximos São João Crisóstomo, Teodoro de Mopsuéstia († 428), Teodoreto de Ciro († 466) e João de Antioquia, é de acentuar a espontaneidade e autonomia do homem-Jesus frente a Jesus-Deus. O Logos eterno se uniu a um homem completo e perfeito em sua inteligência e liberdade (*assumptus-homo*). Mas eis que surge a pergunta: Deus e o homem preexistem e só depois são unidos? Se for assim, então Cristo é um terceiro ser: o homem-Jesus não é um com Deus e fora desta unidade não existiria. Se, ao contrário, dissermos que o homem-Jesus começou a existir a partir da encarnação, então emerge outro problema: possuía o homem-Jesus uma individualidade própria? Se ele ganhou a individualidade do Logos, então deveríamos dizer que Jesus jamais foi homem, mas, desde o início, um super-homem. Aqui desponta novamente o perigo monofisita de reduzir a realidade de Cristo a uma só natureza, a divina. A cristologia pensada em termos de uma ontologia estática da natureza humana e divina parece não poder escapar a um dilema fundamental: ou cair no erro monofisita, acentuando demasiadamente a união com Deus; ou no nestorianismo, revelando exageradamente a independência do homem individual e concreto, a ponto de postular uma dualidade pessoal em Jesus. Ambas as escolas elaboram a cristologia a partir da ideia da encarnação. A encarnação não deveria ser o ponto de partida, mas o ponto de chegada. Se fizermos dela o ponto de partida, então toda a discussão se prenderá em resolver em que medida as ações de Cristo devam ser atribuídas a uma ou a outra natureza, de que forma elas se interpenetram a ponto de constituírem o ser individual e histórico Jesus de Nazaré, o que se deve entender por natureza humana e o que por natureza divina. Podemos saber quem é Deus?: quem é o homem? Não partimos de mistérios para tentar explicar outros mistérios? Não se iluminam trevas luminosas com outras trevas menos luminosas. Como tentaremos expor mais abaixo e em prolongação com a linha de reflexão cristológica elaborada até o presente capítulo, o fundamento de nossa fé na divindade de Jesus reside no seu modo profundo e radicalmente humano de aparecer e de agir nesse mundo. Para explicar o Jesus histórico, como termo de um longo processo de meditação, deve-se dizer: Ele é a encarnação de Deus mesmo, sua aparição diafânica e epifânica dentro da realidade humana e histórica.

4 Calcedônia: uma fórmula de reconciliação entre a dualidade e a unidade

O Concílio Ecumênico de Calcedônia (451) soube reassumir o momento de verdade de cada escola, seja alexandrina, seja antioquena: a unidade existe em Jesus como o querem os teólogos de Alexandria, mas somente quanto à pessoa, não quanto às naturezas; a dualidade é real e existe em Jesus, como o ensinavam os teólogos de Antioquia, mas unicamente quanto às naturezas, não quanto à pessoa. E se estabeleceu então, sob a influência do grande Papa Leão Magno, uma fórmula cristológica que deve ainda hoje ser critério de verdade para cada interpretação do mistério de Jesus: "um e o mesmo Filho Nosso Senhor Jesus Cristo é perfeito na divindade e perfeito na humanidade, verdadeiramente Deus e verdadeiramente homem, com alma racional e corpo, consubstancial ao Pai, segundo a divindade, e consubstancial a nós, segundo a humanidade, 'sendo em tudo igual a nós, exceto no pecado' (Hb 4,15); antes dos séculos, gerado do Pai segundo a divindade, e o mesmo, nos últimos dias, gerado da Virgem Maria, mãe de Deus, por nossa causa e por nossa salvação, segundo a humanidade. Um e o mesmo Cristo, Filho, Senhor e Unigênito deve ser confessado subsistindo em duas naturezas de forma inconfundível, imutável, indivisa e inseparável. A diferença entre as naturezas jamais fica suprimida por causa da união; antes, a propriedade de cada natureza fica preservada, concorrendo ambas para formar uma só pessoa ou subsistência. Professamos a Jesus Cristo não em duas pessoas separadas e divididas, mas um e o mesmo Filho Unigênito, a Palavra de Deus, o Senhor Jesus Cristo, como os profetas antes professaram acerca dele e o próprio Jesus Cristo nos ensinou e o credo de nossos pais nos transmitiu".

Essa fórmula dogmática não visa tanto explicar *como* Deus e o homem concorrem para formar *um e o mesmo* Jesus, mas assegurar os critérios que devem estar presentes em cada tentativa de explicação, isto é: deve-se manter simultaneamente a humanidade completa e a divindade verdadeira de Jesus, sem dividir sua unidade fundamental. A intenção do concílio não é metafísica ou doutrinal, mas soteriológica. O concílio no fundo quis afirmar o seguinte, como foi relevado muito bem num estudo recente dum teólogo espanhol:

a) Que se Jesus não é Deus, então não veio por Ele nenhuma salvação. Nós estamos ainda em nosso pecado e sem a certeza do futuro.

b) Que se Jesus não é homem, então não nos foi dada a nós a salvação.

c) Que se a humanidade não é "de Deus" (na mesma medida em que meu próprio ser é meu e não por certa acomodação da linguagem), então a divinização do homem não foi realizada plenamente e Jesus não é verdadeiramente Deus.

d) Que se a humanidade vinda "de Deus" não é verdadeira humanidade nem permanece humanidade, então não é salvo em Jesus o homem, mas um outro ser.

Nisso reside o caráter definitivo, irreformável e imperecível deste dogma cristológico. Para exprimir tal verdade, o concílio fez uso do modelo de compreensão grego empregando as palavras natureza e pessoa. *Natureza* divina e humana é simplesmente o nome para tudo que perfaz o ser humano e o ser divino: designa aquilo que Jesus Cristo tem em comum com o Pai (divindade) e em comum conosco (humanidade). Natureza é compreendida pelo concílio em sentido abstrato, como sinônimo de essência ou substância. Por sua divindade, Jesus é da mesma essência do Pai e por sua humanidade, da mesma essência que existe em cada homem. O portador e o sujeito destas duas naturezas, porém, é a Pessoa do Logos, de tal forma que ela confere a unidade do único e mesmo Jesus. Esta unidade pessoal é tão íntima que as qualidades de ambas as naturezas – divina e humana – podem ser atribuídas à mesma Pessoa do Verbo: assim pode-se dizer: Deus nasceu, Deus sofreu e morreu ou Jesus Cristo é todo-poderoso etc. As duas naturezas *abstratas*, pois, existem *concretamente* unidas à Pessoa divina do Verbo eterno.

Por isso que a tese central do Concílio de Calcedônia é afirmar a unidade do ser concreto de Jesus: *um e o mesmo* Senhor etc. Pessoa (hipóstase) na fórmula dogmática quer apenas exprimir o princípio de unidade do ser, aquilo que faz que algo seja um, isto é: aquele que nasceu de Deus e da Virgem é um e o mesmo e não dois, como pensavam os nestorianos. O princípio de unidade de um ser *não é um novo ser.* Por isso, a falta de pessoa humana em Jesus (no sentido da metafísica clássica) não implica na falta de alguma coisa na humanidade de Jesus. A pessoa não é um ente ou uma "coisa" no homem, mas um *modo de existir* do homem, enquanto o homem se sustenta a si mesmo e afirma ontologicamente seu ser. Jesus-homem, devido à sua união com Deus, é sustentado e amparado com a mesma sustentação e amparação ontológica de Deus. O portador das duas naturezas, divina e humana, é a mesma e única Pessoa divina. Como, porém, se dá essa unidade das naturezas através da Pessoa?

Eis um problema que não foi tocado pelo Concílio de Calcedônia e que permanece aberto à especulação de fé dos teólogos. No concílio não se refletiu acerca da relação entre pessoa e natureza, nem se abordou a questão capital: Como pode haver uma natureza humana sem ser também personalidade? Em Jesus, nos termos da definição de Calcedônia, subsiste apenas a personalidade divina e não a humana. Com isso, o concílio certamente não quis ensinar que Cristo não tivesse um centro consciente e um eu humano. Apenas que isso, para o concílio, não era considerado próprio da pessoa, mas da natureza humana. O próprio da pessoa é ser o portador e o sustentador dos atos livres. Ora, isto em Jesus-homem era a Pessoa eterna do Filho. Essa Pessoa eterna assumiu a si a "pessoa humana" de Jesus, pessoa essa não aniquilada, mas totalmente realizada, não em si mesma, mas no seio da Pessoa divina (união enhipostática, como se fala frequentemente na tradição patrística). Em sua existência concreta, o homem-Jesus nunca se definiu a partir de si mesmo, mas sempre a partir de Deus. O fundamento de sua vida não residiu em si mesmo, mas na Pessoa divina. Esse é o sentido profundo expresso pelo Concílio de Calcedônia nas fórmulas rígidas de natureza e pessoa.

Esse dado pode hoje ser perdido, porque, na nossa compreensão, as palavras *natureza* e *pessoa* assumiram significados diferentes. *Natureza* não é para nós um conceito estático como para o mundo antigo, mas essencialmente dinâmico. A natureza humana surge na emergência de uma longa história biológica, onde a cultura, a educação, o meio ambiente trabalharam para elaborarem o que hoje nós somos. Natureza no homem consiste em tudo o que é dado, física, psíquica, histórica, sociológica e espiritualmente. Tudo aquilo que antecede e possibilita uma decisão livre. *Pessoa* é essa própria natureza assim marcada, enquanto ela se possui a si mesma e se realiza dinâmica e relacionalmente em comunhão com a totalidade da realidade que a cerca. Portanto, pessoa é num primeiro momento uma *ultima solitudo*, como dizia excelentemente Duns Scotus: ela é posse de si, autoconsciência e autonomia interior. A pessoa está em si mesma e para si mesma. A pessoa é um eu. Contudo, num segundo momento (não cronológico, mas lógico) a pessoa é *essencialmente* comunhão, relação e diálogo. O eu só existe e subsiste se se abrir para um tu. A palavra originária não é eu, mas eu-tu-nós. É só através do tu que o eu se descobre como tal. A pessoa é sim autonomia e liberdade. Liberdade não *de* outros, mas *para* os outros. Quanto mais alguém é livre para os outros e especialmente para o Grande Outro (Deus) mais se torna pessoa. Como transparece não existe uma distinção real entre natureza e pessoa. Pessoa é a própria natureza enquanto se dá conta de si mesma, se abre, se possui e se dispõe ao relacionamento, que pode, como veremos mais abaixo, se identificar com quem se relaciona.

A partir desta perspectiva, aprofundada especialmente pela reflexão moderna, tornam-se palpáveis os limites do modelo de interpretação cristológica de Calcedônia. A fórmula de Calcedônia não toma em conta a evolução em Cristo, como no-la testificam os evangelhos sinóticos. Nem se apercebe das transformações que se operaram com a Ressurreição, onde o Logos-carne passou a Logos-Pneuma-Espírito. A encarnação como Calcedônia a vê dificulta a compreensão da *kénosis* de Deus em Jesus, isto é: como Deus se humilha e se torna anônimo. Precisamos respeitar e devemos acatar o anonimato de Deus em Jesus e tentar compreender o que isso significa teologicamente. Na fórmula calcedonense se nota também uma ausência de uma perspectiva universal e cósmica. É uma cristologia sem Logos. A encarnação não atinge apenas Jesus de Nazaré, mas toda a humanidade. Como o diz a *Gaudium et Spes*: "Por sua encarnação, o Filho de Deus uniu-se de algum modo a todo homem" (n. 22; 265). Pela ressurreição ela se expande às dimensões do cosmos, como o acentuavam os Padres gregos e latinos, sob a influência do pensar platônico. Ademais, há uma limitação de ordem mais profunda: o Concílio de Calcedônia ao falar de duas naturezas em Jesus, uma divina e outra humana, corre o grave risco de colocar dentro do mesmo horizonte e sobre o mesmo plano, Deus e homem, Infinito e finito, Criador e criatura. Deus não é um ente, como pode ser o homem. Mas é aquele que transcende a todos os entes e a todos os nossos conceitos. A união de duas naturezas num e no mesmo ser não significa a fusão de duas essências e a unificação de duas dimensões. Tentaremos, dentro do horizonte de compreensão do que significa para nós hoje homem-pessoa, reler a mensagem de Calcedônia a fim de conquistar para a nossa linguagem o sentido profundo e verdadeiro da fórmula conciliar que afirma que em

Jesus subsiste simultaneamente o *verus homo* e o *verus Deus*. Veremos que encarnação não significará somente que Deus assume e penetra a realidade humana concreta de Jesus de Nazaré, mas que Jesus assume e penetra também ativamente a realidade divina da Segunda Pessoa da Santíssima Trindade. A encarnação é a plenitude da manifestação de Deus e a plenitude da manifestação do homem.

5 Jesus: o homem que é Deus e o Deus que é homem

A maioria das tentativas de esclarecimentos da divindade e da humanidade de Jesus partem da análise, seja da natureza humana ou divina, seja do significado de pessoa. Nós tentaremos um caminho inverso: procuraremos entender o homem e Deus a partir de Jesus mesmo. Em Jesus se revelou o *homem* na sua máxima radicalidade e com isso também quem seja o Deus humano. Não é, pois, da análise abstrata da humanidade e da divindade que se pode esclarecer o mistério de Jesus de Nazaré que fascinou os apóstolos a ponto de terem que chamá-lo de Deus. É da cristologia que se deve elaborar a antropologia.

Do testemunho dos evangelhos e das exposições que fizemos sobre o extraordinário bom-senso, a fantasia criadora e originalidade de Jesus eruiu-se que a existência de Jesus foi uma existência totalmente orientada e vivida para os outros e para o Grande Outro (Deus). Ele era absolutamente aberto para todos, não discriminava ninguém e abraçava a todos em seu amor ilimitado, especialmente os desqualificados religiosa e socialmente (Mc 2,15-17 par). O amor que pregou aos inimigos (Mt 5,43), Ele o viveu pessoalmente, perdoando os que o levantaram na cruz (Lc 23,34-46). Não possuía esquemas pré-fabricados, nem moralizava logo, nem censurava os que vinham a Ele: "se alguém vem a mim, eu não o mandarei embora" (Jo 6,37). Se era liberal frente à lei, era rigoroso nas exigências do amor que amarra os homens com laços mais libertadores que os da lei. Sua morte não foi somente consequência de sua fidelidade à missão libertadora que o Pai lhe confiara; foi, outrossim, fidelidade aos homens que amou até o fim (Jo 13,1). Jesus foi alguém que era vazio de si mesmo. Por isso, podia ser completamente repleto pelos outros, a quem recebia e auscultava assim como se apresentavam. Podiam ser mulheres ou crianças, cobradores de impostos ou pecadores, bem como uma prostituta ou um teólogo, três ex-guerrilheiros (feitos depois seus discípulos) ou piedosos como os fariseus. Jesus foi um homem que se entendeu sempre a partir dos outros; seu ser foi continuamente um ser-para-os-outros. Particularmente diante do Grande Outro, Deus, Ele cultivou uma relação de extrema intimidade. Chama a Deus de Abba, Pai, numa linguagem que lembra a confiança e a entrega segura de uma criança (Mc 14,36; cf. Rm 8,15; Gl 4,6). Ele mesmo se sente seu Filho (Mt 11,27 par; Mc 12,6 par; 13,52 par). Sua relação íntima com o Pai não trai nenhum resquício de um complexo de Édipo: ela é transparente e diáfana. Invoca a Deus como Pai, mas não se sente como um filho perdido que regressa e se lança arrependido nos braços paternos. Jesus jamais pede perdão ou alguma graça para si. Suplica, sim, libertação da dor e da morte (Mc 14,36 par; Mc 15,34-37 par; Jo 11,41-42), mas, mesmo aí, quer realizar não a sua vontade, mas a do Pai (Mc 14,36). Sua última palavra é de entrega serena: "Pai, em tuas mãos entrego o meu espírito" (Lc 22,46). Ele se entende totalmente a partir de Deus, para quem está absolutamente aberto. São João, legitimamente, deixa Jesus dizer: "Eu por mim mesmo nada posso fazer [...] Não procuro a minha vontade, mas a vontade daquele que me enviou" (Jo 5,30). Sua intimidade com o Pai era tão profunda que o mesmo João podia deixar Jesus falar: "Eu e o Pai somos um" (Jo 10,30). Porque se abriu e se entregou a Deus com absoluta confiança – e isso constitui seu modo típico de existir que é o existir da fé – Jesus não possuía aquilo que o Concílio de Calcedônia ensinou: faltava-lhe a "hipóstase", a subsistência, o permanecer em si mesmo e para si mesmo. Ele era absolutamente vazio de si mesmo e completamente repleto da realidade do Outro, de Deus Pai. Ele se realizava radicalmente no Outro, não sendo nada para si, mas tudo para os outros e para Deus. Ele foi na vida e na morte a semente de trigo que morreu para dar vida; aquele que perdeu sua vida para ganhá-la (cf. Mt 10,39). A falta de personalidade humana (hipóstase ou subsistência) não constituiu imperfeição em Jesus. Pelo contrário: sua máxima perfeição. O fazer-se vazio significa criar espaço interior para ser plenificado pela realidade do outro. É saindo de si que o homem fica mais profundamente em si; é dando que recebe e possui seu ser. Por isso que Jesus foi o homem por excelência, o *ecce homo*: porque sua radical humanidade foi conquistada, não pela autárquica e ontocrática afirmação do eu, mas pela entrega e comunicação de seu eu aos outros e para os outros, especialmente para Deus, a ponto de identificar-se com os outros e com Deus. Do modo de ser de Jesus como ser-para-os-outros, aprendemos qual é o verdadeiro ser e existir do homem.

O homem só existe com sentido, caso se entender como total abertura e como nó de relações para todas as direções, para com o mundo, para com o outro e para com Deus. Seu viver verdadeiro é um viver-com. Por isso é somente através do *tu* que o *eu* se torna o que é. O eu é um eco do tu e, em sua última profundidade, uma ressonância do Tu divino. Quanto mais o homem se relaciona e sai de si, mais cresce em si mesmo e se torna homem. Quanto mais está no outro, mais está em si mesmo e se torna eu. Quanto mais Jesus estava em Deus, mais Deus estava nele. Quanto mais o homem-Jesus estava em Deus, mais se divinizava. Quanto mais Deus estava em Jesus, mais se humanizava. Ora, Jesus-homem estava de tal forma em Deus, que se identificou com Ele. Deus estava de tal forma em Jesus-homem, que se identificou com Ele: Deus se fez homem para que o homem se tornasse Deus. Se alguém aceitar na fé que Jesus foi aquele homem que de tal forma pôde se relacionar e estar em Deus, a ponto de sentir-se de fato seu Filho — aqui reside a identidade pessoal de Jesus com o Filho eterno —, e se alguém aceitar na fé que Deus de tal forma pôde esvaziar-se de Si mesmo (cf. Fl 2,7) para plenificar a total abertura de Jesus, a ponto de se tornar Ele mesmo homem, então esse aceita e professa aquilo que nós cristãos professamos e aceitamos como sendo a Encarnação: a unidade inconfundível e imutável, indivisível e inseparável de Deus e do homem num ou no mesmo Jesus Cristo, ficando Deus sempre Deus e o homem radicalmente homem. Jesus foi aquela criatura que Deus quis e criou assim que pudesse ex-istir totalmente em Deus de tal forma que quanto mais fosse unida a Deus, mais se tornasse ela mesma, isto é: homem. Dessarte Jesus é verdadeiramente homem e também verdadeiramente Deus. O inverso também é válido: assim como a criatura Jesus se tornar tanto mais ela mesma quanto mais estiver em Deus, de forma análoga, Deus permanece tanto mais Ele mesmo quanto mais Ele estiver em Jesus e assumir sua realidade. Como transparece, em Jesus, Deus e homem constituem uma unidade. Diante de Jesus, o crente está diante de Deus e do *ecce homo* em fundamental imediatez. Jesus-homem não é o receptáculo exterior de Deus, como que o vaso frágil a receber a essência preciosa, Deus. Jesus-homem é Deus mesmo quando entra no mundo e quando Ele mesmo se faz história: "E o Verbo se *fez* condição humana e armou tenda entre nós" (Jo 1,14). Deus conhece um *tornar-se*, sem contudo perder nada de seu Ser. Quando ele *se torna* e se faz devir e história, surge lá aquilo que nós chamamos Jesus Cristo, Verbo Encarnado. Com essa ideia, a maioria dos cristãos não se acostumou ainda. O Deus experimentado e vivido pelo cristianismo não é somente o Deus transcendente, infinito, chamado Ser ou Nada, mas é o Deus que se fez pequeno, que se fez história, esmolou amor, esvaziou-se até à aniquilação (cf. Fl 2,7-8), conheceu a saudade, a alegria da amizade, a tristeza da separação, a esperança e a fé ardentes, um Deus, porém, que só poderia ser isso se fosse realmente o infinito, absoluto amor e autocomunicação que criou o cosmos todo e a história para possibilitar sua entrada neles. Daqui se pode ver que a criação deve ser pensada a partir de Cristo. Ele foi o primeiro pensamento de Deus, que encerra dentro de si o próprio cosmos.

A total abertura de Jesus para os outros e para o Grande Outro não se revelou somente no tempo de sua existência terrestre, onde "Ele passou fazendo o bem" (At 10,38). A

Ressurreição manifestou toda a profundidade da comunhão e abertura de Jesus. O Jesus terrestre, antes da Ressurreição, estava preso às coordenadas do espaço e do tempo, das limitações do corpo carnal. Agora, pela Ressurreição emergiu o homem novo, não mais carnal, mas pneumático, para o qual o corpo não é mais limite, senão total presença cósmica e comunhão com a totalidade da realidade. O Cristo ressuscitado enche toda a realidade, realizando assim em grau máximo seu ser-nos-outros e para-os-outros. A Encarnação não deve ser pensada somente à luz de Jesus de Nazaré, sárquico, participante de nossas limitações e fragilidades, mas deve ser completada à luz da Ressurreição, onde se revelou, em sua total patência e transparência, o que se escondia em Jesus de Nazaré: a universal e máxima abertura para toda a realidade cósmica, humana e divina, a ponto de Paulo poder confessar Jesus ressuscitado "tudo em todas as coisas" (Cl 3,11).

6 A impecabilidade de Jesus: Ele venceu a condição humana pecadora a partir de dentro

Estas reflexões nos sugerem compreender a encarnação dinamicamente. Ela não se esgotou com a concepção do Verbo no seio da Virgem. Aí ela teve sua irrupção para crescer à medida que a vida crescia e se manifestava. Devemos tomar a sério o testemunho de São Lucas de que Jesus "crescia em sabedoria, idade e graça diante de Deus e dos homens" (Lc 2,52). Deus não assumiu a humanidade em abstrato. Mas um homem concreto, individualizado e historicamente condicionado, Jesus de Nazaré. Se esse homem é histórico, conhece um desenvolvimento, fases de vida com características e perfeição próprias, então, nada mais natural do que compreender de forma dinâmica a encarnação. Existe um verdadeiro processo encarnatório. Deus ia assumindo a natureza humana concreta de Jesus na medida em que esta ia se manifestando e desenvolvendo. Inversamente também é verdadeiro: a natureza humana de Jesus ia revelando a divindade na medida em que crescia e amadurecia. Em cada fase de sua vida Jesus revelava a Deus sob um aspecto novo, porque cada fase apresentava um desenvolvimento correspondente: Jesus-menino revelava a Deus dentro das possibilidades de perfeição que cabem a um menino. Como menino, Ele estava aberto para Deus e para os outros na forma perfeita e plena que um menino pode realizar. Como moço concretizou a perfeição do moço e assim revelava a divindade no modo possível a esta fase da vida juvenil. O mesmo se pode dizer das demais fases da vida de Jesus, especialmente de sua fase adulta, fase esta testemunhada pelos evangelhos. Aí, como já o relevamos anteriormente, aparece o homem em seu pleno vigor humano, de soberania, de fantasia criadora, de originalidade, de engajamento decidido por sua causa, de total abertura a quem quer que dele se aproximasse, de coragem viril no confronto polêmico com os seus contrários ideológicos (fariseus, escribas e saduceus) e de madura relação para com Deus. Os altos e baixos, naturais à vida humana, serviam para ele também como formas de se aprimorar e acrisolar e de mergulhar com mais profundidade na percepção do que seja o homem e do que signifique Deus. As tentações referidas nos evangelhos nos permitem afirmar que Jesus passou também pelas várias crises que marcam as diferentes fases da vida humana. Como toda crise, isso significou a passagem dolorosa, porém acrisoladora, de um nível de vida para outro, com novas possibilidades de compreender e viver a vida na sua integralidade. Nos relatos evangélicos jamais se percebe qualquer queixa de Jesus sobre as agruras da existência. Ele jamais se pergunta por que existe o mal ao lado de um Deus que é Pai e Amor. Para Jesus é claro: o mal não está aí para ser compreendido. Mas para ser combatido e vencido pelo amor.

Jesus era alguém continuamente galardoado pela graça de Deus que o fazia em cada fase da vida, dentro das possibilidades que a situação permitia, perfeito diante de Deus e dos homens. Ele era alguém que se apercebia com extrema sensibilidade da proposta de Deus. Mas ao mesmo tempo que era assim agraciado, cor-respondia com uma res-posta adequada. Nele a pro-posta de Deus e a res-posta humana chegaram a uma perfeita correspondência. Quanto mais Deus se comunicava, tanto mais Jesus se autodoava a Ele. Na cruz se deu a máxima autodoação de Jesus, a ponto de se aniquilar e perder sua vida em favor de Deus e dos homens. Aí se realizou correspondentemente a máxima comunicação de Deus. E essa máxima comunicação de Deus se chama ressurreição. Daí podemos dizer que a ressurreição de Jesus se deu no momento mesmo de sua morte, embora tivesse sido manifestada apenas três dias após com a assunção do corpo carnal de Jesus transformado agora em corpo espiritual. Com a ressurreição termina e se completa o processo encarnatório. Aqui, matéria e espírito, homem e Deus chegam a uma unidade indizível e a uma cabal interpenetração. Só a partir da ressurreição podemos, de alguma forma, nos representar o que significa realmente hominização de Deus e divinização do homem, numa unidade inconfundível e indivisível.

A partir de tais reflexões podemos situar e compreender o que significa a impecabilidade de Jesus. Os textos neotestamentários testemunham a fé da Igreja primitiva de que Jesus, embora vivesse em nossa carne mortal (Gl 3,13; 4,4; 2Cor 5,21; Rm 8,3; 1Pd 2,22) e fosse como nós testado (Hb 4,15; cf. 7,26; 9,14) permaneceu contudo sem pecado (2Cor 5,21; 1Jo 3,5; Jo 8,46; cf. 14,30). Ele foi em tudo igual a nós, exceto no pecado. Ele assumiu a condição humana, marcada pela alienação fundamental que é o pecado (Jo 1,14). São Paulo diz muito bem que Jesus foi nascido de mulher, sob a lei (Gl 4,4), feito por nós pecado (2Cor 5,21). Em Rm 8,3 explicita dizendo: "Por causa do pecado, Deus enviou seu Filho em forma de carne de pecado (em nossa situação de pecado) e assim julgou o pecado em seu próprio campo, isto é, na carne". Contudo, Ele foi sem pecado. É um fato. A tradição dos dois primeiros séculos argumentava como São Paulo que a impecabilidade de Cristo provinha, não de uma qualidade especial de sua natureza, mas de sua íntima e ininterrupta união com Deus. Só a partir de Santo Agostinho começou-se a argumentar à luz da concepção virginal de Jesus: Ele não só não pecou, como também nem podia pecar, porque desde o primeiro momento, por obra e força do Espírito, fora concebido sem pecado. Ademais, a união hipostática, segundo a qual a Pessoa divina do Verbo é portadora dos atos humanos de Jesus, exclui qualquer sombra de imperfeição e pecado. Mas então, como explicar as tentações reais de Jesus? Como se há de entender a fé e a esperança de Jesus? Que significa seu ser-peregrino e seu crescimento em graça e sabedoria? Uma cristologia compreendida a partir da humanidade de Jesus, na qual se vislumbrou a divindade, nos poderá iluminar o valor permanente da verdade tradicional acerca da impecabilidade de Jesus. A impecabilidade é a forma negativa de exprimirmos a união de Jesus com Deus e de Deus com Jesus. Jesus foi aquele que estava continuamente centrado em Deus. Santidade é a qualidade daquele que está em Deus, unido a Ele e penetrado por Ele. Pecado é o inverso: é o fechamento sobre si mesmo a ponto de excluir a Deus, o centramento do eu em si mesmo, a incapacidade de amar sem egoísmo. Enquanto Jesus era vazio de si mesmo e totalmente centrado em Deus, Ele era sem pecado; enquanto permanecia nessa atitude fundamental não só não pecou como nem poderia pecar. Impecabilidade de Jesus, portanto, não consiste tanto na pureza de suas atitudes éticas, na retidão de seus atos individuais, mas na situação fundamental de seu ser diante de Deus e unido a Ele. Se pecado original no homem consiste na esquizofrenia de seu ser histórico assim como se encontra, que o torna incapaz de amar, incapaz de descentrar-se radicalmente de si mesmo a ponto de distorcer-se ontologicamente até os últimos recônditos biológicos, colocando-se numa posição encurvada diante de Deus, então devemos dizer que Jesus foi totalmente livre do pecado original. Ele encontrava-se sempre numa posição ereta diante de Deus. Ele assumiu, sim, nossa condição humana, marcada pelo pecado. Mas nele faltava, por graça e obra do Espírito Santo, o núcleo degenerador de todos os atos humanos. Dizer que Ele assumiu a condição humana pecadora, significa que assumiu a história do pecado humano. O homem é um nó de relações para todas as direções, mas um nó emaranhado e torcido, na sua vida consciente, bem como no seu inconsciente pessoal e coletivo. E isso tem sua história. Jesus, embora sem pecado, assumiu tudo isso, e dentro da vida pelo seu amor, pelo seu comportamento diante dos homens e de Deus, Ele foi superando a história do pecado em sua própria carne (cf. Rm 8,3), foi destorcendo o nó de relações dentro de cada fase da vida humana a ponto de poder relacionar-se adequadamente com o mundo, com o outro e com Deus. A ressurreição representa a definitiva libertação da estrutura pecaminosa da existência humana e a realização cabal das possibilidades de relação do eu pessoal para com a totalidade da realidade. Jesus redimiu o homem a partir de dentro; Ele venceu as tentações, as alienações e as marcas que o pecado em sua história deixou na natureza humana. Por isso, Ele pode ser para nós um exemplo e o protótipo-arquétipo do verdadeiro homem que cada qual deve ser e ainda não é. Segundo a psicologia dos complexos de C.G. Jung cada homem resume em si e carrega em seu inconsciente toda a história das experiências bem-sucedidas e frustradas que a psique humana fez, desde suas origens mais primitivas animais e cósmicas. Cada qual, a seu modo, é a totalidade. Admitida a razoabilidade de semelhante hipótese, ela nos poderá iluminar os recônditos mais profundos da realidade da encarnação. O Verbo se hominizando assumiu toda essa realidade contida na psique humana pessoal e coletiva, positiva e negativa, atingindo assim toda a humanidade. De dentro Ele foi desnovelando as tendências negativas que criaram uma anti-história e uma verdadeira segunda natureza humana, foi ativando os arquétipos de positividade e especialmente o arquétipo Self (*Selbst*: o arquétipo de Deus) e deixando emergir o homem, realmente imagem e semelhança de Deus. Assim, por um modo a mais, Jesus atinge toda a humanidade, assumindo-a para libertá-la para si mesma e para Deus.

7 Todos somos destinados a ser imagens e semelhanças de Jesus Cristo

O que acabamos de dizer e professar na fé *sobre* Jesus, *a partir* de Jesus mesmo, possui uma enorme relevância para nós homens. Se Jesus é verdadeiro homem, consubstancial a nós, como asseverou a formulação dogmática de Calcedônia, então aquilo que é afirmado dele deve ser afirmado também de alguma forma de cada homem. A partir de Jesus, o mais perfeito de todos os homens, podemos vislumbrar quem e como nós mesmos somos. Como Jesus, todo homem encontra-se numa situação de abertura à globalidade da realidade. O homem não está aberto somente ao mundo ou à cultura. Está aberto ao Infinito que ele entrevê na experiência do amor, da felicidade, da esperança, do sentir, do querer e conhecer que anseiam por eternidade e totalidade. O homem não quer só isso e aquilo: ele quer tudo. Ele não quer só conhecer a Deus. Deseja ardentemente possuí-lo, gozá-lo e ser por Ele possuído. *O homem é capaz do Infinito*, rezava uma fórmula clássica dos pensadores medievais, especialmente entre os franciscanos. Jesus realizou de forma absoluta e cabal esta capacidade humana, a tal ponto de poder identificar-se com o Infinito. A Encarnação significa a realização exaustiva e total de uma possibilidade que Deus colocou pela criação dentro da existência humana. Essa é a tese fundamental do mais sagaz e sutil de todos os teólogos medievais, o franciscano Beato João Duns Escoto († 1308). O homem pode, pelo amor, abrir-se de tal modo a Deus e aos outros, que chega a esvaziar-se totalmente de si mesmo e plenificar-se na mesma proporção, pela realidade dos outros e de Deus. Ora, isso se deu exatamente com Jesus Cristo. Nós outros, irmãos de Jesus, temos recebido de Deus e dele o mesmo desafio: de nos abrirmos mais e mais a tudo e a todos, para podermos ser, à semelhança de Cristo, repletos da comunicação divina e humana. Em nossa alienação e pecado, realizamos de modo deficiente aquela relação que Jesus de Nazaré concretizou de forma exaustiva e absoluta na vida terrestre e pneumática. O homem que somos cada um de nós deve ser interpretado, não tanto à luz de seu passado biológico, mas particularmente à luz de seu futuro. Esse futuro foi manifestado em Jesus encarnado e ressuscitado. O futuro de cada homem será, não certamente na terra, mas na morte e para o além-morte, em poder realizar a capacidade de Infinito que Deus infundiu em seu ser. Só então ele realizará, de forma plena, a imagem e semelhança de Cristo, que marca toda sua existência.

A Encarnação, portanto, encerra uma mensagem concernente não só a Jesus Cristo, mas também à natureza e ao destino de cada homem. Por ela, viemos a saber quem de fato somos e a que estamos destinados, quem é Deus que em Jesus Cristo nos vem ao encontro, com uma face semelhante à nossa para – respeitando nossa alteridade – nos assumir e repletar de sua divina realidade.

10
Onde encontramos o Cristo ressuscitado hoje?

A ressurreição abriu uma nova dimensão e rasgou um novo horizonte na compreensão da realidade. Em Cristo se manifestou a meta para a qual caminha o homem e o próprio cosmos: total realização e plenitude cósmico-humano-divina. Nele, glorificado em sua realidade material, descobrimos a destinação futura do homem e da matéria. Ele está presente na realidade cósmica, na realidade humana, pessoal e coletiva, de maneira anônima ou patente, culminando na Igreja Católica sacramento primordial da presença do Senhor. O sentido de ser cristão é tentar sempre de novo reproduzir, dentro da vida, aquilo que emergiu, em sua máxima intensidade, e se tornou um fenômeno histórico em Jesus-Verbo-encarnado-ressuscitado.

1 O cristianismo não vive de uma saudade, mas celebra uma presença

O cristianismo não se apresentou ao mundo como uma religião que vive da saudade de um fato feliz do passado. Mas surgiu como anúncio e celebração da alegria de uma presença, a do Cristo ressuscitado. Jesus de Nazaré morto e sepultado não vive adiante somente através de sua memória e de sua mensagem libertadora da consciência oprimida. Ele mesmo está presente e vive uma forma de vida que já superou as limitações de nosso mundo ao qual pertence a morte e realizou em si todas as suas possibilidades em todas as dimensões. Daí que ressurreição não pode ser sinônimo de reanimação de um cadáver como o foi o de Lázaro (Jo 11) ou da filha de Jairo que precisavam comer (Mc 5,45 par) e por fim deviam novamente morrer. Mas ressurreição deve ser entendida como total e exaustiva realização da realidade humana em suas relações para com Deus, para com o outro e para com o cosmos. Ressurreição é, pois, a escatologiza-ção do homem que já atingiu o fim do processo evolutivo e foi inserido dentro da realidade divina. Com a ressurreição, Cristo não deixou esse mundo. Ele penetrou-o de forma mais profunda e agora está presente em toda a realidade, do modo como Deus mesmo está presente a todas as coi-sas: "Eu estarei convosco todos os dias até a consumação do mundo" (Mt 28,20). A fé cristã vive desta presença e desen-volveu uma ótica que lhe permite ver toda a realidade pene-trada pelos revérberos da ressurreição. O mundo tornou-se, devido à ressurreição de Cristo, diáfano e transparente.

2 Compreender o mundo a partir de seu futuro já manifestado

A ressurreição abriu uma nova dimensão e rasgou um novo horizonte na compreensão da realidade. Em Cristo se manifestou a meta para a qual caminha o homem e o próprio cosmos: total realização, plenitude cósmico-humano-divina. Os dinamismos ascendentes da realidade encontraram no ressuscitado seu ponto de convergência (cf. Ef 1,10). Com Ele já se iniciou a nova criação futura (2Cor 4,6). Ele é o novo Adão e a nova humanidade (Rm 5,14; 1Cor 15,21-45; cf. Cl 1,15.18), o ponto Z e o fim já atingido (Ap 1,17; 21,6). A partir do fim já alcançado se pode ver o sentido de todo o processo da criação e da libertação. Por isso, para a compreensão cristã do mundo, não só o começo e o passado são determinantes na descoberta do sentido da evolução e da totalidade, mas especialmente o futuro, manifestado na ressurreição, ganha uma função iluminadora e heurística particularíssima. Em Jesus, glorificado em sua realidade material, descobrimos a destinação futura do homem e da matéria. Devido a isso, Jesus Cristo transfigurado possui um valor cognoscitivo e antropológico inestimável e absoluto. Ele trouxe uma revolução na interpretação da realidade: não nos podemos mais contentar em analisar o mundo a partir da criação *in illo tempore*, mas devemos compreendê-lo a partir da escatologia, do futuro presente em Jesus ressuscitado. Nele se realizou no tempo o que para nós só se dará no fim do tempo. Ele é a meta antecipada. A partir do fim, devemos entender o começo. O plano de Deus só se torna transparente e compreensível se for considerado a partir de sua realização e de seu termo. Então se perceberá que para se atingir a meta final, o começo (a criação do mundo) e o meio (a criação do homem) eram etapas de um plano mais vasto, que em Jesus ressuscitado chegou a uma culminância. A partir destas reflexões, poderemos compreender melhor a realidade da presença de Cristo dentro do mundo hoje, e também tentar articular alguns modos como ela se verifica.

3 Algumas maneiras como Cristo ressuscitado está presente hoje

Há várias modalidades de presença de Cristo dentro da realidade que vivemos. Existe a realidade cósmica, humana, pessoal e coletiva, a realidade da evolução psicossocial, da Igreja como comunidade dos fiéis, dos sacramentos etc. A esses modos de ser correspondem modos de presença do Cristo ressuscitado, dentro e através deles. Analisaremos, aqui, brevemente, as articulações mais gerais.

3.1 O Cristo cósmico: "a história está grávida de Cristo"

A Encarnação que não é nenhum mito, mas um fato histórico atingido pela fé, significa que Jesus foi inserido dentro da humanidade. Por aquilo que é homem-corpo, Jesus assumiu um pedaço vital da matéria. Em razão disto, relaciona-se com nosso mundo em cosmogênese. Jesus-homem resulta de um longo processo de evolução cósmica. Como corpo-espírito, Jesus de Nazaré era também um nó de relações para com a totalidade da realidade humana e cósmica que o cercava. Porém Ele viveu, para usar a linguagem semita da Escritura, de forma sárquica: limitado pelo *espaço* na Galileia, na Palestina, e pelo *tempo*, dentro da cultura judaica, sob a dominação dos romanos, numa sociedade sacral, agrária e de relações primárias, dentro de uma compreensão pré-científica do mundo, sujeito às fragilidades humanas da dor e da morte, confinado quanto ao conhecimento e ao inter-relacionamento às possibilidades que a época oferecia. A presença de Cristo nesse mundo, enquanto viveu a condição sárquica (sarx = carne, condição humana frágil), circunscrevia-se necessariamente dentro das limitações próprias de nossa condição terrestre. A ressurreição, contudo, realizou a total abertura do homem-Jesus às proporções do Deus-Jesus. Pela glorificação e transfiguração de sua condição sárquica, Ele não abandonou o mundo e o corpo: assumiu-o de forma mais plena e profunda. Sua capacidade de comunhão e comunicação com a matéria do mundo foi totalmente realizada, de tal forma que agora não está presente somente ao espaço e ao tempo palestinense, mas à globalidade do espaço e do tempo. O *homo absconditus* (o homem escondido) em Jesus foi, pela ressurreição, transformado em *homo revelatus* (homem totalmente revelado). Paulo exprime tal verdade dizendo que o Cristo ressuscitado vive agora na forma de Espírito (cf. 2Cor 3,17; 1Cor 6,17; 15,45; 2Cor 3,18; Rm 8,9); e seu corpo sárquico foi transformado em corpo pneumático-espiritual (cf. 1Cor 15,44). Dizendo que Cristo glorificado é Espírito, Paulo não pensa ainda o Espírito em termos de Terceira Pessoa da Santíssima Trindade, mas quer exprimir o *modo* de existência de Jesus ressuscitado e assim revelar as reais dimensões da novidade da ressurreição: Ele superou todas as limitações do espaço e do tempo terrestres e já vive na esfera divina de plenitude e total presença a todas as coisas. Assim como o Espírito enche todo o universo (Sl 139,7; Gn 1,2) da mesma forma, agora, o Ressuscitado. A Ressurreição tornou patente o que estava latente: Cristo-Espírito já estava agindo no mundo desde o início (Gn 1,2): era a força criadora na natureza (Jó 37,10; cf. Gn 2,7) e no homem (Gn 2,7; Sl 104,30; Jó 27,3); era Ele o poder de Deus, criador das funções espirituais de sabedoria, de inteligência, de senso artístico e de habilidade (Ex 31,3; 35,31; Is 11,2); era Ele, como Espírito, que suscitava uma força corporal extraordinária (Jz 14,6.19; 15,14), desencadeava a palavra entusiástica (1Cr 12,19; 2Cr 15,1; 20,14) e, especialmente, a palavra profética (2Sm 23,2; 1Rs 22,24; Ez 61,1; 11,5; Zc 7,12; Mq 3,8; Ne 9,30) e dirigia e conduzia tudo à salvação (Ez 32,15; Sl 143,10; Ne 9,20; Ez 63,11.14). Aquele que agia assim outrora latentemente se manifestou agora patentemente como uma explosão inimaginável, pela ressurreição. Por isso, a ressurreição revelou a dimensão cósmica de Cristo, enchendo o mundo e a história humana desde seus primórdios. Daí se entende por que Paulo não se interessa tanto pelo Cristo segundo a carne (limitado e frágil: Cristo katá sárka), mas quase que exclusivamente pelo Cristo segundo o Espírito (Cristo kàta pneuma, aberto às dimensões de Deus e de toda a realidade: 2Cor 5,16). Refletindo sobre as dimensões cósmicas do fato da ressurreição e vendo nisso a meta do plano de Deus concernente ao mundo e ao homem já alcançada, os autores do Novo Testamento elaboraram os primeiros elementos de uma cristologia transcendental e cósmica. Se a ressurreição mostrou o fim dos caminhos de Deus e manifestou de forma plena a ação do Espírito iniciada com a criação, então podia dizer: tudo caminhou para Cristo como para o seu ponto de convergência (cf. Ef 1,10); Ele constitui a plenitude dos tempos (Gl 4,4) e a plenitude de todas as coisas (Ef 1,22-23; 4,10; Cl 2,9-10; 1,19); tudo foi criado para Ele e por Ele (Cl 1,16; 1Cor 8,6; Hb 1,2.10; Jo 1,13; Ap 3,14) e nele todas as coisas têm sua existência e consistência (Cl 1,17-18). Tais afirmações, de extrema gravidade teológica, só são possíveis e compreensíveis se admitirmos, com o Novo Testamento, que Jesus ressuscitado revelou em si mesmo o fim antecipado do mundo e o sentido radical de toda a criação. Se Cristo é o fim e o ponto Ômega, então o começo de tudo está em função dele e por causa dele tudo foi feito. Daí que o primeiro homem não foi Adão, mas Cristo. Deus, criando Adão, tinha Cristo em seu pensamento. Cristo se constitui como o mediador de todas as coisas. Mas isso só foi revelado e manifesto à consciência da fé com o evento da ressurreição quando emergiu, patente, o que estava latente em Jesus de Nazaré. Os sinóticos exprimem esta fé mostrando, pela genealogia de Jesus, que para Ele caminhou toda a história desde Abraão (Mt 1,1-17), ou melhor, desde Adão (Lc 3,23-38). João dará um passo adiante e dirá que a própria história do mundo material depende dele porque "sem Ele nada se fez de tudo o que foi criado" (Jo 1,3). São João usa uma palavra que, para seus ouvintes, tinha uma função mediadora, reveladora e salvífica de ordem cósmica: Logos. Ele anuncia que Jesus é o Logos (Palavra, Sentido) e com isso prega aos ouvintes de seu evangelho que o sentido secreto que pervadia todo o universo e se esconde em cada ser e em cada fato não ficou uma ideia abstrata, mas, um dia, se fez carne e armou tenda entre nós (Jo 1,14). Quem, como Jesus, introduziu a nova criação, deve também ter colaborado na criação da velha. Por isso, Ele foi e é criado como o primeiro e o último (Ap 1,17); o começo e o fim, criação e consumação devem se corresponder: "eis que eu faço tanto o primeiro como o último". A cristologia cósmica, como especulação e fé, quer, no fundo, professar que Cristo é o começo, o meio e o fim dos caminhos de Deus e a medida de todas as coisas. Por isso que na Epístola aos Efésios se diz que nele a totalidade do cosmos está resumida e colocada como que sob uma só cabeça (1,10). Nesse sentido, o ágrafo (palavra de Cristo não contida nos evangelhos) no logion 77 do Evangelho apócrifo de São Tomé exprime bem a fé da comunidade primitiva que é também a nossa. Aí fala o Cristo ressuscitado: "Eu sou a luz que está sobre todas as coisas. Eu sou o universo. O universo saiu de mim e o universo retornou a mim. Rache um pedaço de

223

lenha e eu estou lá dentro; levante uma pedra e eu estou debaixo dela". Aqui se professa a ubiquidade cósmica do Ressuscitado. Os sentidos não sentem e os olhos não podem captar o coração das coisas. A fé nos abre um acesso iluminador para a intimidade última do mundo, até aquele ponto onde Ele se revela como o templo de Deus e do Cristo cósmico transfigurado. O Senhor não está longe de nós; os elementos materiais são sacramentos que nos colocam em comunhão com Ele, pois que eles, no mais íntimo de seu ser, pertencem à própria realidade de Cristo. Com outras categorias o exprimia também São Mateus, quando deixava o Ressuscitado falar: "Eu estarei convosco todos os dias até a consumação dos tempos" (28,20). E Santo Agostinho, com um realismo típico, comentava: "A história está grávida de Cristo".

3.2 *Cristo interessa só à terra ou ao cosmos todo?*

Um leitor moderno poderia, ao cabo destas reflexões, perguntar-se: Será que toda essa reflexão sobre o Cristo cósmico não é vítima de uma concepção ptolomaica do cosmos, para a qual a terra ou o nosso sistema solar é ainda o centro de tudo? As ciências modernas nos deram conta das dimensões indefinidas de nosso universo. Os sistemas fechados são relativos ao nosso ponto de vista. A realidade dos espaços siderais povoados de milhões e milhões de galáxias nos obriga a pensar em sistemas abertos, onde nada praticamente é *a priori* impossível. Isso não deixa de ter seus reflexos em nossas afirmações religiosas, tanto mais quanto estas muitas vezes se apresentam com caráter dogmático, infalível e irreformável. Não haveria outros seres espirituais habitando outros planetas em outros sistemas?

Qual é sua relação com Jesus de Nazaré e com o Cristo ressuscitado? Precisariam também eles de redenção? E se dela não necessitassem, como deveríamos representar a função da encarnação de Deus? Teria o Verbo ou uma outra Pessoa divina se comunicado em forma encarnatória também a eles? Poderemos ainda falar numa unidade no plano divino da criação, da redenção e da consumação? Há quem diga que tais perguntas são ociosas e sem sentido porque não temos condições de respondê-las adequadamente. Nós cremos que ninguém tem o direito de limitar a capacidade humana de perguntar e questionar, especialmente no campo religioso onde tocamos deslumbrados o Mistério absoluto de Deus, que jamais pode ser prendido por nenhuma definição e harmonizado dentro de um sistema de compreensão. Esse problema preocupou já o jovem Paul Claudel, Teilhard de Chardin e o grande escritor e teólogo leigo austríaco Reinhold Schneider, que transformou tal questionamento num drama pessoal de sua velhice. Desesperado perguntava-se: "Se reconhecemos os sinais de Cristo na história, poderemos reconhecê-los também no cosmos? É ousadia invocar o cosmos como testemunha de Jesus Cristo. O Senhor viveu e caminhou o estreito caminho dos homens. Como Sócrates, ele buscou somente o homem; à sua existência ele respondeu no sentido de lhe oferecer uma chance pessoal; o enigma que o cosmos coloca [...] isso ele não percebeu". Teilhard respondia ao problema introduzindo uma reflexão nova, haurida de sua meditação sobre o processo de complexidade-consciência da curva da evolução: existe o infinitamente grande dos espaços siderais; frente a isso o homem parece realmente uma *quantité négligeable*, perdido como um átomo errante pelos infinitos espaços vazios. Existe outrossim o infinitamente pequeno do microcosmos, comportando-se provavelmente dentro da mesma estrutura do macrocosmos. Mas existe além disso uma outra grandeza, o infinitamente complexo da consciência humana que sabe que existe, que se dá conta de sua pequenez e que exatamente isso forma a sua grandeza. É pequena e quantitativamente desprezível. Mas possui uma qualidade nova que a faz maior e mais nobre que todas as grandezas físicas e matemáticas imagináveis: pode pensar e especialmente pode amar. Um único ato de amor, notava excelentemente Pascal, vale mais que o universo físico inteiro. É nessa qualidade nova da autoconsciência que o cosmos chega à máxima unidade e convergência. Por isso é no homem que passa o sentido da totalidade. E Teilhard tirava disso a seguinte conclusão: o mundo não pode ter duas cabeças; só Cristo pode ser o centro dele, seu motor, seu Alfa e seu Ômega.

Dentro de semelhante perspectiva teilhardiana podemos aprofundar sua intuição e perguntar: de que maneira Cristo poderá estar presente e encher o cosmos todo? A seguinte ponderação nos poderá trazer, quem sabe, alguma luz: a totalidade da realidade, que percebemos e nossos instrumentos de pesquisa nos revelam mais e mais, não se apresenta caótica, mas profundamente harmoniosa. Há uma unidade radical que transcende e liga todos os seres uns com os outros. As coisas não estão jogadas aí, umas junto, de permeio e por cima das outras. O mundo é fundamentalmente um *cosmos*, como a intuição genial dos gregos o percebeu muito bem. O que é que faz do mundo uma unidade e uma totalidade? Qual é o princípio que une os seres no ser e numa estrutura invisível de totalização? Esse problema transcende os limites das ciências que estudam campos específicos da realidade e exige uma reflexão de ordem metafísica que se pergunta pelo todo enquanto todo. Então que é que fez de todas as coisas, mesmo as mais distantes no cosmos, um todo? Leibniz, que também viu o problema, respondeu, sugerindo a Teoria do Vínculo Substancial que pervade tudo, ligando um ser ao outro. Para ele, bem como para M. Blondel, que reassumiu a Teoria de Leibniz, o Cristo ressuscitado seria o Vínculo Substancial, "o amante supremo que atrai e une *par en haut*, andar por andar, a hierarquia total dos seres distintos e consolidados [...] Ele é aquele sem o qual tudo o que foi feito retornaria ao nada". Evidentemente um Cristo concebido assim não pode ser representado como um homem cósmico, preso dentro de nossas categorias e coordenadas espaçotemporais. É o Cristo ressuscitado que superou essas limitações e agora está presente, não fisicamente, mas pneumaticamente. Isto é: Ele está presente no coração das coisas, naquela realidade transfísica, que forma uma unidade com todos os seres e que pode ser comparada com a presença e ubiquidade do Espírito (Pneuma) divino, que enche tudo, constitui o cerne mais profundo de cada ser, sem contudo tirar sua alteridade criacional. Como transparece, trata-se aqui de uma especulação metafísica cuja representação em categorias de imaginação deve ser evitada para não se criarem desnecessariamente mitos e monstros.

Contudo vale perguntar: será que não existem outros seres racionais no cosmos? A partir da fé nada repugna sua existência. Antes pelo contrário: em razão da imensidão inimaginável do universo e do fracasso humano em ser o sacerdote cósmico pelo qual é dada glória a Deus, pode-se postular que haja outros seres espirituais que melhor do que o homem desempenham essa função sacerdotal. Como veremos mais adiante, se dissermos que a encarnação do Logos eterno pertence à ordem da criação, querida por Deus para ser exatamente o receptáculo de sua entrada nela, então poderemos dizer: assim como o Logos eterno que enche toda a realidade apareceu em nossa carne, assumindo as coordenadas evolutivas de nosso sistema galáxico, nada impede que esse mesmo Logos eterno tenha aparecido e assumido as condições espirituais e evolutivas de outros seres em outros sistemas. Já Tomás de Aquino ponderava: "Pelo fato da Encarnação, em nada foi diminuído o poder do Pai e do Filho. Por conseguinte parece que, depois da Encarnação, o Filho possa assumir outra natureza humana [...]" (S. Theol. III, 3,7 sed contra; III Sent. Dist. 1,2,5). Ele assim realizaria a missão a que foi destinado desde toda a eternidade, de assumir e divinizar a criação. O modo redentor como foi realizado aqui na terra seria apenas *uma* forma concreta entre outras tantas, pelas quais o Verbo de Deus se relaciona com a criação. Nada repugna também que outras Pessoas divinas se tenham encarnado. O mistério de Deus Trino é tão profundo e inesgotável que jamais pode ser exaurido por uma concretização como aquela que se realizou dentro de nosso sistema galáxico e terrestre. A Bíblia testemunha apenas a história da salvação humana. Ela não especula sobre outras possibilidades, porque, ao tempo em que foi redigida, esses problemas eram simplesmente inexistentes. Nós, porém, somos hoje confrontados com tais questionamentos. As possíveis respostas devem ser hauridas de um horizonte mais amplo a partir do próprio mistério de Deus e de sua relação para com sua criação. Tentando responder ao quesito levantado acima – Jesus interessa só à terra ou ao cosmos todo? – diríamos hipoteticamente: Jesus, enquanto é um homem como nós e enquanto é o Logos que assumiu nossa condição, interessa somente à nossa história. Contudo, Jesus de Nazaré não é somente um homem. Ele forma uma unidade inconfundível e indivisível com o Logos eterno de Deus, segunda Pessoa da Santíssima Trindade. Nesse sentido ele interessa à totalidade da realidade. O Logos que pervade tudo e que pode ter assumido em outros sistemas outras condições, diversas das nossas, aqui se chamou Jesus de Nazaré. Pela ressurreição, Ele dimensionalizou a realidade-Jesus às dimensões de todo o cosmos. Contudo, devemos ainda fazer a seguinte restrição: certamente o cosmos permite outras dimensões e consequentemente um outro relacionamento com Deus e com uma comunicação pelo Verbo, diferente do que aquela realizada por Jesus de Nazaré. Para nós, porém, essa foi a forma com que Deus nos agraciou, para isso nos criou, redimiu e nos glorificou em Jesus Cristo. Se essa não precisa ser um modo absoluto de comunicação de Deus à sua criação, em nada tira seu valor para nós. Apenas que devemos nos manter abertos para as infinitas possibilidades do mistério de Deus, para que, tateando, as possamos vislumbrar e vislumbrando-as as possamos cantar e celebrar.

3.3 O homem, o maior sacramento de Cristo

Se tudo foi criado por, para e em Cristo de tal forma que tudo possui traços do rosto de Cristo, então, de forma toda especial, o homem, irmão dele, segundo sua humanidade. O homem não é apenas imagem e semelhança de

Deus (Gn 1,26); é também imagem e semelhança de Cristo (Rm 8,29; cf. Cl 3,10). Primeiramente, Cristo é por excelência a imagem de Deus (2Cor 4,4; Jo 6,15; Cl 1,15; Fl 2,6; Cl 3,9-10; Ef 4,24; Rm 8,29; 1Cor 15,49; 2Cor 3,18) e só depois o homem, enquanto foi pensado e criado nele e por ele. Isso foi acentuado especialmente por Tertuliano e Orígenes. Pelo simples fato criacional, é pois o homem constituído imagem e semelhança de Cristo. A encarnação e a ressurreição revelaram de forma mais profunda essa grandeza. Cada homem emerge de fato como o irmão de Jesus e, de alguma forma, participante de sua realidade. A ressurreição perpetua e aprofunda a participação de Cristo em cada homem. Ele, como glorificado, presente a cada ser e a cada homem, está agindo e fazendo fermentar o bem, a humanidade, a fraternidade, a comunhão e o amor em todos os homens e em cada um, onde quer que este esteja. Mas em que sentido podemos dizer que cada homem é o lugar onde encontramos Deus e a Jesus Cristo? O outro, quando amado, aceito assim como é em sua grandeza e em sua pequenez, revela uma transcendência palpável. Ninguém se deixa definir, ninguém pode ser enquadrado dentro de uma situação. Esse algo mais, que escapa continuamente, que faz o mistério íntimo de cada pessoa, constitui sua transcendência. O outro é o lugar onde eu percebo a transcendência. E também a presença viva e concreta da transcendência. A essa transcendência chamamos de Deus. Deus, pois, não está longe do homem. É sua máxima profundidade. Em Jesus ele apareceu de forma concreta, assumindo nossa condição humana. Por isso, cada homem faz lembrar *o homem* que foi Jesus. Aceitar o pobre como pobre é aceitar o Jesus pobre. Ele se esconde, incógnito, atrás de cada face humana. A fé nos manda olhar com profundeza no rosto do irmão, amá-lo, dar-lhe de comer, de beber, de vestir e visitá-lo no cárcere, porque visitando-o, vestindo-o, dando-lhe de beber e de comer, estamos hospedando e servindo ao próprio Cristo. Por isso que o homem é a maior aparição, não só de Deus, mas também do Cristo ressuscitado no meio do mundo. Quem rejeita seu irmão rejeita o próprio Cristo, porque quem repele a imagem e semelhança de Deus e de Cristo repele o próprio Deus e o próprio Cristo (cf. Gn 9,6; Mt 25,42-43). Sem o sacramento do irmão, ninguém poderá salvar-se. Por aqui transparece a identidade do amor ao próximo com o amor a Deus. O homem guarda em si também essa possibilidade realizada em Cristo, e isso funda nele sua radical dignidade e derradeira sacralidade, por ninguém penetrada a não ser por Deus mesmo (cf. Ap 2,27). Agora sabemo-lo, só pela fé, que o Senhor está presente em cada homem. Com nossa própria ressurreição, que será semelhante à de Cristo, então veremos e gozaremos, gozaremos e amaremos, amaremos e entenderemos a nossa fraternidade com Jesus Cristo encarnado e ressuscitado (cf. 1Jo 3,2).

3.4 *A presença de Cristo nos cristãos anônimos e latentes*

Jesus ressuscitado está presente e atuante de modo especial naqueles que no vasto âmbito da história e da vida levam sua causa adiante. Independentemente da coloração ideológica e da adesão a alguma religião ou credo cristão, sempre que o homem busca o bem, a justiça, o amor humanitário, a solidariedade, a comunhão e o entendimento entre os homens, todas as vezes que se empenha em superar seu próprio egoísmo, em fazer esse mundo mais humano e fraterno e se abre para um Transcendente normativo para sua vida, aí, podemos dizer com toda certeza, está o Ressuscitado presente porque sua causa está sendo levada adiante, pela qual Ele viveu, sofreu, foi processado e também executado. "Quem não está contra nós, está conosco" (Mc 9,40; Lc 9,50), disse ainda o Jesus histórico, e com isso derrubou as barreiras sectárias que dividem os homens e que fazem ver *irmãos* somente naqueles que aderem ao seu credo. Todos o que aderem à causa de Jesus estão irmanados com Ele e Ele está agindo neles para que haja nesse mundo maior abertura para o outro e maior lugar humano para Deus. Cristo não veio fundar uma religião nova. Ele veio trazer o homem novo (cf. Ef 2,15) que se define não pelos critérios estabelecidos na sociedade (cf. Gl 3,28), mas pela opção que fez à causa do amor, que é a causa de Cristo. Como Espírito, Jesus ressuscitado age onde quer. Agora, na plenitude de sua realidade humana e divina, transcendeu todas as possíveis barreiras à sua ação, do sacro e do profano, do mundo e da Igreja, do espaço e do tempo. Atinge a todos, especialmente porém àqueles que, por suas vidas, lutam por aquilo pelo qual o próprio Jesus lutou e morreu, mesmo que não façam uma referência explícita a Ele e ao seu significado salvífico universal, e por isso podem ser chamados de cristãos anônimos e latentes.

3.5 *A presença de Cristo nos cristãos explícitos e patentes*

De forma mais profunda está Cristo ressuscitado presente naqueles que se propuseram segui-lo e imitá-la pela fé, pelo amor, pela adesão explícita e patente à sua divina realidade e significação absoluta para a nossa existência diante de Deus. Numa palavra: Cristo está presente de forma qualificada nos cristãos. Cristão é fundamentalmente aquela pessoa que se decide a imitar e seguir a Cristo. O batismo é o símbolo de tal propósito. O sentido da imitação de Cristo é em si simples: tentar comportar-se, em sua situação existencial, de forma semelhante como Cristo se comportou na sua. Assim, o escravo ultrajado sofra como Cristo que, injustiçado, não replicava com injúrias e, atormentado, não ameaçava (1Pd 2,23). Imitar a Cristo não é copiar ou até arrendar os gestos dele: consiste em possuir a mesma atitude e o mesmo espírito de Jesus, encarnando-se dentro da situação concreta que é diferente da de Jesus: Imitar é "ter os mesmos sentimentos que Cristo teve" (Fl 2,5): ser como Ele abnegado; sentir com os outros e identificar-se com eles; perseverar no amor e na fé, na bondade do coração humano até o fim e, em função disso, não temer ser crítico, contestador de uma situação religiosa ou social que não humaniza o homem, nem o faz livre para o outro e para Deus; ter a coragem e ser liberal e, ao mesmo tempo, manter o bom-senso; usar de fantasia criadora e ser fiel às leis que ajudam a atmosfera do amor e da compreensão humana, à semelhança de Cristo. Uma forma mais radical da imitação é o seguimento de Jesus. Ao tempo da vida terrestre de Jesus, segui-lo significava andar com Ele, ajudá-lo no anúncio da Boa-nova para esse mundo como tendo um futuro totalmente reconciliado com Deus, com o homem e consigo mesmo (cf. Mc 1,17 par; 3,4-15 par; 6,7.13; Lc 9,1-6 par; 10,1-20) e participar de seu destino, incluindo o risco de vida e a morte violenta (Mc 8,34; Mt 16,24; Lc 9,23; 14,27). Após a ressurreição, quando não se podia mais falar a rigor em seguir a Cristo porque Ele agora de terrestre passou a celeste, de visível a invisível, traduziu-se a expressão ou foi-lhe dado um novo significado: seguir a Cristo e ser discípulo é sinônimo de ser cristão (At 11,26), ligar-se a Ele pela fé, pela esperança, pelo amor, pelo Espírito (1Cor 66,17), pelos sacramentos (Rm 6,3s.; 1Cor 11,17-30) e assim estar nele e formar com Ele um corpo (1Cor 12,27; Rm 12,5). Esse seguimento a Cristo não deve ser reduzido a uma categoria moral; ele nos liga profundamente a Cristo ressuscitado e faz com que Ele aja em nós, nos insira em sua nova realidade de tal forma que, dentro do velho homem, marcado pela ambiguidade do pecado-graça, justiça-injustiça, comece a crescer o novo homem (cf. 2Cor 5,17; Ef 2,15; 4,22-24) que na morte desabrochará para a ressurreição (cf. 1Cor 6,14; 2Cor 5,8; Fl 1,20-23). Em todos os cristãos sinceros, mesmo naqueles que não estão em comunhão plena com a Igreja Católica, está o Ressuscitado presente; por isso "merecidamente são reconhecidos pelos filhos da Igreja como irmãos no Senhor".

3.6 *A Igreja Católica, o sacramento primordial da presença do Senhor*

O Cristo ressuscitado que enche o cosmos todo, que emerge presente de forma concreta em cada homem, que é visualizado pela fé em todos os que levam sua causa adiante e que se torna como que um fenômeno nos cristãos explícitos, atinge o maior grau de concreção histórica no católico em posse do Espírito Santo (cf. *Lumen Gentium*, n. 14/39). A Igreja, comunidade dos fiéis, forma o corpo de Cristo ressuscitado. Ela *é corpo* sárquico (carnal) de Jesus, mas de seu corpo pneumático (ressuscitado). Esse corpo, portanto, não está limitado a um determinado espaço, mas, agora liberto, se relaciona com a totalidade. A Igreja local, onde se ouve a Palavra de Deus, onde a comunidade se reúne para celebrar a presença do Ressuscitado, na mesa eucarística, e vive o vínculo do amor, da fé, da esperança, da caridade e da comunhão com os hierarcas, dá forma concreta ao Senhor presente. Como pneumático, o corpo do Senhor não se restringe somente à Igreja, mas nela Ele se torna presente de forma única: "eu sou Jesus que tu persegues", dizia o Ressuscitado a Paulo, que caçava os cristãos para matar (At 9,5). No magistério infalível, nos sacramentos e no anúncio e governo ortodoxos, faz-se Cristo ressuscitado presente sem qualquer ambiguidade: é Ele quem batiza, consagra e perdoa; é Ele quem ensina, quando a Igreja, de forma solene e irreformável, estabelece, em assuntos de fé e moral, orientações para toda a Igreja universal; e Ele quem governa quando a Igreja, em assuntos de sua catolicidade e colegialidade com o papa, toma decisões que envolvem todo o povo de Deus. A Igreja se constitui assim o sacramento primordial da presença do Senhor ressuscitado. Na palavra, especialmente na oração e meditação de seus mistérios, o Senhor está presente, como Ele mesmo o prometeu (Mt 18,20): "na liturgia, Deus fala a seu povo, Cristo continua anunciando seu Evangelho", comentava excelentemente a Constituição Litúrgica do Vaticano II (n. 33/571). E, de fato, os atos litúrgicos, gestos, palavras e objetos sagrados assumem um caráter simbólico: simbolizam o encontro do Ressuscitado com seus fiéis e o tornam mistericamente presente dentro do velho mundo. Neles e através deles, Cristo se comunica e o homem experimenta sua proximidade. É contudo na Eucaristia que o Senhor ressuscitado adquire o máximo grau de densidade e de presença: a transubstanciação do pão e do vinho localizam o

Ressuscitado debaixo de espécies localmente circunscritas: *Aqui* está Ele, na totalidade de seu mistério e na realidade de sua transfiguração. O pão e o vinho *exibem* e *contêm*, sob a frágil realidade material, o Senhor mesmo, no pleno realismo de sua humanidade transfigurada, autodoando-se a todos, como sempre o fizera em sua existência sárquica e agora, de forma cabal, em sua existência pneumática. O comer e o tomar de seu corpo e sangue significam o sentido radical de sua doação: inserir-nos em sua própria vida, entrando na nossa, porque "a participação do corpo e sangue de Cristo não faz outra coisa senão transformar-nos naquilo que tomamos" (*Lumen Gentium,* n. 26/63). É comendo do Corpo de Cristo na Eucaristia que o Povo de Deus se torna também Corpo de Cristo. A presença eucarística não constitui um fim em si, mas é o meio pelo qual Cristo quer viver na intimidade dos seus. A Eucaristia celebra a entrega e autocomunicação do Senhor: "Isto é o meu corpo (eu) que é dado por vós [...] Este é o cálice do meu sangue (vida) que é derramado por vós e por todos os homens para o perdão dos pecados". Quem come dela deve viver da entrega e da abertura aos outros. Ela é um apelo à reciprocidade, vivida também fora do sacramento, dentro da vida, a fim de que o católico seja, na verdade, a diafania e um sacramento da presença do Ressuscitado no mundo.

Conclusão: O orgulho da taça está na bebida, sua humildade no servir

Se o Senhor transfigurado está presente nos homens, nos cristãos e nos católicos, então advém a eles uma missão: de serem transparentes a Ele e de serem seus sinais no mundo. Muitas vezes, por nosso modo de ser e de agir, tornamo-nos contrassinal do Senhor e de sua causa, em vez de sermos um *syn-bolon* de Cristo (sinal que fala e leva a Cristo), transformamo-nos em *dia-bolon* (sinal que separa e divide). Outras vezes, as Igrejas sucumbem à tentação e, ao invés de representarem a Cristo, substituem-no. Em vez de levarem os homens a Cristo, atraem-nos somente para si mesmas. Outras vezes, não se cria o silêncio suficiente para que sua voz se faça ouvir. Para as Igrejas valem, antes de tudo, as palavras de João Batista: "É preciso que Ele cresça e eu diminua" (Jo 3,30). Os cristãos todos deveriam viver em si o sentido da taça: seu orgulho está na bebida, sua humildade no servir, palavras essas escritas no diário íntimo de Dag Hammarskjöld em 1954. O sentido de ser cristão é tentar sempre de novo reproduzir dentro da vida aquilo que emergiu com Jesus Cristo; criar espaço para que Ele, através de nossa existência e comportamento, possa aparecer e convidar os homens. Cada cristão e a Igreja toda deveriam comportar-se como o amigo do esposo: "quem tem a esposa é o esposo; o amigo do esposo, que está presente e o ouve, alegra-se imensamente de ouvir a voz do esposo" (Jo 3,29). Podemos dizer com João: "Este gozo se tornou o meu e foi completo"? (3,29). "Você não é o óleo, não é o ar – simplesmente o ponto de combustão, o ponto de clarão onde nasce a luz. Você é apenas a lente no jato de luz. Você pode apenas receber, dar e possuir a luz como faz a lente. Se você procurar a si próprio e 'os seus direitos', impede o óleo e o ar de se encontrarem na chama; você rouba a transparência da lente. A santidade, seja para ser luz ou para ser refletida na luz, deve se apagar para que possa nascer, deve-se apagar para que se possa concentrar e ser espalhada".

A ressurreição de Cristo trouxe uma ótica nova na visão do mundo. Só pela fé descobrimos o recôndito das coisas, onde elas se religam a Deus e ao Cristo cósmico, que agora, como ressuscitado, penetrou no coração da matéria e de toda a criação. Agora, na situação terrestre, como viajores e tateadores das realidades definitivas, pouco sentimos de tudo isso. Contudo, nos consolamos com as palavras de Pedro: "Sem o terdes visto, vós o amais; sem os verdes agora, credes nele, e vos haveis de regozijar com um gozo inefável e glorioso, ao alcançardes a meta de vossa fé, a vossa salvação" (1Pd 1,8).

11
Como vamos chamar Jesus Cristo hoje?

Fé em Cristo é um contínuo processo de inserimento daquilo que Ele significa, dentro de nossa compreensão da vida, do homem e do mundo. Como vamos exprimir nossa fé com fórmulas inteligíveis para nós e que representam nossa contribuição na decifração do mistério de Cristo? Neste capítulo se realça que a humanidade de Cristo, reveladora de Deus e das respostas aos anseios humanos, constitui a ponte que nos liga a Cristo. A admiração por Ele, ontem e hoje, está na origem de toda cristologia. Passa-se em seguida em revista alguns títulos ou nomes pelos quais nós hoje inserimos Cristo dentro de nossa compreensão: Jesus como "homo revelatus", o futuro presente, conciliação dos opostos, revolucionários, arquétipo da mais perfeita individualização e Deus dos homens. Jesus-Homem é contínua memória crítica daquilo que deveríamos ser e ainda não somos e um permanente convite para que sejamos cada vez mais.

Nas reflexões anteriores ensaiamos articular em suas coordenadas principais o assim chamado processo cristológico. Cada grupo cultural, dos judeus palestinenses, dos judeus na diáspora e dos gregos atribuiu a Cristo os maiores e mais excelentes títulos de honra e de glória que seu ambiente oferecia, na tentativa de decifrar a riqueza revelada na vida, morte e ressurreição de Cristo. O Novo Testamento conhece cerca de 70 títulos ou nomes diferentes conferidos a Jesus. Os séculos posteriores acrescentaram outros. O que se fez foi simplesmente confrontar na fé a vida em sua globalidade com o mistério de Cristo, inseri-lo dentro da existência humana, de tal modo que Ele de fato surja como o libertador, o sentido da vida e do mundo, aquele que já dentro da caminhada nos aponta seguro a chegada final, oferecendo destarte harmonia, coerência, luz e significação para a problemática fundamental vivida pelos homens.

1 Em cristologia não basta saber o que os outros souberam

Fé em Cristo é um contínuo processo de inserimento daquilo que Ele significa, dentro da nossa compreensão da vida, do homem e do mundo. Até agora predominou na cristologia a perspectiva sacral; a maioria de seus títulos eram proclamados na esfera cúltica da liturgia. Outros, porém, possuem um caráter eminentemente secular, como aqueles das epístolas aos efésios e colossenses, onde Cristo é decantado como a cabeça do cosmos e da Igreja, como aquele elemento que confere a toda a realidade sua existência e consistência. Tais títulos, porém, não foram adequadamente explorados na teologia e na vivência concreta da fé. Se repararmos as formulações litúrgicas, os manuais de cristologia e em geral os livros sobre Cristo, percebemos com pesar o predomínio do pensar historicista e a falta de fantasia criadora da fé. Sabemos minuciosamente o que os outros souberam no passado, como tentaram integrar Cristo dentro de seu horizonte de compreensão, mas vemo-nos pessimamente informados de como devemos levar adiante esse mesmo processo e como o estamos em concreto fazendo. Como chamamos nós a Cristo hoje? Que contribuição daremos nós, com a riqueza que nosso mundo oferece, na decifração de seu mistério? Que títulos vamos lhe conferir que signifiquem nosso amor e nossa adesão à sua pessoa e mensagem? Em que sentido nossa vida é o lugar hermenêutico na intelecção mais profunda dos títulos tradicionais? Quando a juventude *hippy* diz: "Jesus é a salvação; Jesus é meu Senhor; Nós todos somos irmãos no corpo de Cristo", ou a frase: "Ligue-se a Jesus, bicho! Você não precisa tomar bolinha. Basta um pouco de Mateus, Marcos, Lucas e João. Cristo é uma viagem eterna", será que os títulos e nomes *salvação, Senhor, corpo de Cristo, seguimento de Jesus* não assumem um conteúdo mais nuançado e também mais concreto que só nossa geração vive e pode testemunhar, e com isso estamos dando nossa colaboração na revelação de quem é Jesus?

1.1 *A fé em Cristo não se reduz ao arcaísmo das fórmulas*

A figura de Jesus vem carregada e cercada de tantos títulos e declarações dogmáticas que para o homem comum ela se tornou quase inacessível. Sua atração e numinosidade, seu vigor nascivo e o desafio que Cristo significa já vêm enquadrados dentro de um tipo de compreensão que tende, quando não compreendido o sentido das fórmulas, a empanar sua originalidade, a esconder sua face humana e a relegá-lo de dentro da história para hipostasiá-lo como um semideus, fora de nosso mundo. A fé deve libertar a figura de Jesus das peias que o prendem e o diminuem. Por isso não significa ainda ter fé proclamar Jesus como Messias, Senhor, Filho de Davi, Filho de Deus etc., sem a preocupação de saber o que esses nomes querem dizer para nossa vida. Para quem não é judeu, como nós, que significa na realidade Messias, filho de Davi, leão da tribo de Judá?

Fé em Cristo não se reduz ao arcaísmo das fórmulas, embora veneráveis, nem ao arqueologismo bíblico. Crer em Jesus como ato existencial e modo de viver é confrontar a totalidade de minha vida pessoal, social, eclesial, cultural e global com a realidade de Jesus. A fé se realiza no encontro entre a vida e seus problemas que se deixam interrogar e questionar por Cristo e sua mensagem. Por outro lado, nós interrogamos a Cristo, vamos a Ele com nossas preocupações e buscamos nele uma resposta para a condição humana. É nesse diálogo que se alimenta a fé e Cristo é inserido dentro do contexto geral da existência. Ter fé significa possuir a capacidade de ouvir sua voz que fala dentro de nossa situação. Todo encontro verdadeiro com Cristo leva a uma crise que age como um crisol purificador e acrisolador (crisol e acrisolar se originam da palavra crise que em sânscrito significa purificar e em grego levar a uma decisão): porque nele encontramos um tipo de profundidade humana que nos questiona; em sua vida, palavras e atos tornam-se palpáveis estruturas originárias do ser humano em sua relação para com o Absoluto que fazem despertar a memória daquilo que cada ser humano deveria ser diante dos outros, do mundo e de Deus. Essa norma que emerge do contato com Cristo adquire uma dupla função: primeiro a função crítico-julgadora de nossa situação que não se harmoniza com a medida que Cristo viveu e por isso nos julga e nos faz sentir a distância e a imensidade do caminho ainda a ser percorrido; em seguida a função crítico-acrisoladora e salvadora: o ponto de referência absoluto que descobrimos em Cristo nos confere um impulso novo, nos possibilita a chance de uma conversão e nos dá a segurança de que com Ele podemos atingir a meta. Nesse sentido Cristo é a permanente crise da existência humana. Mas crise que vale como um crisol que purifica, que acrisola e que salva.

1.2 A fé não permite ideologizar os títulos de Jesus

Pode haver um perigo para a cristologia quando, no afã de adaptação, títulos bíblicos de Cristo são, *sem crítica* e sem consciência de sua relatividade histórica, assimilados dentro de padrões culturais. É inevitável que elementos culturais entrem no processo cristológico. A encarnação de Cristo, já o notamos longamente na introdução, como que se prolonga dentro da história, assimilando valores humanos ao mistério de Cristo. Contudo, permanece o perigo de que tal processo degenere numa ideologização de um *status* social e religioso e que busque na cristologia sua justificação. Assim papas e reis encontraram no título Cristo-Imperador-Rei uma base ideológica para justificarem seu próprio poder, nem sempre exercido segundo a mensagem de Cristo e não raro contra ela. Sem muita autocrítica, identificavam-se sem mais como representantes de Cristo no mundo. Assim, por exemplo, o título de Cristo-rei foi entendido dentro da imagem do rei feudal ou do monarca absoluto romano e bizantino. Mais tarde, na crise das monarquias absolutistas, Cristo-rei foi compreendido como o portador dos poderes de legislar, executar e julgar. Cristo ainda foi compreendido como o legitimador do sistema eclesiástico. O normativo do mistério de Cristo foi identificado pura e simplesmente com as intervenções da Igreja e Cristo enquadrado dentro dos limites de compreensão de um tipo de teologia oficial. Só através da Igreja se chega a Cristo, dizia-se. Com isso, parcelas importantes da história e da vida não vinculadas com a estrutura eclesiástica caíram fora do alcance do mistério de Cristo. O Cristo profeta, mestre, rei, senhor etc., costuma-se ensinar, continua a viver na hierarquia eclesiástica, portadora da função profética, organizadora e docente. Nisso tudo vai muita verdade, mas não toda a verdade. Esqueceu-se com demasiada facilidade que o Cristo profeta e mestre não se deixava ajustar ao *status quo* comum de profeta e mestre e foi exatamente pelos mestres da época combatido, preso e liquidado. Nenhuma realidade histórica concreta pode esgotar a riqueza de Cristo. Daí que nenhum título conferido a Cristo pode ser absolutizado. Nem o Reino de Deus pode ser privatizado e identificado com a Igreja pura e simplesmente ou com um regime de cristandade. Os títulos e a mensagem de Cristo não podem ser ideologizados para legitimar ou sacramentalizar uma situação vigente. O inverso também é verdadeiro: enquanto as classes dominantes entendiam Cristo à medida de si próprias, as classes sofredoras e oprimidas entendiam-no a Ele e a pregação do Reino como uma revolução social. Com Cristo, os que não tinham vez social e religiosamente começaram a ter vez e a valer diante de Deus. Foi a eles que Ele anunciou a Boa-nova da libertação total. Mas aqui pode-se verificar uma redução de ver só esse aspecto de Cristo ou de restringir sua mensagem única e exclusivamente à vivência do amor ao próximo. Cremos que o amor é central e também essencial na pregação de Jesus. Sua mensagem, porém, é mais vasta e promete uma total e global libertação do homem e do cosmos para Deus. O amor é a atmosfera onde isso é vivido, esperado e proclamado. Contudo, preferiríamos estar ao lado destes, que pelo menos isso aprenderam do Evangelho, do que estarmos ao lado daqueles que, fanaticamente, afirmam a totalidade da ortodoxia, mas toleram injustiças e barbaridades ao seu derredor e perderam a capacidade de ouvir a frase do Cristo que disse: Quando tiverdes feito isso a um destes pequeninos, a mim o fizestes. O importante não é só fazer cristologia, mas principalmente seguir a Cristo. Em ambos os casos falta um verdadeiro conhecimento de Cristo, porque não se deu também um autêntico encontro com Ele, onde o homem interroga, mas também se deixa interrogar. Para entendermos a Cristo precisamos ir a Ele não com nossas respostas, mas com nossas perguntas. E o encontro não é para que Ele legitime nossas soluções, mas para que as questione e critique, para que nos enriqueça com sua luz e fale e responda às perguntas de nossa situação. Isso vale particularmente de qualquer tentativa moderna de levar avante o processo decifrador da realidade de Cristo. A despeito destes perigos não somos dispensados de dar nossa colaboração, na fé, à cristologia vivida dentro da existência. Cada geração deve se confrontar com o mistério de Jesus e tentar dar-lhe os nomes que correspondem à nossa vivência de sua inesgotável realidade. No fundo, a fé adulta de cada cristão é desafiada a falar dele e a partir dele, bem ou mal como é dada a cada qual. Que significa ele afinal para nós hoje, especialmente em nossa situação de Brasil e de América Latina? Antes, contudo, convém esclarecer um ponto muito importante:

2 A ponte entre Cristo e nós

Se Cristo possui um valor determinante para nós é porque nele encontramos a resposta aos problemas e às esperanças da *condition humaine*. Resposta que envolve Deus e o homem. E encontramo-la na realidade mesma de Cristo. Por isso que a fé viu nele o Homem-Deus. Deste modo professamos que temos em Cristo o caminho e ao mesmo tempo a meta do caminho: pelo homem vamos a Deus e através de Deus compreendemos quem é o homem. Já consideramos que foi em sua humanidade que a fé descobriu a divindade. Por isso, tanto ontem como hoje, a humanidade é a ponte que nos liga a Cristo. Contudo, a humanidade compreendida não como algo estático, estanque, categorializável. Mas a humanidade como um mistério: quanto mais conhecida mais se abre para um conhecimento ilimitado a ponto de perder-se (e isso o contemplamos na Encarnação) para dentro do mistério de Deus. Mas em que sentido a humanidade de Cristo é ponte entre Ele e nós e nisso nos sentimos uma comunidade solidária com Ele? É que na humanidade de Cristo, em sua fantasia criadora, em seu enorme bom-senso, em sua originalidade, na soberania de seu modo de falar e de agir, em sua relação única para com o Pai e no amor que devotava a todos, surgiu uma realidade que todos os homens esperavam e esperam: a solução dos conflitos fundamentais da vida, da alienação, do pecado, do ódio, da morte, num novo sentido de realidade e de comunhão com Deus na intimidade de Pai para Filho, que envolve e reconcilia os próprios perseguidores e matadores. Com Ele criou-se uma situação que os homens viram: aqui se dá a parusia (vinda) e a epifania (manifestação) do libertador da condição humana na globalidade de suas relações para com Deus, para com o outro e para com o cosmos. A ressurreição veio confirmar: com esse a história atingiu seu fim. Não no sentido cronológico porque a história continua até hoje. Mas *fim* no sentido de meta e cume: nele a história alcançou seu ponto Z para o qual tendia. A morte foi superada, todas as capacidades latentes no ser e no homem foram realizadas e o homem inserido na esfera divina. Com isto, Cristo se tornou o novo ser, o novo Adão, o novo céu e a nova terra, a realização das esperanças humanas de total libertação e realização humano-divina. Daí Ele assumiu uma função única na história: tornou-se um símbolo-realidade e um *Gestalt* (tipo, perfil) para nós. Ele continua a falar e nos atingir com o mesmo fascínio dos primeiros momentos da ressurreição. Ontem como hoje a admiração por Jesus está na origem da cristologia. É próprio do Gestalt ativar as forças dos homens e tornar visíveis estruturas fundamentais da realidade humana e fazer que cada qual se encontre a si mesmo no Gestalt e no símbolo-real. Antes de Cristo apareceram tantos e tantos (cf. Hb 1,1; 11,1-40 e as genealogias em Lc e Mt) que também manifestaram, cada qual a seu modo, a nova realidade que agora em Cristo irrompeu na sua total nascividade e pujança, e pela primeira vez na história tão cristalina como as águas das montanhas e tão profunda que só a encarnação de Deus mesmo poderia adequadamente explicar. Nós hoje, como o homem de sempre, estamos à procura desta realidade reconciliadora e totalizante. Os cristãos a encontramos em Jesus. Por isso com razão o chamamos de *Cristo*, o Esperado, o Ungido e Prometido. Na sua vida, morte e ressurreição encontramos realizado o que o coração humano busca e o que Deus prometeu como sendo o nosso futuro. Enquanto cremos nisso podemos com razão dizer: não conhecemos ninguém tão profundamente como a Jesus. Porque o conhecemos, não tanto pelas fontes de informação do passado, mas por aquelas estruturas profundas de nosso ser que nele, em Jesus, receberam uma plenitude divina. Em razão disso Ele é o nosso Gestalt, o

Símbolo-realidade, o caminho, a luz, a verdade de Deus e do homem ao mesmo tempo. Como exprimimos o encontro de nossos anseios com a realidade de Jesus hoje? Tentaremos fragmentariamente apontar algumas pistas.

3 Elementos de uma cristologia na linguagem secular

3.1 Cristo como o ponto Ômega da evolução, o homo revelatus e o futuro presente

A despeito das dificuldades ainda não resolvidas, nossa concepção do mundo hoje é evolucionista. Com isso se afirma: esse mundo é fruto de um longo processo onde formas imperfeitas foram convergindo para formas cada vez mais perfeitas até atingirem o presente estágio de ascensão. Olhando-se para trás detectamos um sentido no evoluir da realidade. Por mais obscura que se apresente a explicação de fenômenos isolados, onde parece valer o acaso e o absurdo, não podemos negar que a globalidade se orientou por uma *enteléquia* (sentido latente): de fato, a cosmogênese desembocou na biogênese; da biogênese emergiu a antropogênese, e da antropogênese, para a fé cristã, irrompeu a cristogênese. A realidade que nos cerca não é um caos, mas um cosmos (harmonia). Quanto mais avança, mais se complica, quanto mais se complica mais se unifica e quanto mais se unifica mais se conscientiza. O espírito é, nesse sentido, não um epifenômeno da matéria, mas sua máxima realização e concentração sobre si mesma. Ela constitui a pré-história do espírito. Nesta perspectiva o homem não surge como um erro de cálculo ou um ser-abortivo da evolução, mas como o seu sentido mais pleno, como o ponto onde o processo global toma consciência de si mesmo e passa a se autopilotar. Ora, a comunidade primitiva viu em Jesus a máxima revelação da humanidade humana a ponto de ela revelar totalmente o mistério mais profundo e íntimo que encerra: Deus. Cristo é, pois, para nossa visão evolucionista, o ponto Ômega, aquele vértice onde o processo todo, num ser pessoal, logrou alcançar sua meta e com isso já extrapolar para a esfera divina. Nele Deus é já tudo em todas as coisas (cf. 1Cor 15,28) e o centro entre Deus e a criação. O homem que Deus quis e que radicalmente é sua imagem e semelhança (Gn 1,26) não está tanto no primeiro homem quando emergiu do animal, mas o homem escatológico que irrompeu para dentro de Deus no final de todo o processo evolutivo-criacional. Como encarnado e ressuscitado Cristo se apresenta com as características do homem derradeiro. O homem latente dentro do processo ascensional nele se tornou patente: ele é o *homo revelatus*. Por isso é o futuro já antecipado dentro do presente, o fim já se manifestando dentro do meio e do caminho. Com isso, ele assume um caráter determinante, de incentivador, integrador, orientador e de ponto-ímã de atração para aqueles que ainda estão na penosa e lenta ascensão para Deus. Cristo é um absoluto dentro da história. Aqui estão implicadas duas afirmações: Ele é absoluto porque realiza as esperanças messiânicas do coração humano. O homem vive de um princípio-esperança que o faz sonhar por uma total libertação. Muitos apareceram e auxiliaram o homem a caminhar para Deus, seja na dimensão religiosa, cultural, política, psicológica etc. Mas ninguém conseguiu mostrar ao homem uma radical libertação de todos os elementos alienatórios, desde o pecado até a morte. Na ressurreição patenteou-se isso, pelo menos na figura de Jesus. Nele se deu um *Novum* qualitativo e com isso se acendeu uma esperança inapagável: o nosso futuro é o presente de Jesus. Ele é o primeiro entre muitos irmãos (Rm 8,29; Cl 1,18). Nesse sentido Cristo é um absoluto dentro da história. Esse seu caráter não é conquistado diminuindo os outros predecessores ou seguidores, como Buda, Confúcio, Sócrates, Gandhi, Luther King e outros, mas dando forma plena e radical ao que eles viveram e levaram avante. Contudo, ao afirmarmos que Cristo é um absoluto *dentro* da história, porque realiza de forma exaustiva os dinamismos desta história, implicamos numa outra asserção: Cristo, porque é isso que é, está também fora do nosso tipo de história. Ele a superou e fundou outra história onde as ambiguidades do processo histórico, de pecado-graça, integração-alienação, foram ultrapassadas. Com Ele se inaugura o novo ser, polarizado só na positividade, no amor, na graça, na comunhão total. Como absoluto dentro e fora da história é crise permanente para todos os Gestalt e símbolos-reais do absoluto e da libertação total dentro da história. Assim, Ele se transformou numa medida com a qual se podem medir todas as coisas sem rebaixá-las ou difamá-las. A grandeza de Cristo não é conquistada apoucando os outros, mas exatamente na capacidade de vermos a realidade de Cristo também realizada na real grandeza das grandes figuras e personalidades libertadoras da história humana.

3.2 *Cristo como Conciliação dos opostos, meio divino e tremenda curtição*

A crescente unificação do mundo através de todos os canais de comunicação está criando nos homens uma consciência planetária, ecumênica e solidária na busca de um novo humanismo. O encontro das culturas e das várias interpretações do mundo ocidentais e orientais gera uma crise de todos os humanismos tradicionais, desde o clássico greco-romano, cristão, renascentista, até o técnico e marxista. Desta fermentação e do confronto dos vários horizontes e modelos nascerá uma nova compreensão do homem e de sua função no universo. Nesse processo Jesus Cristo poderá desempenhar um fator determinante porque seu Gestalt é a reconciliação de opostos humanos e também divinos. Primeiramente Ele se apresenta como mediador entre Deus e o homem, no sentido de realizar o desejo fundamental do homem de experimentar o Inexperimentável e Inefável numa manifestação concreta. Como mediador Ele não é uma terceira realidade formada do homem e de Deus. Isso faria de Cristo um semideus e um semi-homem, e com isso não representaria nem Deus nem o próprio homem. Para poder representar Deus diante dos homens e os homens diante de Deus, Ele deverá ser totalmente Deus e plenamente homem. Já refletimos, quando expusemos o sentido da encarnação, que é na radicalidade da existência humana centrada não em si mesma, mas em Deus que Jesus-homem manifesta e representa a Deus. Quanto mais homem Ele é, mais revela Deus. Deste modo Ele pode representar Deus e o homem sem se alienar tanto de Deus quanto do homem. Quem conseguir ser tão profundamente humano como Jesus a ponto de deixar manifestar em si mesmo simultaneamente a Deus, esse dá sentido à história humana e será erigido como Gestalt do verdadeiro e fundamental ser humano. Cristo configura também a conciliação dos opostos humanos. A história humana é ambígua, feita de paz e de guerra, de amor e de ódio, libertação e opressão. Cristo assumiu esta condição humana e a reconciliou. Perseguido, contestado, rejeitado, preso, torturado e liquidado não pagou na mesma moeda: amou o perseguidor e redimiu o torturador assumindo-o diante de Deus: "Pai, perdoa-lhes, porque não sabem o que fazem" (Lc 23,34). A cruz, Ele não a sofreu simplesmente. Ele a assumiu como forma de amor e de fidelidade aos homens. Destarte Ele venceu a alienação e a cisão entre os homens com um vigor, que é o vigor do ser novo revelado nele. A cruz é o símbolo da reconciliação dos opostos: sinal do ódio humano e do amor de Deus. Com isso Ele criou uma situação nova na humanidade, um *milieu divin*, um mundo reconciliado dentro do mundo dividido com um dinamismo e uma atuação histórica que nos atinge a nós hoje e perdurará para sempre. Do momento que pela fé, pelo seguimento, pela esperança, pelo amor e pelos sacramentos nos fazemos participantes deste foco conciliador e reconciliador também nos tornamos nova criatura e experimentamos a força do mundo futuro. A juventude *hippy* o diz em sua linguagem característica: Jesus é uma *tremenda curtição*. Atrás desta expressão se articula uma vivência tipicamente cristã, que faz Cristo ser aquilo que é: o conciliador dos opostos existenciais e o integrador das várias dimensões da vida humana na busca de sentido e luz para a caminhada. É esse também o conteúdo humano que se esconde atrás das fórmulas clássicas da cristologia do Filho do Homem, do Servo sofredor de Deus e do Messias rejeitado.

3.3 Cristo contestador, reformador, revolucionário e libertador

O mundo dos últimos três séculos se caracteriza por sua grande mobilidade social. A mentalidade científica e as possibilidades da técnica transformaram o mundo circunstante natural e social. Formas de convivência se sucedem umas às outras. Ideologias legitimadoras de um *status* social e religioso são submetidas a rigorosa crítica. Se não conseguem ser derrubadas, são pelo menos desmascaradas. O homem de hoje se define muito mais a partir do futuro do que a partir de seu passado. Em função do futuro elabora novos modelos de dominação científica do mundo, projeta novas formas de organização social e política e cria até utopias em nome das quais contesta a situação realizada e sociologicamente dada. Assim surgem reformadores, contestadores e revolucionários. Por não poucos, Cristo é considerado e seguido como um contestador e um libertador, um reformador e um revolucionário. Até um certo ponto há nisso muita verdade. Porém, não devemos embaralhar os termos. Cristo não se define por um *contra* e por isso Ele não é um lamuriento. Ele é a *favor* do amor, da justiça, da reconciliação, da esperança e da total realização do sentido da existência humana em Deus. Se ele é *contra*, é porque primeiro se define a *favor*. Ele pega, nos termos de hoje, uma autêntica revolução global e estrutural: Reino de Deus que não é libertação da subjugação romana nem grito de rebelião dos pobres contra os latifundiários judeus, mas total e completa libertação de tudo o que aliena o homem, desde as doenças e a morte até especialmente o pecado. Reino de Deus não pode ser reduzido e privatizado a uma dimensão do mundo. É a globalidade do mundo que deve ser transformada no sentido de Deus. Nesse preciso sentido, que exclui a violência, Cristo pode ser chamado de contestador e revolucionário. Em nome deste reino Ele contesta o legalismo, a dureza da religião judaica e a estratificação sociorreligiosa de seu tempo que discriminava as pessoas entre puras e impuras, profissões malditas, próximos e não próximos etc. Convém contudo deixar bem claro o que significa ser revolucionário e reformador. Reformador é aquele que quer melhorar seu mundo social e religioso. O reformador não visa criar coisa absolutamente nova. Ele aceita o mundo e a forma social e religiosa que está diante de si e tenta elevá-la. Neste sentido Jesus foi também um reformador. Nasceu dentro do judaísmo, adaptou-se aos ritos e costumes de seu povo. Porém, tentou melhorar o sistema de valores religiosos. Ele fez duras exigências; radicalizou o mandamento de não matar exigindo a erradicação da causa do morticínio que é o ódio; radicalizou o mandamento de não desejar a mulher do próximo, postulando o resguardo dos olhos; aprofundou o amor ao próximo mandando amar também os inimigos. Como transparece, Cristo foi neste sentido reformador. Contudo, Ele foi além. Não só repetiu aperfeiçoando o passado. Ele disse coisa nova (Mc 1,27). E nisso Ele foi um grande revolucionário, quem sabe, o maior da história. O revolucionário, à diferença do reformador, não quer apenas melhorar a situação nova. Ele visa introduzir algo de novo e trocar as regras do jogo religioso e social. Cristo prega o Reino de Deus que não é melhoria desta ou daquela parcela do mundo, mas uma transformação global das estruturas deste velho mundo, a novidade e a jovialidade de Deus reinando sobre todas as coisas. Ser cristão é ser nova criatura (2Cor 5,17) e Reino de Deus, na tradução do Apocalipse, é o novo céu e a nova terra (Ap 21,1) "onde não haverá morte, nem luto, nem grito, nem dor, porque o mundo antigo passou" (21,4). Enquanto Cristo prega e promete essa Boa-nova para o homem Ele anuncia uma autêntica revolução. Mas é só neste preciso sentido que pode ser chamado de revolucionário, e não no sentido emocional e ideológico de revolucionário como o violento ou o rebelde frente à estruturação político-social. Talvez a palavra mais adequada seria de Libertador da consciência oprimida pelo pecado e por toda sorte de alienações e Libertador da triste condição humana nas suas relações para com o mundo, para com o outro e para com Deus.

3.4 *Jesus Cristo, arquétipo da mais perfeita individualização*

Um dos desejos fundamentais de todo o homem é conseguir uma crescente integração de todos os dinamismos de sua vida consciente, subconsciente e inconsciente. O homem é um nó de relações para todas as direções. Constitui um processo dolorido nem sempre livre de conflitos e de dramas existenciais a integração de todas as pulsações da vida humana. A viagem mais longa e perigosa que o homem faz não é para a luz ou para outros astros, mas para dentro de si mesmo, em busca de um centro que tudo atraia, polarize e harmonize. A essa incessante busca chamamos, na linguagem da psicologia dos complexos de C.G. Jung, de processo de individualização. O processo de individualização se realiza na capacidade do homem de cada vez mais poder se acercar do símbolo ou arquétipo de Deus – *Selbst-Self* – que se constitui no centro das energias psíquicas do homem. O arquétipo de Deus (*Selbst*) é responsável pela harmonia, integração e assimilação do eu consciente com seus dinamismos e principalmente do eu inconsciente formado pela poderosa e insondável massa hereditária das experiências de nossos primitivos ancestrais vegetais, animais, humanos, do povo, da nação, do clã, da família e de outras diferenciações de ordem histórica, coletiva e individual. Quanto mais o homem conseguir criar um núcleo interior integrador e assimilador, mais ele se individualiza e personaliza. A religião que adora o Deus divino e não simplesmente o Ser infinito, necessário ao sistema metafísico, desempenha um fator decisivo nesse processo. Pessoas de extraordinária integração como os místicos, os grandes fundadores de religiões e outras personalidades de admirável humanidade constituem-se arquétipos e símbolos do *Selbst*. Jesus Cristo como é apresentado nos evangelhos e crido pela comunidade de fé apresenta-se como a atualização mais perfeita e acabada do *Selbst* (arquétipo de Deus). Ele surge como a etapa mais consumada no processo de individualização a ponto de se identificar e não só se aproximar do arquétipo *Selbst* (Deus).

Com isso Cristo assume um significado transcendente para a humanidade: o homem que somos cada um de nós, experimentado como um mistério, o homem que supera infinitamente o homem e que se sente como um feixe ilimitado de possibilidades e que ao mesmo tempo se experimenta limitado e preso nas estreitezas dos condicionamentos históricos agora, com Jesus morto e ressuscitado, percebe que Ele não é uma possibilidade assintótica e uma ânsia jamais realizada de total integração, mas que pelo menos num homem ela emergiu diamantina e diáfana como a luz da primeira manhã da criação. Porque somos solidários uns com os outros, temos a esperança que a realidade presente de Cristo se torne também realidade de cada homem que se abre para o Absoluto: Ele agora vai à nossa frente como caminho, luz, símbolo e arquétipo do ser mais integrado e perfeito que irrompeu no mundo a ponto de mergulhar no próprio mistério recôndito de Deus e com Ele identificar-se.

3.5 Jesus Cristo nosso irmão maior

A absoluta integração de Jesus consigo mesmo e com Deus (encarnação) não se realizou numa vida espetacular. Mas na quotidianidade da vida com seus altos e baixos. Pela encarnação Deus assumiu a totalidade de nossa condição humana precária com suas angústias e esperanças, com suas limitações (morte de Deus) e suas ânsias de infinito. Esse constitui o grande significado teológico dos anos obscuros da infância e adolescência de Jesus: Ele é um homem como todos os homens de Nazaré, nem um super-herói, nem um santo que chame atenção; é solidário com a mentalidade e a população da vila e participa do destino da nação subjugada por forças de ocupação estrangeiras. Não deixou nada por escrito. Literariamente se perde na massa anônima dos sem-nome. Pela encarnação Deus se abaixou tanto que se escondeu quando apareceu aqui na terra. Por isso que o Natal é a festa da secularização: Deus não temeu a matéria e a ambiguidade e a pequenez da condição humana. Foi exatamente nessa humanidade e não apesar dela que Deus se revelou. Qualquer situação humana é suficientemente boa para o homem mergulhar em si mesmo, madurar e encontrar a Deus. Cristo é nosso irmão enquanto participou do anonimato de quase todos os homens e assumiu a situação humana que é idêntica para todos: a vida vale a pena ser vivida assim como é, quotidiana, monótona como o trabalho do dia a dia e exigente na paciência de conviver com outros, ouvi-los, compreendê-los e amá-los. Ele é contudo o nosso irmão *maior* enquanto dentro desta vida humana assumida na obscuridade e na publicidade viveu de forma tão humana a ponto de revelar a Deus e poder, pela morte e ressurreição, realizar todos os dinamismos de que somos capazes. Como dizia um conhecido teólogo: "O cristianismo não anuncia a morte de Deus, mas a humanidade de Deus". E isso é o grande significado da vida terrestre de Jesus de Nazaré.

3.6 *Jesus Cristo, Deus dos homens e Deus conosco*

Das exposições feitas até aqui algo deve ter resultado claro: Deus ou o homem? É uma falsa alternativa. Igualmente falsa é a alternativa Jesus ou Deus? Deus se revela na humanidade de Jesus. A encarnação pode ser vista como a realização exaustiva e radical de uma possibilidade humana. Jesus, Deus-Homem, manifesta-se, pois, como o Deus dos homens e o Deus conosco. A partir desta compreensão devemos desmitizar nosso conceito comum de Deus, que nos impede de ver a Cristo como homem-revelador-do-Deus-dos-homens, em sua humanidade. Deus não é nenhum concorrente do homem, nem este daquele. Em Jesus Cristo descobrimos uma face de Deus desconhecida do Antigo Testamento: um Deus que pode fazer-se outro, que pode nos vir ao encontro na fraqueza de uma criança, que pode sofrer, que sabe o que significa ser tentado, sofrer decepções, chorar a morte de um amigo, ocupar-se com os joões-ninguém que não possuem neste mundo nenhuma chance e anunciar a estes a novidade total da libertação de Deus. Desta forma se mostrou: Deus não está longe do homem, Ele não é um estranho ao mistério do homem. Antes pelo contrário: o homem implica sempre Deus como aquele supremo e inefável mistério que envolve a existência humana, que sentido não se deixa prender por nenhum conceito ou símbolo e, quando revelado em sua máxima manifestação na humanidade de Jesus, não se deixa também exaurir por nenhum nome ou título de grandeza. Mas esse é o Deus humano que revela a divindade do homem e a humanidade de Deus.

A partir de agora não se poderá mais pensar o homem sem implicar, consequentemente, com Deus e *em concreto* nós homens não poderemos também pensar a Deus sem relacioná-lo com o homem, por causa de Jesus Cristo Deus-Homem. O caminho para Deus passa pelo homem, e o caminho para o homem passa por Deus. As religiões do mundo experimentaram a Deus, o *fascinosum* e o *tremendum*, na natureza, no poder das forças cósmicas, nas montanhas, no sol, nas fontes etc. O Antigo Testamento descobriu a Deus na história. O cristianismo viu a Deus no homem. Em Jesus se tornou claro que o homem não é apenas o lugar onde Deus se manifesta. Ele pode ser um modo de ser do próprio Deus. O homem pode ser uma articulação da história de Deus. Isso pelo menos se tornou realidade em Jesus de Nazaré. As consequências de tal concepção são de extrema gravidade teológica: a vocação do homem é a divinização. O homem para tornar-se homem precisa extrapolar de si mesmo e supõe que Deus se hominize. Se o homem pode ser uma articulação da história de Deus, isso só é possível na liberdade, na doação e abertura espontânea do homem para Deus. Com a liberdade entrou uma ruptura, a superação da necessidade cósmica e da lógica matemática e a inauguração do imprevisto, do espontâneo, do criativo. Entrou o mistério indecifrável. Com a liberdade tudo é possível: o divino e o demoníaco; a divinização do homem e a absoluta frustração humana como consequência do fechamento à autocomunicação amorosa de Deus. Com Jesus nos apercebemos da indecifrável profundidade humana, que chega a implicar com o mistério de Deus, e surpreendemos também a proximidade de Deus a ponto de identificar-se com o homem. Bem dizia São Clemente de Alexandria († 211 ou 215): "Se tiverdes encontrado realmente teu irmão, então terás encontrado também teu Deus" (Stromateis I, 19).

Conclusão: Cristo, a memória e a consciência crítica da humanidade

A cristologia ontem e hoje tenta responder *quem* é Jesus. Perguntar quem és tu? é perguntar por um mistério. As pessoas não se deixam de-finir e enquadrar dentro de nenhuma situação. Perguntar por quem és tu, Jesus Cristo, para nós hoje? Significa confrontar nossa existência com a dele e sentir-se desafiado por sua pessoa, sua mensagem e pela significação que se desdobra de seu comportamento. Sentir-se atingido por Cristo hoje é pôr-se no caminho da fé, que compreende quem é Jesus não tanto dando-lhe títulos novos e nomes diferentes, mas ensaiando viver aquilo que Ele viveu: tentar sempre sair de si, buscar o centro do homem não nele mesmo, mas fora, no outro e em Deus, ter a coragem de pular na brecha em lugar dos outros, de ser um Cristo-arlequim ou o Cristo-idiota de Dostoievski, que nunca abandona os homens, prefere os marginalizados, que sabe suportar e aprendeu a perdoar, que é revolucionário, mas que jamais discrimina e se encaixa onde o homem está, que é vaiado e amado, considerado louco, mas manifestando uma sabedoria que confunde. Cristo soube colocar um *e* onde nós comumente colocamos um *ou* e com isso conseguiu reconciliar os opostos e ser o mediador dos homens e de todas as coisas. Ele é a permanente e incômoda memória daquilo que deveríamos ser e não somos, a consciência crítica da humanidade de jamais se contentar com aquilo que é e conquistou. Mas que deve caminhar e realizar aquela reconciliação e atingir tal grau de humanidade que manifeste a harmonia insondável de Deus tudo em todos (cf. 1Cor 15,28). Enquanto, porém, isso não acontece, Cristo, como dizia Pascal, continua a ser injuriado, a agonizar e ser morto por cada um de nós (cf. *Pensées* etc. Brunschvicg, n. 553). É nesse sentido que podemos recitar o tópico de um credo para o tempo secular:

> "Creio em Jesus Cristo
> que sendo
> 'um homem só que não podia realizar nada'
> como também nós nos sentimos,
> lutou, no entanto, para que tudo mudasse
> e foi por isso mesmo executado,
> que é critério para verificar
> o quanto esclerosada está nossa inteligência,
> sufocada nossa imaginação,
> desorientado nosso esforço,
> porque não vivemos como Ele viveu,
> que nos faz temer cada dia
> que sua morte tenha sido em vão
> quando o enterramos em nossas igrejas
> e atraiçoamos sua revolução,
> medrosos e obedientes diante dos poderosos,
> que ressuscitou dentro de nossas vidas
> para que nos libertemos
> de preconceitos e prepotências,
> de medo e ódio,
> e levemos adiante sua revolução
> em direção do Reino".

CONCLUSÃO
Jesus Cristo e o cristianismo
Reflexões sobre a essência do cristianismo

Jesus Cristo não é um ser errático dentro da história do mundo. Ele representa a máxima emergência dos dinamismos que Deus mesmo colocou dentro da criação e especialmente dentro do homem. Esses dinamismos fundam um cristianismo antes de Cristo e fora da profissão de fé explícita a Jesus Cristo. Cristão não é simplesmente aquele que professa com os lábios a Cristo, mas aquele que, seja ontem, seja hoje, vive aquela estrutura e aquele comportamento que Cristo viveu: amor, perdão, abertura total para Deus etc. As religiões que ensinam e vivem isso são formas concretas que o cristianismo universal pode assumir. A Igreja Católica apresenta-se institucionalmente como a melhor articulação histórica do cristianismo. Enquanto os homens e o mundo não tiverem atingido a plenitude em Deus, Cristo continua a esperar e a ter ainda um futuro.

Ao termo de nossas reflexões cristológicas impõe-se naturalmente uma reflexão de ordem mais universal acerca do cristianismo e de algumas de suas estruturas fundamentais. Cristianismo vem de Cristo. *Cristo* não designa originalmente um nome próprio de pessoa, mas um título. Com o título *Cristo* predicado a Jesus de Nazaré crucificado e ressuscitado a comunidade primitiva exprimia sua fé que nesse homem se realizaram as expectativas radicais do coração humano, expectativas de libertação da ambígua condição humana e cósmica e de imediatez com Deus. Ele é o *ecce homo*, o homem novo e exemplar que revelou em sua máxima profundidade o que é e o que pode o homem: abrir-se a Deus de tal forma que pôde identificar-se com Ele. A encarnação designa exatamente a absoluta e exaustiva realização desta possibilidade contida dentro do horizonte da realidade humana, pela primeira vez concretizada por Jesus de Nazaré. Sua história pessoal revelou um tipo de ser-homem, uma forma de comportamento, de falar, de relacionar-se com Deus e com os outros que rompia os critérios comuns de interpretação religiosa. Sua profunda humanidade deixou transparecer estruturas antropológicas numa limpidez e transparência para o Divino que superaram tudo o que até então na história religiosa da humanidade havia surgido. Humano assim como Jesus só poderia ser Deus mesmo. Por causa de tudo isso Jesus de Nazaré foi designado com justa razão de *Cristo*. Nele se baseia e se compreende o cristianismo. Portanto, na base do cristianismo está Jesus Cristo. E na base de Jesus Cristo está uma vivência, um comportamento, um modo de ser homem, uma estrutura que vivida radicalmente por Jesus de Nazaré fez com que Ele fosse designado como o Cristo. Existe, pois, uma estrutura crística dentro da realidade humana que se manifestou de forma absoluta e exaustiva na vida, morte e ressurreição de Jesus de Nazaré.

1 O cristianismo é tão vasto como o mundo

A estrutura crística é anterior ao Jesus histórico de Nazaré. Ela preexistia dentro da história da humanidade. Todas as vezes que o homem se abre para Deus e para o outro, sempre que se realiza verdadeiro amor e superação do egoísmo, quando homem busca justiça, solidariedade, reconciliação e perdão aí se dá verdadeiro cristianismo e emerge dentro da história humana a estrutura crística. Assim, pois, cristianismo pode existir antes do cristianismo; mais: cristianismo pode se verificar também fora dos limites cristãos. Isto é, cristianismo se realiza não somente onde ele é professado explicitamente e vivido ortodoxamente. Mas surge sempre e onde o homem diz um *sim* ao bem, à verdade e ao amor. Antes de Cristo, o cristianismo era anônimo e latente. Não possuía ainda um nome, embora existisse e fosse vivido pelos homens. Com Jesus Cristo o cristianismo ganhou um nome. Jesus o viveu com tal profundidade e absolutidade que por antonomásia passou a chamar-se de Cristo. Porque não se chamava de cristianismo, não significa que era inexistente. Existia, mas na forma abscôndita, anônima e latente. Com Jesus chegou à sua máxima patência, explicitação e revelação. A terra foi sempre redonda, mesmo antes que Magalhães o tivesse mostrado. A América do Sul não começou a existir com sua descoberta por Cristóvão Colombo. Ela já existia antes, embora não fosse explicitamente conhecida. De forma semelhante é com o cristianismo e Cristo. Cristo nos revelou a existência do cristianismo dentro da realidade humana. Por isso, Ele deu o nome ao cristianismo assim como Américo Vespúcio, o segundo descobridor da América, deu seu nome ao continente descoberto, América. Santo Agostinho que muito bem compreendeu esta realidade podia dizer: "A substância daquilo que hoje nós chamamos de cristianismo existia já nos antigos e estava presente desde os primórdios da humanidade. Finalmente quando Cristo apareceu em carne, começou-se a chamar àquilo que sempre existia de religião cristã" (Retr. 1, 12, 3). Daí podermos asseverar que o cristianismo é tão vasto como o mundo humano. Ele pôde se realizar ontem, antes de Cristo, e pode se realizar ainda hoje fora dos limites "cristãos", lá onde a palavra cristianismo não é empregada e conhecida. Mais ainda: cristianismo pode se encontrar também lá, onde ele é, por uma consciência errônea, combatido e perseguido. Por isso cristianismo não é simplesmente uma cosmovisão mais perfeita. Nem uma religião mais sublime, muito menos uma ideologia. Cristianismo é a vivência concreta e consequente na estrutura crística, daquilo que Jesus de Nazaré viveu como total abertura ao outro e ao Grande Outro, amor indiscriminado, fidelidade inabalável à voz da consciência e superação daquilo que amarra o homem ao seu próprio egoísmo. Com toda razão dizia o primeiro grande filósofo cristão Justino († 167): "Todos os que vivem conforme o Logos são cristãos. Assim entre os gregos Sócrates, Heráclito e outros; e entre os não gregos Abraão, Ananias, Azarias, Elias e muitos outros cuja citação dos nomes e obras nos levaria longe demais" (Apologia I, 46). Cristianismo assim pode articular-se tanto no sacro quanto no profano, tanto nessa como em outra cultura, tanto no ontem como no hoje ou amanhã. Jesus em sua humanidade viveu com tal radicalidade a estrutura crística que deve ser considerado como o melhor fruto da evolução humana, como o novo Adão, na expressão do Apóstolo Paulo (1Cor 15,45); como aquele homem que já atingiu a meta do processo da humanização do homem. Por isso que verdadeiro cristão não é simplesmente aquele que assim se denomina e se filia à religião cristã. Mas aquele que vive, e realiza dentro da vida, evidentemente enquanto estamos na história de forma deficiente e aproximativa, aquilo que Cristo viveu, pelo qual foi preso, condenado e executado. Ratzinger o exprimia com grande felicidade: "Não é verdadeiro cristão o membro confessional do partido, mas aquele que se tornou realmente humano pela sua vivência cristã. Não aquele que observa de maneira servil um sistema de normas e de leis, apenas com vistas para si mesmo, mas aquele que se tornou livre para a simples bondade humana". Ser cristão é viver a vida humana naquela profundidade e radicalidade onde ela se abre e comunga o mistério de Deus. Não é o que é cristão e católico que é bom, verdadeiro e justo. Mas o bom, o verdadeiro e justo é que é cristão e católico.

2 A plena hominização do homem supõe a hominização de Deus

Podemos circunscrever de forma mais compreensível o que seja a estrutura crística? A estrutura crística é uma possibilidade da existência humana. O homem se define à diferença do animal como o ser aberto à totalidade da realidade, como um nó de relações orientado em todas as direções. Ele só se realiza caso se mantiver sempre aberto e em comunhão permanente com a realidade global. Estando no outro é que ele está dentro de si mesmo. Saindo de si é que chega a si. É só ex-istindo (saindo de si: ex) que se torna. O eu não existe a não ser criado e alimentado por um tu. É dando que o homem tem. Por isso o homem deve sempre se transcender a si mesmo. Por seu pensamento mergulha no horizonte infinito do ser. Quanto mais se abre para o ser mais pode auscultar e mais pode tornar-se homem. Dar não significa apenas transcender-se a si mesmo e sair de si. É também capacidade de receber o dom do outro. É amando e deixando-se amar pelos outros que o homem descobre sua verdadeira profundidade e seu mistério. Quanto mais o homem estiver orientado para o infinito e para o outro, mais tem a possibilidade de hominizar-se, isto é, realizar seu ser-homem. O homem mais perfeito, completo, definitivo e acabado é aquele que pôde identificar-se e ser-um com o Infinito. Ora, Jesus de Nazaré foi aquele ser humano que realizou essa possibilidade humana até o extremo e assim logrou chegar à meta da hominização. Porque foi de tal forma aberto a Deus a ponto de ser totalmente repletado por Ele é que deve ser chamado de Deus encarnado. Em razão disso se entende o que J. Ratzinger tão bem formulou: "A completa hominização do homem supõe a hominização de Deus". Isto é: o homem para tornar-se verdadeiramente ele mesmo deve poder realizar as possibilidades inscritas em sua natureza, especialmente essa de poder ser um com Deus. Quando o homem chega a tal comunhão com Deus a ponto de formar com Ele uma unidade sem confusão, sem divisão e sem mutação, então atinge seu ponto máximo de hominização. Quando isso se verifica Deus se humaniza e o homem se diviniza, e surge na história Jesus Cristo. Daí que podemos completar o pensamento de Ratzinger dizendo que a completa hominização do homem implica sua divinização. Com isso o homem é superado infinitamente, não pela aniquilação de seu ser, mas pela completa realização da ilimitada capacidade de comunhão com Deus, com a qual sua natureza vem dotada. O termo da antropogênese reside na cristogênese, isto é, na inefável unidade de Deus e do homem num só ser, Jesus Cristo.

Cristianismo se concretiza no mundo sempre que homens à semelhança de Cristo se abrem para a totalidade da realidade e especialmente para "aquele supremo e inefável mistério que envolve nossa existência, de onde nos originamos e para o qual caminhamos", Deus. Essa abertura, como veremos mais abaixo, pode receber as mais variegadas articulações no sacro e no profano. O decisivo não são estas ou outras articulações, mas que ela aconteça e se mantenha continuamente susceptível a um indefinido aperfeiçoamento. O que se realizou de forma absoluta e irreversível por Jesus Nazaré, deve se realizar na medida própria de cada um, em toda a pessoa humana. Onde medra a estrutura crística aí vigora e se processa a hominização. Onde ela fenece pelo fechamento do homem sobre si mesmo, aí também se obstaculiza e emperra o crescimento hominizador do homem. Essa abertura para o outro é tão determinante que dela depende a salvação ou a absoluta frustração humana. Na assim chamada parábola dos cristãos anônimos (Mt 25,31-46), o Juiz divino medirá os homens todos pela capacidade que tiveram de amor para com os semelhantes. Quem recebeu o peregrino, vestiu o nu, alimentou o faminto e saciou o sedento, acolheu não somente um homem, mas incognitamente também o próprio Deus. No fundo se quer dizer que a união no amor e a abertura a um tu humano implica na sua última radicalidade uma abertura ao Tu absoluto e divino. Deus está sempre inserido onde quer que haja amor, solidariedade, união e crescimento verdadeiramente humanos. Salva-se não simplesmente aquele que se filiou à confissão cristã, mas aquele que viveu a estrutura crística. Não aquele que professou Senhor! Senhor! e com isso construiu toda uma compreensão do mundo, mas aquele que agiu em conformidade com a realidade crística. Aqui pouco valem os modelos ou as etiquetas cristãs. Mas conta a vivência concreta e consequente de uma realidade e de um certo tipo de comportamento que Jesus de Nazaré tematizou, radicalizou e tornou exemplar. Nisso consiste fundamentalmente o cristianismo.

3 A estrutura crística e o mistério de Deus trino

Se a estrutura crística consiste essencialmente no dar e saber receber o dar (dom) do outro, então, reparando-se bem, ela está numa íntima referência ao próprio mistério de Deus. A essência de Deus, se pudermos utilizar semelhante linguagem humana, realiza-se no amor, no dar e saber receber: "Deus é amor" (1Jo 4,8.16). Deus só existe se comunicando e subsistindo como Pai, Filho e Espírito Santo. Deus é Pai porque se autocomunica e doa. Essa comunicação se chama o Filho. O Filho por sua vez se doa, e sai totalmente de si e se entrega ao Pai que o recebe plenamente. É esse mútuo amor e doação de Pai para Filho que se chama Espírito Santo que procede do Pai e do Filho. O Pai não existe sem o Filho nem o Filho sem o Pai, nem o Espírito Santo sem o Pai e sem o Filho. Na total, completa e absoluta doação de um ao outro é que Deus Trino eternamente realiza seu ser infinito. A estrutura que está contida na criação toda, especialmente na realidade humana, e chegou à sua máxima patência em Jesus de Nazaré, foi criada em analogia à própria estrutura do mistério de Deus Trino. Mas foi através de Jesus Cristo que isso foi revelado, de forma explícita, à consciência humana, não tanto por palavras, mas no mundo como viveu seu ser humano em diáfana, límpida e completa abertura e doação a Deus e aos homens. Por isso foi só a partir de Jesus Cristo que a revelação e a teologia chegaram ao conhecimento do Deus

Trino e Uno. Jesus não só se revelou ser o Filho de Deus encarnado, mas revelou também o caráter filial de todo o homem (Rm 8,14).

4 Cristianismo: uma res-posta dada com res-ponsabilidade a uma pro-posta

Se quiséssemos formalizar com outras palavras a estrutura crística, podemos dizer que ela consiste numa resposta dada com res-ponsa-bilidade a uma pro-posta divina. Deus se autodoa também ao homem; faz-lhe uma proposta de comunhão com Ele, de amor e de união. A essa proposta divina o homem tem que dar uma res-posta. A reciprocidade exige pagar com amor o amor recebido. Essa exigência interna surge não por parte daquele que se dá e ama, mas por parte daquele que se deixa amar e é amado. Aceitar a pro-posta de amor do outro é já dar amor e uma res-posta. Daí que saber receber é uma das formas de dar, talvez a forma mais originária de dar, porque cria a atmosfera indispensável para o encontro, para o diálogo e para o crescimento do amor.

A pro-posta de Deus surge dentro da consciência humana que é o lugar onde Deus fala a cada pessoa. Toda vez que a consciência se sente res-ponsável, e experimenta-se desafiada a sair de si, a aceitar o outro, a assumir uma tarefa, aí está Deus fazendo uma pro-posta. A pro-posta pode surgir dentro da vida, nos sinais dos tempos e nas exigências da situação concreta. Sempre que somos levados a crescer, a amar, a sairmos de nós mesmos, a abrirmo-nos aos outros e a Deus, a assumir res-ponsa-bilidade diante da consciência e dos outros, aí se dá uma pro-posta que exige uma res-posta com fidelidade. Aí se dá, caso o homem se abrir e amar, a concretização da estrutura crística. A história humana pode ser vista como a história do sucesso ou do insucesso da estrutura crística, isto é, pode ser analisada como res-posta feliz ou infeliz que os homens, dentro dos condicionamentos históricos e sociais próprios de cada época, deram à proposta de Deus; isto é, até que ponto criaram estruturas que facilitassem e realizassem os valores fundamentais ao amor, do fraternismo, da compreensão entre os homens e da abertura consciente para Deus. Daí que toda a vasta dimensão da história humana pode ser considerada como história da salvação e da perdição humana. A experiência nos ensina que a res-posta humana jamais consegue exaurir a proposta divina. Não só. Ela vem marcada por uma ambiguidade fundamental: é simultaneamente história da abertura e do fechamento do homem, de res-posta positiva e de res-posta negativa à proposta divina. A história da salvação humana é uma vasta seara onde ao mesmo tempo cresce o joio e o trigo. A história do Antigo e do Novo Testamento apresenta-se como exemplar: de como todo um povo ao longo de mais de dois mil anos, num crescendo cada vez maior, foi dando uma res-posta positiva à pro-posta divina. Em alguém, contudo, chegou-se a uma perfeita adequação entre pro-posta de Deus e res-posta humana. Alguém foi aberto para Deus à proporção de sua inefável comunicação. Jesus de Nazaré foi aquele que realizou de forma absoluta a estrutura crística a ponto de sua res-posta se identificar com a pro-posta. Como já o refletimos suficientemente, é exatamente nessa união imutável, indivisível, e inconfundível que consiste a encarnação de Deus e a subsistência do homem e de Deus no único e mesmo Jesus Cristo. Nesse sentido, Jesus de Nazaré é o melhor dom de Deus aos homens. Ele emerge dessarte como o sacramento do encontro entre Deus e a humanidade, como aquele foco onde tudo, criação e Criador, chega a uma unidade, e assim se alcança a meta final da história criacional.

5 O cristianismo católico como a articulação institucionalmente mais perfeita do cristianismo

Se cristianismo consiste fundamentalmente na resposta com res-ponsa-bilidade à pro-posta divina então constatamos que a res-posta humana pode se articular historicamente de muitas formas. Na sua res-posta o homem assume sua cultura, sua história, sua compreensão do mundo, seu passado, enfim, todo seu mundo. As religiões do mundo outrora e hoje, apesar de elementos questionáveis e até, sob ponto de vista cristão, condenáveis, representam, em si, a resposta e a re-ação religiosa dos homens frente à pro-posta e a ação de Deus. Por isso as religiões podem e devem ser consideradas como articulações da estrutura crística e concretizam de alguma forma a própria Igreja de Cristo. Nesse sentido não existem religiões naturais. Todas elas se originam de uma re-ação frente à ação salvífica de Deus que se dirige e é oferecida a todos indiscriminadamente. A diversificação das religiões reside na diversidade das culturas, das visões do mundo que marcam a res-posta à pro-posta de Deus. Mas a pro-posta transcende a todas as res-postas e é dirigida igualmente a todos e a cada um. Daí poder-se dizer que as religiões são caminhos ordinários pelos quais o homem se dirige a Deus e também o experimenta e recebe dele a salvação. As religiões enquanto são respostas humanas à pro-posta divina podem conter erros e interpretar de modo inadequado a pro-posta de Deus. Por isso, quando dizemos que as religiões articulam e concretizam, cada uma a seu modo, a estrutura crística, com isso não queremos legitimar tudo o que nelas existe. A religião mesma deve manter-se aberta, criticar-se a si mesma e crescer numa res-posta cada vez mais consentânea à pro-posta de Deus. O próprio Antigo Testamento nos dá uma lição exemplar: de formas primitivas de religiosidade e representações demasiado antropomórficas e até demoníacas de Deus foi-se elevando para formas cada vez mais puras até a concepção de um Deus transcendente, revelador e criador de tudo. A Igreja Católica Apostólica Romana, por sua estreita e ininterrupta ligação com Jesus Cristo a quem ela prega, conserva e vive em seus sacramentos e ministérios, e por quem se deixa continuamente criticar, pode e deve ser considerada como a mais excelente articulação *institucional* do cristianismo. Nela se logrou a mais límpida interpretação do mistério de Deus, do homem e de sua mútua interpretação. Nela se encontra a totalidade dos meios de salvação. Embora ela mesma se saiba pecadora e peregrina, ainda longe da casa paterna, contudo está convencida de levar Cristo e sua causa adiante, sem erro substancial. Ela não esgota a estrutura crística, nem se identifica pura e simplesmente com o cristianismo. Mas é sua objetivação e concretização *institucional* mais perfeita e acabada, de tal forma que nela já se realiza, em germe, o próprio Reino de Deus e já vive os primeiros frutos da nova terra e do novo céu. Com isso, porém, não se nega o valor religioso e salvífico das demais religiões. Apenas que, em confronto com a Igreja, aparecem deficientes. Conservam sem dúvida sua legitimidade, mas devem deixar-se interrogar pela Igreja, para que se abram e cresçam a uma abertura cada vez mais consentânea à proposta de Deus, manifestada em Jesus Cristo. Por sua vez a Igreja não deverá envaidecer-se de si própria, mas também mostrar-se aberta ao Deus que se revela e manifesta nas religiões e aprender delas facetas e dimensões da experiência religiosa que foram melhor tematizadas nas religiões de que dentro da própria Igreja, como o valor da mística na Índia, o despojamento interior no budismo, o cultivo da Palavra de Deus no protestantismo etc. Só então ela será verdadeiramente católica, isto é, universal, pois saberá ver e acatar a realidade de Deus e de Cristo também fora de sua articulação e fora dos limites sociológicos de sua própria realidade.

6 Jesus Cristo "tudo em todas as coisas"

Se a estrutura crística é um dado da história e uma estrutura antropológica que deve ser realizada em cada homem para poder salvar-se e que foi exaustivamente concretizada por Jesus de Nazaré, então podemos lançar uma derradeira pergunta: donde ela se origina? Qual é o seu último e transcendente fundamento? Essa pergunta era colocada pela teologia tradicional em outros termos: Qual é o motivo da encarnação: a redenção do pecado dos homens ou a perfeição e glorificação do cosmo? Por séculos, tomistas dominicanos e escotistas franciscanos disputavam renhidamente. Os tomistas respondiam, citando frases da Escritura e a fórmula do credo "por causa de nossa salvação desceu do céu e foi concebido pelo Espírito Santo", que a encarnação se deve ao pecado do homem. Os franciscanos respondiam com outros textos tirados das epístolas aos efésios e colossenses que Cristo ter-se-ia encarnado, mesmo sem o pecado, porque tudo foi feito para Ele e por Ele. Sem Cristo faltaria algo à criação e o homem jamais chegaria à sua completa hominização. A afirmação de que a humanidade estava na expectativa do Salvador deve ser entendida ontologicamente e não cronologicamente. Isto é: o homem anseia ser cada vez mais ele mesmo e se realizar totalmente. Ele anseia, portanto, sua divinização. Isso não só antes de Cristo. Mas também depois dele. É a dinâmica mesma da criação toda que converge e chega no homem a uma decisiva culminância. Aquilo que Cristo realizou deverá realizar-se também em seus irmãos. Das reflexões conduzidas até aqui, parece-nos que se tornou clara nossa posição. Cristo não é um ser errático dentro da história da humanidade. Mas é seu sentido e culminância. É aquele ser que por primeiro chegou ao termo da caminhada para nos dar esperança e certeza de que também fomos destinados a ser aquilo que Ele se tornou e que, se vivermos aquilo que Ele viveu, chegaremos também lá. A excelência de Cristo não é um acaso histórico nem meramente um sucesso antropológico. Desde toda a eternidade Ele foi predestinado por Deus a ser aquele que amasse a Deus em forma divina fora de Deus, a tornar-se aquele homem que pudesse realizar todas as capacidades contidas em sua natureza humana, especialmente aquela de poder ser-um com Deus. Jesus, Verbo encarnado, está numa relação única com o plano de Deus. Ele constitui um momento do próprio mistério de Deus. O plano de Deus, enquanto o podemos eruir da própria revelação e da reflexão teológica, está orientado para a glória de Deus que se realiza fazendo participar de sua vida, de seu amor e de seu próprio mistério toda a criação. A glória de Deus consiste também na glória das criaturas. A criação toda está inserida no próprio mistério íntimo de Deus Trino. Ela não é algo de exterior a Deus, mas um dos momentos de sua completa manifestação. Deus se comunica totalmente e gera o Filho e no Filho os infinitos imitáveis do Filho. O Filho ou o Verbo é o Pensamento eterno, infinito e consubstancial de Deus Pai. A criação toda são os pensamentos de Deus que podem ser criados e realizados dando origem à criação do nada. Enquanto pensamentos de Deus, são gerados no mesmo ato de geração do Filho e porque são produzidos ativamente por Deus no Filho refletem o Filho e são sua imagem e semelhança. A mais perfeita imagem e semelhança do Filho eterno é a natureza humana de Cristo. Por isso, já no seio da Santíssima Trindade, todas as coisas levam em seu ser íntimo marcas e sinais do Filho. Para que a natureza humana de Cristo seja realmente a mais perfeita imagem e semelhança do Filho e pudesse ter e dar a suma glória a Deus "fora" de Deus, Deus decretou sua união com a Pessoa eterna do Filho. Isto é: Deus quis que Jesus de Nazaré pudesse viver com tal intensidade e profundidade sua humanidade a ponto de tornar-se um com Deus e ser simultaneamente Deus e homem. Se todas as coisas foram por Deus criadas no Filho e esse Filho se encarnou, então tudo reflete o Filho eterno encarnado. A estrutura crística possui uma origem trinitária. Todas as coisas estão abertas para um crescimento indefinido, porque o ser de Deus é amor, comunicação e infinita abertura. E a comunicação total de Deus se chama Filho ou Verbo. Daí que tudo na criação possui a estrutura do Filho, enquanto tudo se comunica, está em relação para fora e realiza seu ser, se autodoando. O Filho, pois, estava sempre agindo no mundo, desde seu primeiro momento criacional; depois agiu de forma mais densa quando se encarnou em Jesus de Nazaré e por fim dilatou sua ação às dimensões do cosmos pela sua ressurreição. Assim Cristo, no dizer de São Paulo, "é tudo em todas as coisas" (Cl 3,11). A estrutura crística que pervadia toda a realidade assumiu forma concreta em Jesus de Nazaré porque Ele, desde toda a eternidade, foi pensado e querido como aquele ser focal em que se daria pela primeira vez a total manifestação de Deus dentro da criação. Esta manifestação significa acabada interpretação de Deus e do homem, unidade inconfundível e indivisível e meta da criação agora inserida dentro do próprio mistério trinitário. Jesus Cristo se constitui assim o paradigma e o exemplar daquilo que vai acontecer com todos os homens e com a totalidade da criação. Nele vemos o futuro realizado. A história e o processo evolutivo cósmico podem assumir um caráter ambíguo e não raro dramático. Em Jesus Cristo nos é revelado que o fim, contudo, será bom e já garantido por Deus em nosso favor. Por isso ele ganha para toda a realidade passada, presente e futura, um valor interpretativo determinante e elucidador. Por ele ficou-nos claro que o cosmos e particularmente o homem não poderão chegar jamais a si mesmos e à completa perfeição se não forem divinizados e assumidos por Deus. Cristo é o penúltimo elo nesse imenso processo. Nele se realizou exemplarmente o que se fará com toda a realidade: conservando a alteridade de cada ser, Deus será tudo em todas as coisas (1Cor 15,28).

Conclusão: A esperança e o futuro de Jesus Cristo

Enquanto não se realizou o "panteísmo cristão" do "Deus tudo em todas as coisas" (1Cor 15,28), Jesus Cristo continua a ter esperança e a possuir um futuro. Seus irmãos e a pátria humana (o cosmos) ainda não foram transfigurados como Ele. Estão ainda a caminho, vivendo a ambiguidade com que se manifesta o Reino de Deus neste mundo: na fraqueza, na ignomínia, no sofrimento e nas perseguições. Jesus não é apenas um indivíduo, mas uma pessoa. E como pessoa con-vive, possui seu corpo místico com o qual é solidário. Jesus ressuscitado, embora realiza em sua vida o Reino de Deus, espera contudo que aquilo que se concretizou e começou com Ele chegue a um feliz êxito. Como os santos do céu, no dizer do livro do Apocalipse (6,11), têm que esperar "até que se complete o número de seus companheiros e de seus irmãos", assim espera também Jesus pelos seus. Glorificado junto a Deus "Ele sempre vive para interceder pelos homens" (Hb 7,25), por sua salvação e pela transformação do cosmos. Assim Jesus ressuscitado vive ainda uma esperança. Ele continua a esperar o crescimento de seu Reino entre os homens, porque seu Reino não começa a existir para além da morte, mas se inicia já neste mundo sempre que se instalar mais justiça, vigorar mais amor e se abrir um horizonte novo na captação da palavra e da revelação de Deus dentro da vida. Jesus continua a esperar que a revolução por Ele encaminhada, no sentido da compreensão entre os homens e Deus, do amor indiscriminado para com todos e da contínua abertura para o futuro donde Deus vem com seu Reino definitivo, penetre mais e mais nas estruturas do pensar, do agir e do planejar humanos. Ele continua a esperar que o semblante do homem futuro, velado dentro do homem presente, torne-se cada vez mais re-velado. Jesus continua a esperar que a *pro-missio* (promessa) feita por Deus de um futuro feliz para o homem e para o cosmos se transforme numa *missio* (missão) humana de esperança, de alegria, de vivência, entre os absurdos existenciais, do sentido radical da vida. Enquanto tudo isso ainda não irrompeu cabalmente Jesus continua a esperar. Por isso existe ainda um futuro para o Ressuscitado. De fato Ele já veio. Mas para nós é ainda aquele que há de vir. O futuro de Cristo não reside apenas em sua parusia e total apocalipse (revelação) de sua divina e humana realidade. O futuro de Cristo realiza algo mais, ainda não plenamente concluído e realizado: a ressurreição dos mortos, seus irmãos, a reconciliação de todas as coisas consigo mesmas e com Deus e a transfiguração do cosmos. São João bem podia dizer: "Ainda não apareceu o que seremos" (1Jo 3,2). O primeiro ainda não passou e ainda não se ouviram as palavras: "O velho já passou [...] eis que eu faço todas as coisas novas" (Ap 21,4.5). Tudo isso é também para Cristo futuro. Contudo, o futuro será o futuro de Jesus Cristo: o que já aconteceu com Ele, acontecerá analogamente com seus irmãos e com as demais realidades. O fim do mundo não deve, portanto, ser representado como uma catástrofe cósmica, mas como consumação e consecução do fim como meta e plenitude. Aquilo que já está fermentado dentro da criação será totalmente realizado, a latência será pura patência e tendência. Então emergirá "a pátria e o lar da identidade" (E. Bloch) de tudo com tudo e com Deus, sem cair numa identificação de homogeneidade. A situação de êxodo que é o permanente do processo evolutivo será transformada numa situação de casa paterna com Deus: "Ali não haverá noite, nem terá ela necessidade de luz de lâmpada, nem de luz do sol, porque o Senhor Deus iluminará os homens e eles reinarão pelos séculos dos séculos" (Ap 22,5). Então se dará o verdadeiro Gênese: implodirá e explodirá o homem e o mundo que Deus realmente e de forma definitiva quis e amou. Através de Jesus Cristo ganhamos essa esperança e também essa certeza porque "nele todas as promessas de Deus se fizeram sim e amém" (cf. 2Cor 1,20).

Enquanto estamos a caminho, temos o rosto voltado para o futuro, para o Senhor que vem, repetindo as palavras de infinita saudade, rezadas pela Igreja primitiva: "Venha tua graça e passe este mundo! Amém. Hosana à casa de Davi! Se alguém é santo, aproxime-se! Se alguém não o é, faça penitência! Maranatá! Vem, Senhor Jesus! Amém!"

APÊNDICES

I A história da história de Jesus

"Quem dizem os homens que eu sou?" Esta pergunta de Cristo recebeu ao longo dos séculos as mais diversas respostas: a resposta da fé, da ciência crítica, da filosofia, da psicologia, da sociologia e da juventude irrequieta em busca de um sentido radical para a vida. Neste apêndice se estudam os meandros e as dificuldades que nosso espírito crítico e exigente de hoje encontra, ao tentar situar-se de forma responsável diante de Jesus Cristo. Ninguém pode passar por Cristo e ficar indiferente. Com Cristo se decide a sorte de cada homem.

"Quem dizem os homens que eu sou?" Essa pergunta de Jesus a seus discípulos ressoa através dos séculos até hoje e possui a mesma atualidade como quando foi colocada pela primeira vez em Cesareia de Filipe (Mc 8,29). Todo homem que alguma vez se interessou por Cristo não pode se esquivar a semelhante questionamento. A cada geração cabe responder dentro do contexto de sua compreensão do mundo, do homem e de Deus.

1 A resposta da fé tranquila

Para a fé tranquila a resposta é clara: Jesus de Nazaré é o Cristo, o Filho unigênito e eterno de Deus, enviado como homem para nos libertar de nossos pecados; nele se cumpriram todas as profecias feitas a nossos pais; Ele executou um plano divino preexistente; sua dolorosa morte de cruz fez parte deste plano; Ele cumpriu fielmente até à morte a vontade do Pai; morto Ele ressuscitou, e assim deixou claro que sua reivindicação de ser o Filho do Homem, o Filho de Deus e Messias era fundada e verdadeira. Sobre tudo isso o cristão comum estava tranquilo e seguro porque é a mensagem testemunhada pelo próprio Novo Testamento. Nesse Cristo depositava sua confiança na vida e na morte. Nesse tipo de resposta não há a preocupação de distinguir entre o que é fato histórico e o que é interpretação do fato, condicionada por um horizonte filosófico, religioso, histórico e social. Tudo é afirmado indistintamente, conteúdo e forma, como inspiração do Espírito Santo consignada nas Escrituras divinamente inspiradas. É a figura do Cristo dogmático.

2 As respostas na era do criticismo

Mas eis que por volta do século XVIII irrompeu a razão crítica. O homem começou a questionar os modelos de interpretação social e religiosa. Os estudos históricos feitos à base da pesquisa séria das fontes desmascaravam mitos e ideologias dominantes. Não parou também diante do Novo Testamento. Percebeu-se logo que com os evangelhos não estamos diante de biografias históricas sobre Jesus, mas diante de testemunhos de fé, fruto da pregação e da meditação piedosa e interessada das comunidades primitivas. Os evangelhos são antes de tudo uma interpretação teológica de fatos acontecidos do que descrição objetiva e desinteressada do que foi historicamente Jesus de Nazaré. Essa descoberta agiu como um fio de pólvora que foi propagando incêndio até hoje ainda não totalmente apagado. As reações foram múltiplas, indo de um extremo ao outro. A questão se impunha: devemos procurar o Jesus histórico que está na base e na raiz do Cristo dogmático[1].

---

1. Cf. a principal bibliografia: *Der historische Jesus und her kerygmatische Christus* 2. ed. publicado por RISTOW, H. & MATTHIAE, K., Berlim 1961. • GEISELMANN, R. *Die Frage nach dem historischen Jesus I*. Munique, 1965.

2.1 Como sabemos que Jesus viveu?

A primeira resposta extremada surgiu pelos fins do século XVIII. Assim como a fé tranquila afirmava tudo maciçamente como histórico, agora se negava tudo: Cristo nunca existiu[2]; Ele é um mito[3], criado pelo inconsciente humano, ansioso de libertação, fenômeno observável em todas as religiões[4]. Talvez se possa dizer ainda que Jesus Cristo seja a projeção originada por um movimento social de pobres e escravos, no processo de conscientização de sua alienação e no caminho da libertação social[5].

Semelhante posição foi muito cedo posta em descrédito. Bem ponderava Bultmann: "A dúvida acerca da existência real de Jesus carece de fundamento e não merece uma só palavra de réplica. Fica plenamente claro que Jesus está, como autor, atrás do movimento histórico cujo primeiro estágio palpável temos na mais antiga comunidade

---

• LÉON-DUFOUR, X. *Les Evangiles et l'histoire de Jésus*. Paris, 1963. • TRILLING, W. *Jésus y los problemas de su historicidad*. Barcelona, 1970. • Id. "Legitimidade e localização da questão do Jesus histórico". *Atualidades Bíblicas* (Melange internacional a Frei João José P. de Castro). Petrópolis: Vozes, 1970, p. 353-365. • ZILLES, U. "O Jesus histórico e o Cristo da fé". Revista *Vozes* 62 (1968), p. 195-222.

2. Esta afirmação foi feita pela primeira vez por F. Volney (1791) e Ch. F. Dupuis (1791), popularizada depois por Bruno Bauer com a obra póstuma *Christus und die Cäsaren* de 1877; cf. RIETMÜLLER, O. *Woher wissen wir, dass Jesus gelebt hat?* Stuttgart, 1922.

3. Cf. DREWS, A. *Die Christusmythe*, 1909. • ZIMMERN, H. *Der Streit um die Christusmythe*. Berlim, 1910.

4. Os principais representantes são KALTHOFF, A. *Das Christusproblem – Grundlinien zu einer Sozialtheologie*. Leipzig, 1904, e KAUTSKY, K. *Der Ursprung des Christentums*. Stuttgart, 1908.

5. Cf. ALFARIC, P. *Origines sociales du Christianisme*. Paris, 1959.

palestinense"[6]. Os evangelhos são interpretação. Mas interpretação de fatos que realmente aconteceram. Ademais, os testemunhos extrabíblicos, seja romanos (Plínio, Ep. 10, 96,2; Suetônio, Claudius, 25,4; Nero, 16,2; Tácito, Annales 15,44)[7], seja judeus (Flávio Josefo e a literatura talmúdica)[8], não podem ser escamoteados. Evidentemente que tal problema pode ser sempre colocado não só com referência a Cristo, mas também a Buda, a César Augusto ou a Carlos Magno. Utilizando o método que alguns autores aplicaram a Cristo, pode-se provar que até Napoleão não existiu, como aconteceu com o historiador R. Whateley (1787-1863), contemporâneo do próprio Napoleão[9].

2.2 Não há nem pode haver uma vida de Jesus

Questionando o Cristo dogmático da fé tranquila, intentou-se com os métodos e instrumentos da moderna historiografia científica eruir a verdadeira imagem de Jesus de Nazaré, independente dos dogmas e das interpretações da fé. A preocupação dos historiadores e teólogos racionalistas era chegar ao Jesus ainda não interpretado como Cristo e Filho de Deus e não veiculado ao culto e à dogmática. O *Cristo da fé* devia ser bem distinguido do Jesus histórico. Desde Reimarus († 1768) até Wrede († 1904), passando por nomes conhecidos como Renan, D.F. Strauss e M. Go-

---

6. BULTMANN, R. *Jesus* (Berlim, 1926). Munique-Hamburgo, 1965, p. 13-14.

7. Para as fontes cf. BARRET, C.K. *Die Umwelt des Neuen Testamentes*. Asgewählte Quellen. Tübingen, 1959, p. 21-28.

8. Cf. TRILLING, W. *Jesús y los problemas de su historicidad* (nota 1). Op. cit., p. 62-66.

9. Ibid. Op. cit., p. 17, nota 7.

guel, escreveram-se centenas de Vidas de Jesus. Cada estudioso tinha a pretensão de, distinguindo e descartando textos e cenas dos evangelhos como não históricas ou como interpretações dogmáticas das comunidades, eruir a figura realmente histórica de Jesus. Albert Schweitzer, então renomado teólogo e exegeta, posteriormente famoso médico em Lambarene, na África, escreveu a clássica "História da pesquisa sobre a vida de Jesus"[10], mostrando o fracasso em que desembocara semelhante intento. Da seguinte maneira ele caracterizou as Vidas de Jesus escritas pela mentalidade historicista do século XIX e inícios do século XX: "Cada época seguinte da teologia encontrava as suas próprias ideias em Jesus, e é só deste modo que conseguia inspirar-lhe vida. Nem eram só as épocas que se viam espelhadas nele: cada um em particular criava-o à imagem de sua própria personalidade. Não há empresa histórica mais pessoal que escrever uma Vida de Jesus"[11].

É de todo impossível escrever uma biografia de Jesus, sem lacunas, com a eruição de sua personalidade a partir de suas palavras, atos e comportamentos e das grandes tendências e *trends* de sua época. Os evangelhos fornecem ao historiador crítico um amontoado de tradições, às vezes isoladas entre si e apenas exteriormente unidas umas com as outras, testemunhos de fé feitos no culto e resumos de pregações a serem feitas para o grande público especialmente da gentilidade. O problema se torna ainda mais agudo quando queremos, com os textos do Novo Testa-

---

10. Cf. *Geschichte der Leben-Jesu-Forschung* I, II. Munique-Hamburgo, 1966. • Id. *Le secret historique de la vie de Jésus*. Paris, 1961.

11. Id. *Geschichte der Leben-Jesu-Forschung*. Op. cit., p. 48.

mento, eruir a consciência histórica de Jesus. Considerou-se Ele Messias e Filho de Deus? Anunciou-se a si mesmo como o Filho do Homem que viria em breve sobre as nuvens? A pesquisa meramente histórica não nos pôde dar até hoje nenhuma resposta segura. Ademais aqui entra outro fator que iremos desenvolver mais adiante: o assim chamado círculo hermenêutico. Podemos reconstruir a história sem ao mesmo tempo já interpretá-la? O historiador aborda o seu objeto com os olhos de sua época, com os interesses ditados pelo conceito que ele e seu tempo possuem de ciência etc. Por mais abstração que faça de si mesmo, como sujeito, jamais pode sair de si para atingir o objeto. Por isso, toda Vida de Jesus será necessariamente um pedaço da vida do próprio escritor. Haverá sempre interpretação. É um círculo do qual ninguém poderá sair. Tal fato pode ser demonstrado pelos próprios evangelistas. Para Marcos (escreveu por volta de 65-69) Jesus é, por exemplo, antes de tudo, o Messias-Cristo escondido e o grande libertador. Ele desdemoniza a terra onde quer que apareça. Por isso, mais que referir palavras e parábolas de Jesus, conta seus atos e fatos miraculosos. Jesus é o vencedor cósmico sobre a morte e o demônio, libertando o terreno das forças alienadoras e introduzindo-o na paz divina, embora se negue a revelar-se explícita e publicamente como o Messias.

Mateus que prega para judeu-cristãos e gregos na Síria (por volta de 85-90) vê em Jesus o Messias-Cristo profetizado e esperado, o novo Moisés que trouxe, em vez de uma lei melhorada e um farisaísmo ainda mais rigoroso, um novo Evangelho. Jesus é aquele que mostra melhor do que ninguém e de forma definitiva a vontade de Deus, onde encontrá-la e como realizá-la. Para Lucas, evangelista dos gentios e gregos (escreveu por volta de 85-90), Jesus é apresentado como o Libertador dos pobres, doentes, pecadores e marginalizados social e religiosamente. Ele é o Homem revelado, simultaneamente filho de Deus que revelou o caráter filial de todos os homens. Seguindo o exemplo de Cristo o homem se sabe radicalmente transformado e situado dentro do Reino de Deus. João (escreveu entre 90-100) vê em Jesus o Filho eterno de Deus, o Logos que arma sua tenda entre os homens para ser caminho, verdade, vida, pão e água viva. A figura de Jesus que surge do Evangelho de João é hierática e transcendente, movendo-se sempre na esfera do divino. Mais do que ninguém é ele o teólogo para quem os fatos estão em função de uma teologia a ponto de historizar o querigma. Seu Jesus é já plenamente o Cristo da fé. Paulo, que não conheceu o Jesus histórico, anuncia por excelência o Cristo ressuscitado da fé como a nova humanidade, o novo céu e a nova terra já presente dentro deste mundo, como o único mediado e salvador para a totalidade da história. O autor das epístolas aos colossenses e efésios (certamente um discípulo de Paulo) utiliza categorias do pensar estoico e gnóstico para responder à pergunta: Qual é a função de Cristo para a redenção do cosmos? Cristo é chamado então de cabeça de todas as coisas (Ef 1,10), o polo centralizador onde tudo tem sua existência e consistência (Cl 1,16-20).

Como transparece através destas breves indicações, cada autor procura dentro de suas preocupações pastorais, teológicas, apologéticas e vitais responder a seu modo à pergunta: "Quem dizem os homens que eu sou?" Cada autor sagrado vê com seus olhos o mesmo Jesus. Com esse material que chegou até nós através do Novo Testamento não podemos construir uma biografia de Jesus que seja histórica e cientificamente límpida.

2.3 Primazia do Cristo da fé sobre o Jesus histórico, da estória sobre a história, da interpretação sobre o fato bruto?

Diante do fracasso da exegese histórica no sentido de reconstruir exatamente o Jesus histórico de Nazaré, Rudolf Bultmann tira as últimas consequências: devemos abandonar definitivamente tal tentativa e concentrar-nos única e exclusivamente no Cristo da fé[12]. É verdade que o método histórico-crítico nos forneceu algumas informações seguras sobre o Jesus histórico, embora não permitam reconstruir uma biografia. Mas tais informações são irrelevantes para a fé, pois apresentam Jesus como um profeta judeu que pregava uma obediência radical, exigia conversão e anunciava o perdão e a proximidade do Reino. Jesus não é um cristão, mas um judeu, e sua história pertence não à história do cristianismo, mas do judaísmo: "a pregação de Jesus pertence às pressuposições da teologia do Novo Testamento e não é uma parte deste"[13]; é uma pressuposição entre outras como a gnose, o estoicismo, enfim o mundo pagão de então com seus mitos e esperanças. Bultmann insiste numa distinção tomada de seu mestre que escreveu um livro célebre, programático para toda discussão ulterior. Martin Kähler: "O assim chamado Jesus histórico e o Cristo estórico e bíblico" (1892)[14]. Urge distinguir entre *his-*

---

12. BULTMANN, R. *Jesus*. Op. cit. • *Theologie des Neuen Testamentes*. 5. ed. Tübingen, 1965. • *Das Verhältnis der urchristlichen Christusbotschaft zum historischen Jesus* (Sitzungsberichte der Heidelberger Akademie der Wissenschaften. Philosoph.-hist. Klasse 1960, 3), 1960.

13. BULTMANN, R. *Theologie des Neuen Testamentes*. Op. cit., p. 1.

14. *Der sogenannte historische Jesus und der geschichtliche biblische Christus*. 3. ed. Munique, 1961.

tórico (historisch) e *estórico* (geschichtlich) entre *Jesus* e *Cristo*. Sob *Jesus* deve-se entender o homem de Nazaré, cuja vida a historiografia crítica procurou em vão reconstituir. Sob *Cristo* entende-se o Salvador e Filho de Deus anunciado nos evangelhos pela Igreja. Sob *histórico* designam-se os fatos do passado que podem ser demonstrados por documentos analisados criticamente pelos métodos da ciência histórica; sob *estórico* (geschichtlich) deve-se entender a significação que um fato assume para uma época ou para um grupo de pessoas dentro da história. Segundo essa distinção somente o Jesus estórico é interessante para a fé, pois só a pregação (o Novo Testamento) – é o que podemos constatar historicamente – fez dele o Salvador do mundo. Portanto, a renúncia ao Jesus histórico se baseia fundamentalmente em duas considerações, segundo Bultmann:

a) Não podemos escrever uma vida de Jesus porque nos faltam as fontes desinteressadas. O que podemos eruir como seguro historicamente é a figura de um profeta judeu com uma mensagem que é a radicalização da fé do Antigo Testamento. Ambas as coisas são sem maior importância para a fé.

b) A tarefa da teologia não deve consistir em perder tempo na busca do Jesus histórico, impossível de ser encontrado, mas na interpretação e tradução para a nossa linguagem de hoje da pregação apostólica que anunciava Jesus como o Cristo, o Salvador, o Filho do Homem e o Filho de Deus. Devemos desmitologizar a mensagem de seu revestimento sincretista da cultura greco-romana[15].

---

15. Cf. BULTMANN, R. *Das Urchristentum im Rahman der antiken Religionen*. 2. ed. Hamburgo, 1954.

A diferença entre o Jesus histórico e o Cristo da fé pode ser resumida nos seguintes pontos, elencados por Bultmann[16]:

a) Em lugar da pessoa histórica de Jesus entrou na pregação apostólica (querigma) a figura mítica do Filho de Deus.

b) Em lugar da pregação escatológica acerca do Reino de Deus feita por Jesus entrou no querigma o anúncio sobre Cristo morto na cruz por nossos pecados e ressuscitado maravilhosamente por Deus para nossa salvação. Jesus pregou o Reino, a Igreja prega Cristo. O pregador é agora pregado.

c) Em lugar da obediência radical e da vivência total do amor exigidas por Jesus entrou agora a doutrina sobre o Cristo, a Igreja, os sacramentos. O que para Jesus estava em primeiro lugar, vem agora em segundo: a parenese ética.

Frente a essa diástase entre Jesus Cristo pergunta-se: que valor cristológico acede à humanidade histórica de Jesus? É irrelevante, responde Bultmann. "Da vida de Jesus o querigma (a pregação) precisa somente saber *que* Jesus viveu e *que* morreu na cruz. Que não se precisa ir além disso, mostram-no, cada qual a seu modo, Paulo e João"[17]. Somente que Ele existiu é para a fé de interesse. O que realmente aconteceu, a historicidade objetiva, não é de interesse.

Crer em Jesus consiste, segundo tais teses, não crer na pessoa dele, mas na pregação sobre Ele conservada nos

---

16. Cf. BULTMANN, R. *Das Verhältnis der urchristlichen Christusbotschaft zum historischen Jesus*. Op. cit., p. 6; cf. KÜNNETH, W. *Glauben an Jesus?* Christologie und moderne Existenz. Munique-Hamburgo, 1969, p. 79-86.

17. Id. *Das Verhältinis der urchristlichen Christusbotschaft*. Op. cit., p. 9.

evangelhos. Não é Jesus que salva, mas o Cristo pregado. Na pregação Ele atinge a cada um pessoalmente. Ora, a pregação é feita pela Igreja. Por isso, não há fé em Cristo sem fé na Igreja, porque não há Cristo sem a pregação anunciada pela Igreja. O estudo das tradições e a pesquisa morfocrítica (Formgeschichte) dos evangelhos torna palpável o trabalho teológico, literário e redacional das comunidades primitivas.

Cristologia que é então? "Ela não é doutrina sobre a natureza divina de Cristo, mas é anúncio, interpelação da fé que me convida a crer, a tomar a cruz de Cristo e, assim justificado, participar de sua ressurreição"[18]. Cristologia é Palavra de Deus que me atinge hoje e agora. Crer em Cristo como os evangelhos o pregam é experimentar e alcançar redenção. Contudo, devemos desmitizar as formulações evangélicas e ver nelas seu significado para nossa existência. Que significa, por exemplo, crer na cruz de Cristo? Não significa crer num fato do passado que se realizou com Jesus. Mas significa "fazer da cruz de Cristo a própria cruz, isto é, deixar-se crucificar com Cristo"[19]. Crer no Crucificado é arrancar-se de si. Ora, nisso está a salvação. Cristologia se reduz a soteriologia. Cristologia é "explanação da compreensão cristã do ser"[20], "a explicação da compreensão de fé do novo ser"[21]; todo o resto são "representações mitológicas e conceitos cúlticos do sincretismo helenístico"[22].

---

18. Id. *Glauben und Verstehen* I. Tübingen, 1933, p. 260.

19. Id. *Offenbarung und Heilsgeschehen*. Munique, 1941, p. 61.

20. Id. *Glauben und Verstehen*. Op. cit., p. 263.

21. Ibid.

22. Ibid., p. 266s.

Como transluz: aqui se verifica uma nova radicalização. Se os teólogos e historiadores que buscavam o Jesus da história recalcando o Cristo da fé e das interpretações dogmáticas posteriores radicalizavam por um lado, Bultmann radicaliza por outro buscando somente o Cristo da fé, recalcando o Jesus histórico e reduzindo-o a um ponto matemático de sua mera existência[23].

3 A volta ao Jesus histórico: jesulogia e cristologia

Semelhante posição de Bultmann, por mais fascinante que se apresente, deixa abertos problemas agudos para a fé. Donde emergiu a fé? Em que se baseia o querigma? Como distinguir pregação acerca de Jesus e ideologia de um grupo feita ao redor da figura de Jesus? Que força está atrás, impulsionando a pregação? Uma ideia ou uma pessoa histórica? Pode-se sustentar uma ruptura entre o Jesus histórico e o Cristo da fé? Morte redentora e ressurreição de Jesus são meras interpretações da comunidade que hoje podem ser relegadas? ou estamos diante de algo que se verificou realmente em Jesus?[24] Pode-se identificar, como faz Bultmann, pregação, Jesus, Igreja, Novo Testamento e Espírito Santo? Se identificarmos Jesus com a pregação da Igreja então perdemos todo elemento crítico e a possibilidade do protesto legítimo; é-nos tirada a medida pela qual podemos medir Marcos, Lucas, Mateus, João e Paulo e outros autores escriturísticos e ver até que ponto interpretam, frente às necessidades novas de suas respectivas comunida-

---

23. Que Bultmann, apesar de tudo, sabe e conhece muito do Jesus histórico mostra-o seu livro *Jesus* de 1926.

24. Cf. GEISELMANN, R. *Die Frage nach dem historischen Jesus*. Op. cit., p. 51s.

des, e fizeram desenvolver a mensagem originária de Jesus. Donde partimos para manter uma atitude crítica frente à Igreja, se Cristo, segundo Bultmann, é uma criação de fé da própria Igreja? Ademais, a cristologia de Bultmann esvazia completamente a encarnação. Cristo não é primeiramente uma ideia e um tema de pregação. Foi antes de tudo um ser histórico, condicionado e datável. Em sua teologia não é a Palavra que se fez carne, mas a carne que se fez Palavra.

Na discussão dos problemas aqui levantados desenharam-se duas orientações bastante nítidas: uma forte corrente de discípulos de Bultmann não acompanhou o mestre e suas teses radicais. Deu um passo atrás: reassumiu o problema do Jesus histórico. Bem resumia J.M. Robinson: "A pergunta pelo Jesus histórico é necessária porque o querigma quer conduzir o fiel a um encontro existencial com uma pessoa histórica, Jesus de Nazaré [...]"[25] A problemática pós-bultmanniana transpôs os termos de interesse. É o próprio Bultmann que com mágoa o testificou em 1960: "Outrora o grande tema residia em estabelecer a diferença entre Jesus e a pregação sobre Jesus. Hoje é o inverso: o interesse está em relevar a unidade entre o Jesus histórico com o Cristo da fé"[26]. A volta na busca do Jesus histórico é uma nova volta crítica. Para todos é evidente que não se poderá jamais escrever uma biografia de Jesus. Contudo, apesar do caráter cristológico, interpretativo e confessional que os atuais evangelhos possuem, eles retratam uma figura de Jesus de extrema nascividade e originalidade, uma figura que é inconfundível e inintercambiável; a concreteza

---

25. ROBINSON, J.R. *Kerygma und historischer Jesus*. Zurique, 1960.

26. BULTMANN, R. *Das Verhältnis der urchristlichen Christusbotschaft*. Op. cit., p. 5-6.

histórica e a especificidade de Jesus reluzem a despeito de todas as interpretações que as comunidades primitivas fizeram. Foi exatamente tal caráter de soberania e grandeza do Jesus histórico que motivou o processo cristológico e as múltiplas interpretações. Nessa linha caminha toda uma corrente da teologia e da exegese pós-bultmanniana, como abaixo explicitaremos melhor. Outra corrente levou Bultmann e especialmente seu programa de desmitização da mensagem evangélica até suas últimas consequências, chegando a desembocar, como veremos, num cristianismo ateu, posição essa não compartilhada pelo mestre.

3.1 A continuidade entre Jesus e Cristo: a cristologia indireta

Em que reside a continuidade entre o Jesus histórico e o Cristo da fé? É na análise e elaboração deste problema que se concentra em grande parte a pesquisa teológico-exegética católica e protestante dos últimos anos[27]. Essa pesquisa relevou um dado muito importante, já referido acima: o modo de agir de Jesus, suas exigências, ligando a participação no Reino e na vinda do Filho do Homem à adesão à sua pessoa (cf. Lc 12,8-10), a reivindicação que ergue de que com Ele se oferece a última chance de salvação, de que com Ele os pobres são

---

27. Sobre a pesquisa dos últimos anos, cf.: KÜMMEL, W.G. "Jesusforschung seit", 1950. *Theologische Rundschau* 31 (1965/1966), p. 15-46, 290-315. • MUSSNER, F. "Leben-Jesu-Forschung". LThL VI (1961), 859-864. • ROLOFF, J. *Das Kerygma und der irdische Jesus* – Historische Motive in den Jesus-Erzählungen der Evangelien. Göttingen, 1970. • LEHMANN, M. *Synoptische Quellenanalyse und die Frage nach dem historischen Jesus*. Berlim, 1970. • HENGEL, M. *Nachfolge und Charisma*. Berlim, 1968. • BARRET, C.K. *Jesus and the Gospel Tradition*. Londres, 1967; cf. ainda vários autores, "Zur Frage nach dem historischen Jesus". *Biblische Zeitschrift* 15 (1971), p. 271-279. • PESCH, R. *Jesu ureigene Taten* (QD 52). Friburgo, 1970. • GRECH, P. "Développements récents dans la controverse sur le Jésus de l'histoire". *Bulletin de Théologie Biblique* 1 (1971), p. 193-217.

consolados e os pecadores reconciliados implica uma cristologia latente, implícita e indireta[28].

Robinson, Käsemann[29], Bornkamm[30], Mussner[31], Geiselmann, Trilling, Pannenberg[32] e tantos outros deixaram em clara luz que a autoridade e a soberania com que Jesus se comportou frente às tradições legais e mesmo frente à compreensão religiosa do Antigo Testamento transcende em muito o que um rabino se poderia permitir. Ele invade a esfera divina e fala com quem está no lugar de Deus. Mesmo o historiador mais exigente não pode deixar de observar: aqui estamos diante de alguém que rompe as categorias humanas. Jesus possuía uma consciência messiânica, embora certamente não a tenha expresso por nenhum título escatológico tradicional como Messias, Filho do Homem, Filho de Deus etc.

A continuidade entre o Jesus histórico e o Cristo da fé reside, pois, no fato de a comunidade primitiva ter explicado o que estava implícito nas palavras, exigências, atitudes e comportamentos de Jesus. Ela chama a Jesus de Messias, de Filho de Deus, de Senhor etc., para decifrar a autoridade, a soberania e as reivindicações que emergiram do modo de ser de Jesus. A partir disso começou-se a falar em *jesulogia* (como Jesus se entendia a si mesmo e deixa eruir de

---

28. Cf. BALZ, H.R. *Methodische Probleme der neutestamentlichen Christologie*. Neukirchen, 1967, p. 124s., 218s.

29. "Das Problem des historischen Jesus". *Glauben heute*. Hamburgo, 1965, p. 96-112 [Publicado por Gert Otto].

30. *Jesus von Nazareth*. Stuttgart, 1956.

31. "Der historische Jesu und der Christus des Glaubens". Biblische Zeitschrift" 1 (1957), p. 224-252.

32. *Grundzüge der Christologie*. 3. ed. Gütersloh, 1969, esp. p. 47-60.

sua palavra e atitudes) e em *cristologia* (a explicitação feita pela comunidade posteriormente). Cristologia não consiste noutra coisa que passar adiante aquilo que emergiu em Jesus. O que emergiu em Jesus foi a imediatez do próprio Deus. Como notava excelentemente G. Bornkamm, um dos maiores estudiosos de Jesus deste século: "A presencialização da realidade de Deus funda o mistério próprio de Jesus"[33]. Se isso é verdade então o horizonte adequado no qual deveremos abordar o Jesus histórico é o horizonte da fé porque somente nesse horizonte as atitudes e comportamentos de Jesus ganham sua natural compreensão e sua correspondente explicitação. Daí que um encontro com os testemunhos da fé (os evangelhos) significa já um encontro com Jesus mesmo. O Jesus histórico é o Jesus da fé, não só porque os evangelhos são testemunhos da fé, mas porque Jesus mesmo foi alguém de fé e um testemunho da fé[34].

À luz destes estudos se escreveram interessantes livros sobre Jesus, onde a história compreendida sem os preconceitos rígidos da crítica liberal do historicismo oferece material histórico não certamente para uma biografia, mas para uma descrição esquemática suficientemente segura acerca de Jesus de Nazaré. Evidentemente que aqui também houve exageros, praticados especialmente por E. Stauffer, que na euforia da nova volta crítica ao Jesus histórico tentou pela análise minuciosa e erudita das fontes indiretas sobre Jesus, como antigos relatórios, documentos do tempo de ordem prosopográfica, política, jurídica,

---

33. *Jesus von Nazareth*. Op. cit., p. 56.

34. Cf. EBELING, G. "Jesus und Glaube". *Wort und Glaube*. Tübingen, 1960, p. 203-254.

moral, numismática e arqueológica, acrescida ainda com o conhecimento mais profundo da literatura de Qumrân, dos escritos apocalípticos e da polêmica rabínica contra Jesus (especialmente o Midraxe e o Talmude) reconstruir uma vida de Jesus estritamente dentro de critérios positivistas[35]. O interesse de Stauffer é chegar à límpida mensagem primitiva de Jesus e à sua autoconsciência. A partir disso julgar as várias teologias e cristologias elaboradas nas comunidades e contidas nos evangelhos. Por isso faz um trabalho impiedoso de desbastamento de todos os elementos, julgados por ele como não jesuânicos. O resultado de sua pesquisa se resume nisso: Deus se revelou em Jesus. A expressão da autorrevelação divina está na soberania de Jesus expressa nos vários "Eu sou" de Jesus (cf. Mc 14,62). A seguir o centro da mensagem jesuânica reside numa nova moral, a do amor, contraposta à moral da obediência introduzida posteriormente por Paulo e pela Igreja. Os atuais evangelhos são produto de um processo de rejudaização do cristianismo. A tarefa especial da cristologia deve consistir na superação da ética de obediência que tantos males tem feito ao longo da história cristã e numa desrejudaização da tradição jesuânica. A crítica acolheu mal o programa de Stauffer[36]. Reconhecendo a impressionante erudição de suas obras e o calor apostólico de seus intentos, seus estudos representam um fruto anacrônico da historiografia clássica das vidas de Jesus.

---

35. Cf. STAUFFER, E. *Jerusalem und Rom im Zeitalter Jesu Christi*. Berna, 1957. • *Jesus* – Gestalt und Geschichte. Berna, 1957. • *Die Botschaft Jesu demals und heute*. Berna, 1959.

36. Cf. KÜMMEL, W.G. "Jesusforschung seit 1950/II". *Theologische Rundschau* 31 (1966), 291s.; p. 296-298. • MARXSEN, W. *Theologische Literaturzeitung* 86 (1961), p. 38-41. • HAENCHEN, E. *Gnomos* 32 (1960), p. 552-556.

3.2 Concentração e redução cristológica: os teólogos da morte de Deus

Alguns discípulos de Bultmann como H. Braun, D. Sölle e P. van Buren entre outros radicalizaram ainda mais as posições de Bultmann. Com estes a desmitologização atinge não somente o conteúdo do Novo Testamento, mas os conceitos fundamentais da religião como a imagem de Deus. Depois de Kant, pensa por exemplo H. Braun, renomado exegeta e teólogo de Mainz, devemos terminantemente excluir qualquer objetivação de Deus, mesmo a denominação de espírito e pessoa. Deus não é objeto de conhecimento nem existe simplesmente como existem as demais realidades. Ele acontece dentro da vida humana. Ele é aquele acontecimento que permite surgir o amor e no qual o mau e o desesperado recebem esperança e futuro[37]. Por isso ele não constitui uma instância superior, uma essência divina que causou o mundo e concede o prêmio ou o castigo conforme cada qual merece. Pensar Deus assim seria enquadrá-lo dentro de categorias metafísicas ou linguísticas e deixar-se prender pelas estruturas do pensar antigo, mítico e pré-crítico. Por isso tanto Braun como a teóloga protestante D. Sölle chegam a afirmar: a aceitação da divindade não é pressuposto para ser cristão. Pode-se ser ateu e cristão[38]. Ernst Bloch andando um passo à frente formulava num título de livro o seguinte paradoxo: "Só um bom cristão

---

37. BRAUN, H. *Jesus* – Der Mann aus Nazareth und seine Zeit. Stuttgart/Berlim, 1969, p. 170; cf. *Post Bultmann locutum*. Eine Diskussion zwischen Prof. D.H. Gollwitzer und Prof. D.H. Braun. Hamburgo, 1965, p. 30.

38. Cf. SÖLLE, D. *Atheistisch an Gott glauben* – Beiträge zur Theologie. Olten/Freiburg, 1968.

pode ser um ateu e só um bom ateu pode ser um cristão"[39]. P. van Buren sugeriu que se riscasse definitivamente o nome de Deus[40]. Com isso evidentemente esses autores radicais não apregoam um ateísmo vulgar. Deus continua a desempenhar uma *função*: Ele é o símbolo para o comportamento que Cristo exigiu de todos: irrestrito amor e obediência desinteressada aos apelos de reciprocidade ilimitada. Onde quer que se dê isso, lá está Deus presente (Braun)[41].

Na teologia da morte de Deus verifica-se uma concentração cristológica sem paralelos na história da teologia cristã. Jesus recalca Deus que morreu e substitui-o. Ele é o verdadeiro Deus. O Deus da transcendência, da criação, dos atributos divinos morreu dentro de nossa cultura empírica, experiencial, pragmática e imediatista. O Deus que se identificou com nossa situação, com nossas trevas e angústias, esse é o Deus divino e se chama Jesus de Nazaré. Jesus preenche o imenso vazio e o tremendo vácuo criado pela morte de Deus. Porque Deus não intervém e não faz triunfar sua causa no mundo, entra Cristo em seu lugar. "Ele consola aqueles a quem Deus abandonou. Ele cura aqueles que não entendem Deus. Ele sacia aqueles que anseiam por Deus"[42]. Ele é o protagonista de Deus. Desempenha o papel dele no mundo e o torna presente e faz sua ausência me-

---

39. *Atheismus im Christentum*. Nur ein guter Christ kann ein Atheist sein. Nur ein guter Atheist kann ein Christ sein. Stuttgart, 1969.

40. VAN BUREN, P. *The Dissolution of the Absolute*. Religion in Life, 1965. • *Linguistic Analysis and Christian Education*. Religious Education, 1965. • *The secular Meaning of the Gospel*. Nova York, 1963.

41. *Post Bultmann locutum*. Op. cit., p. 30.

42. SÖLLE, D. *Stellvertretung*. Ein Kapitel Theologie nach dem "Tode Gottes". 4. ed. Stuttgart/Berlim, 1967, p. 181-185.

nos dramática. Deus não fala mais. Ele deixou de ser para nós transparente. Contudo possuímos um lugar-tenente de Deus, Jesus Cristo. Deus se fez em Jesus fraco e impotente no mundo[43]. Com isso, Ele resolveu o problema da dor e do mal, que constituíam a permanente pedra de argumentação para todo o ateísmo. O Deus que o ateísmo em nome do mal deste mundo questionava era o Deus todo-poderoso, infinito, Criador do céu e da terra, Pai e Senhor cósmico. Em Jesus Cristo Deus mesmo assumiu o mal e o absurdo. Identificou-se com o problema e resolveu-o, não teoricamente, mas pela vida e pelo amor. Por isso só esse Deus é o Deus da experiência cristã. Não é mais um eterno e infinito solitário, mas um dentre nós e solidário com nossa dor e com nossa angústia pela ausência e latência de Deus no mundo.

Como se evidencia, aqui dá-se não só uma concentração cristológica, como também uma redução da realidade de Jesus Cristo. O Jesus que os evangelhos nos testificam não pode ser adequadamente compreendido sem uma referência explícita a Deus. É verdade que nele houve também a experiência da morte de Deus. Mas isso não significa jamais que Ele tivesse recalcado Deus e até libertado os homens de toda a divindade. Ele agiu em seu nome. Anunciou o Reino como Reino *de Deus* e nos ensinou a chamá-lo de Pai e a sentirmo-nos como seus filhos bem-amados. Negar isso seria reduzir a cristologia a mera fraseologia.

3.3 *Cristologia da palavra, do silêncio e do balbucio*

Qual é o problema real que se esconde atrás desta problemática, que para muitos com razão não passa de um

---

43. Cf. BONHÖFFER, D. *Widerstand und Ergebung*. Munique, 1954, p. 242-244.

problema acadêmico, fruto de um conceito de história demasiado rígido, elaborado em alguns círculos europeus, especialmente alemães, a partir do século XVIII? O problema real no fundo se reduz a isso: O que a fé diz de Jesus como sendo o futuro do homem e do mundo, como a realização máxima do anseio religioso do homem de comungar com a divindade, de ser o próprio Deus encarnado, é realidade dentro da história ou apenas projeção para o campo das ideias e dos ideais de uma interpretação da existência humana, permanentemente inquiridora de si mesma? O que é salvador? A palavra e a interpretação da existência humana ou o homem histórico Jesus de Nazaré que deu origem à palavra e a uma interpretação da existência? O que os evangelhos querem anunciar é a presença de uma nova realidade e por isso de uma nova esperança no coração da história, Jesus ressuscitado, vencedor da morte, do pecado e de tudo o que aliena o homem. Não querem, numa primeira instância, anunciar instância, anunciar uma doutrina nova e uma nova interpretação das relações do homem para com Deus. Eles querem, isto sim, mostrar a realidade de um homem, a partir do qual cada ser humano pode ter esperança acerca de sua situação diante de Deus e do futuro que lhe está reservado: vida plena na comunhão com a vida de Deus; a carne tem um futuro: a divinização; e a morte com aquilo que ela significa não terá mais vez. Essa positividade histórica assume um caráter universal e eterno, porque representa a antecipação do futuro dentro do tempo. Para muitos isso é um escândalo. Pode a palavra transmitir semelhante positividade? Ou a palavra é apenas um vaso frágil que contém, mas não pode ser identificado com a essência preciosa? O Novo Testamento e a pregação da Igreja apresentam-se como a palavra cheia de autoridade e poder, que contém e comunica a positividade do *fato* de Jesus, o Cristo. Mas a palavra fecundada no velho mundo pode exprimir adequadamente o novo? Não é ela antes um balbuciar em torno do mistério, antes uma resposta humana e cheia de fé do que a própria proposta de Deus e de Cristo aos homens? Há uma corrente na teologia que afirma ser o silêncio mais comunicador que a palavra. É dele que nasce a palavra fecunda. A sabedoria da palavra é reconduzir ao silêncio do mistério. Mas não é no amor que reside a máxima realização de Deus e do homem? O amor é silêncio e palavra. Ele não é só palavra porque existe em cada um e em Deus o inefável. Ele também não é só silêncio, porque o amor se comunica e exige um tu, a alteridade e a reciprocidade. Ao homem cabe conhecer o valor tanto do silêncio como da palavra. A ele é dado, antes, o balbuciar sobre o mistério de si mesmo, de Cristo e de Deus. Nisso via São Boaventura a tarefa da teologia e do teólogo. Esse poder balbuciar se chama fé. Não fé como modo deficiente e do saber, mas como modo de comportar-se e de situar-se na positividade diante das questões derradeiras do homem, do mundo e de Deus. Aqui já transcendeu a dimensão do saber como questionar científico. Mas se entrou num outro horizonte onde a decisão livre é determinante fundando um outro universo de compreensão da realidade. Fé e razão científica não estão uma contra a outra. São duas dimensões diferentes e não dois modos de conhecer dentro da mesma perspectiva. Por isso, querer reconquistar um Jesus histórico às custas de um Cristo dogmático é embaralhar as dimensões e compreender erroneamente a fé como uma forma inadequada e imperfeita de conhecer. Pode o próprio Jesus histórico ser entendido fora da dimensão da fé, se Ele mesmo, Jesus de Nazaré, entendeu toda sua vida como vida de fé? Não é exatamente a fé a atmosfera e o horizonte adequado para se compreender quem foi o Jesus histórico? Não foi sem razão que a comunidade primitiva identificou o Jesus histórico carnal com o Cristo ressuscitado na glória. A história vem sempre unida com a fé e por isso qualquer docetismo, seja reduzindo Jesus a mera Palavra (querigma, pregação) ou a um mero ser histórico que findou com sua morte, deve ser *a priori* rejeitado. A Palavra se fez carne. Com isso se quer dizer: há uma história do ser novo e escatológico inaugurado de forma epocal e única com Jesus de Nazaré, na sua plena e global patência. Esse é o núcleo fundamental da mensagem cristã. Como serão os balbucios a partir e em torno desta realidade, variarão ao longo da história como variam também dentro do próprio Novo Testamento. Por aí vemos que essa discussão sobre o Jesus histórico e o Cristo da fé envolve o problema fundamental do cristianismo: emergiu já o *homo revelatus*, totalmente divinizado e inserido no mistério de Deus, ou estamos ainda em ansiosa expectação (cf. Lc 3,15) perdidos dentro do velho mundo e do ser alienado? O Novo Testamento é unânime: a salvação já apareceu e se chama Jesus Cristo, é Ele o novo homem, o primeiro que chegou ao termo; nós seguiremos a Ele.

4 Outras posições cristológicas da atualidade

Além das posições acima referidas, há ainda outras que marcam o horizonte da reflexão sobre Jesus e de sua atuação religiosa. Referiremos, brevemente, algumas.

4.1 Interpretação filosófico-transcendental de Jesus

Essa corrente teológica, partilhada especialmente por teólogos católicos[44], parte também do problema da desmitização. Para nós inúmeras afirmações e das mais fundamentais sobre Jesus soam como mitos arcaicos: que Jesus de Nazaré seja ao mesmo tempo Deus; que tenha nascido de uma virgem etc. Que significa para nós dizer que Jesus é o Verbo encarnado? Como podemos mediatizar para nosso horizonte de compreensão semelhante dado? Muitíssimos entendem de forma realmente mítica e errônea a encarnação de Deus: como se dispensasse totalmente a atividade humana; como se Jesus não tivesse realmente participado de nossa condição humana com tudo o que ela implica tateamento, necessidade de crer e esperar, crescer, compreender e relacionar-se com Deus. Se Jesus foi realmente Deus, qual é a condição da possibilidade da natureza humana para poder ser assumida por Deus? Se Jesus-homem pôde ser a encarnação do Verbo é porque existia essa possibilidade dentro da natureza humana. Ora, Jesus é um homem como nós. Logo a natureza humana como tal comporta essa transcendência e relacionalidade para com o Absoluto. Ela pode se identificar com Ele e fazer parte de sua história. Por isso, a cristologia pressupõe uma antropologia transcendental: o homem por sua própria natureza está

---

44. Cf. o principal representante RAHNER, K. "Jesus Christus". *LThK V* (1960), p. 953-961. • *Jesus Christus em Sacramentum Mundi* II (1968), p. 900-957; nos seus *Schriften zur Theologie*: Probleme der Christologie von heute I (1954), p. 169-222. • Zur Theologie der Menschwerdung IV (1960), p. 137-155; os artigos de cristologia no volume *Teologia e Antropologia*. São Paulo: Paulinas, 1969. • Christologie im Rahmen des modernen Selbst- und Weltverständnisses IX (1970), p. 227-241. • KÜNG, H. *Menschwerdung Gottes* – Eine Einführung in Hegels theologisches Denken als Prologomena zu einer zukünftigen Christologie. Friburgo, 1970, esp. p. 647-670.

dimensionalizado para o Absoluto; ele anseia e espera unir-se a Ele como sentido derradeiro de sua hominização plena; a exigência mais radical de sua existência reside na posse de um sentido radical de unidade com o Infinito. O homem encontra em si tal vigor e movimento para o Transcendente. Aceita-o na liberdade. Reconhece que esse vigor existe nele, de fato, como condição para que o Infinito mesmo se comunique e venha repletar o anseio do coração humano. Esse movimento e abertura total do homem não permanece vazio e irrealizável num eterno retorno e numa permanente situação-de-Sísifo-e-Prometeu. Mas o Infinito mesmo se autodoa ao homem e, preservada a alteridade de Criador-criatura, forma uma unidade reconciliadora de Deus com o homem. O cristianismo viu em Jesus de Nazaré a realização desse anseio da natureza humana. Por isso o chamaram de Verbo encarnado, Deus-feito-homem e Deus-conosco. Aqui não se afirmam coisas miraculosas e estranhas, alheias às possibilidades oferecidas pela natureza humana. Mas, antes, se declara a máxima realização do próprio homem em Deus. Por isso Jesus Cristo Deus e Homem não é nenhum mito, mas a realização escatológica da possibilidade fundamental que Deus colocou dentro da natureza humana.

4.2 *Interpretação cósmico-evolucionista de Jesus Cristo*

Essa mesma linha de reflexão é levada à frente e aprofundada em termos cósmico-evolucionistas por Teilhard de Chardin e seus discípulos[45]: não só a natureza humana

---

45. Cf. BOFF, L. *O Evangelho do Cristo cósmico*, Petrópolis: Vozes, 1970. • SCHELLENBAUM, P. *Le Christ dans l'Energétique teilhardienne*. Paris: Cerf, 1971.

está aberta para o Transcendente, mas o processo todo da evolução ascendente. Há um movimento de crescimento, de unidade e consciência que pervade toda a linha da evolução nos seus vários estratos. Jesus Cristo crido e pregado nos evangelhos e na Igreja representa o ponto Ômega de convergência de todas as linhas ascendentes da evolução. Por ele já se deu a irrupção de toda a realidade para dentro do mistério do Deus tudo em todas as coisas. A encarnação de Deus não significa somente que um homem, Jesus de Nazaré, tenha sido assumido. Significa também que toda a matéria em evolução foi tangida, porque Jesus de Nazaré não é uma mônada perdida dentro do mundo, mas é parte vital e resultado de todo um processo de milhões e milhões de anos de evolução convergente. Assim, Jesus Cristo pode ser considerado como o melhor presente que a criação ofereceu a Deus e ao mesmo tempo o maior presente de Deus aos homens: nele os caminhos do mundo se entroncam com os caminhos de Deus e se atinge uma culminância irreversível e a consecução da própria meta para a qual tendem todas as forças da evolução.

4.3 Interpretação de Jesus com o auxílio de categorias da psicologia das profundezas

Outra corrente de reflexão, ainda incipiente, aproveita as categorias da psicologia das profundezas, especialmente da Escola de C.G. Jung, para compreender algumas facetas fundamentais do fenômeno-Jesus[46]. Não se

---

46. Cf. especialmente NIEDERWIMMER, K. *Jesus*. Göttingen 1968. • MEISSNER, W.W. *Foundations for a Psychology of Grace*. New Jersey: Glen Rock, 1966. • Cf. HARADA, H. "Cristologia e Psicologia de C.G. Jung". *REB 31* (1971), p. 119-144, com a rica bibliografia aí citada.

trata aqui – assunto já há muito superado – de entender de forma psicologizante a vida consciente de Jesus. Antes, busca-se deslindar os condicionamentos do Inconsciente coletivo implicados na atuação de Jesus e no movimento desencadeado por Ele. O Inconsciente se estrutura em mitos e arquétipos, símbolos e imagens. Mito para a psicologia não significa, como para a história das religiões, estórias de deuses ou contos fantásticos de seres supraterrenos com seu destino, lutas, derrotas e vitórias de heróis. Mito é a forma como o Inconsciente coletivo representa para si o sentido radical das situações permanentes da vida em relação com Deus, com o pai, com a mãe, com a mulher, com o homem, com o rei, com o sacerdote, com os animais, com o homem, com o mal, com o sexo etc. O mito possui estruturas, linguagem e lógica próprias. Não é absurdo ou arbitrário, embora o possa parecer para a razão analítica do consciente, que se orienta na verificação dos objetos. Nele fala o Inconsciente e não o consciente. Daí que a pesquisa meramente "científica", "objetiva" dificilmente entende o mito porque o aborda com categorias hauridas da vida consciente. A verdade do mito não reside também na sua realização "objetiva", no mundo da realidade. A pesquisa "científica" e "crítica" que procedeu assim desqualificou de imediato o mito como fábula e ilusão. O erro, porém, não está no mito, mas no estudioso que falseou totalmente a perspectiva na ilusão de que o homem é unicamente racionalidade e vida consciente. O consciente e o mundo dos objetos, bem o dizia S. Freud, formam apenas a ponta saliente do *iceberg* que em sua grande maioria se esconde debaixo da água (Inconsciente). Desmitização não significa o desmascaramento do mito confrontado com a realidade objetiva, o que seria não compreender o mito, mas dar-se conta do mito como a linguagem do Inconsciente, aceitá-lo como uma forma legítima de compreensão lógica e integrá-lo no processo de individualização da personalidade. Buscar o sentido do mito não é detectar sua origem genética, se veio dos persas ou dos gregos, nem decifrar as tradições que o configuram. O sentido e a verdade do mito reside na força interpretativa que possui esclarecimento da existência. Assim em Jesus o mito do Reino de Deus sinalizado pelos símbolos apocalípticos representa a busca e a promessa da realização plena do sentido de toda a realidade: o irromper da meta da história está iminente. Isso significa uma radical crise para o consciente que deve reorganizar seu arranjo existencial e dar emergência a um arquétipo do Inconsciente que lhe transformará o horizonte da existência. Com a pregação de Jesus se dá de forma extrema a irrupção do sentido da existência como comunhão e participação de tudo com Deus. O mito do Reino implicava numa nova imagem de Deus. Não se revelava mais o Deus-Lei, mas o Deus-Pai que indiscriminadamente chamava a todos os homens, bons e maus, justos e injustos, para a participação do Reino. Isso gerou um conflito nos judeus com a consequente liquidação de Jesus. Jesus, por sua vez, suportou o conflito como forma de reconciliação com os próprios carrascos. Pregou o amor. Sendo morto por ódio ensinou o perdão. Assim Ele criou um novo horizonte de fraternismo diante do mesmo Pai que transcende todas as limitações. A ressurreição veio confirmar a inauguração do novo ser e do sentido radical da vida, como vida eterna não mais ameaçada pela morte. Enquanto, porém, o mito não se realizar para todos os homens e para o cosmos ele não poderá ser totalmente desmitologizado e desilusionalizado.

Nessa perspectiva há preciosas intuições que vêm esclarecer pontos obscuros e de permanente incompreensão na mensagem de Jesus, como o anúncio iminente da vinda do Reino, o conflito com a Lei e outros. Foi uma concepção racionalista e com critérios tirados somente da vida consciente que levaram a Albert Schweitzer a afirmar que Jesus com sua pregação do Reino se enganou miseravelmente e que por isso não poderia ser Deus. Consequentemente abandonou a teologia, estudou medicina e tentou viver com admirável fidelidade até o fim em Lambarene, na África, o que restou do Evangelho de Cristo: sua mensagem ética de amor e de humanidade para com todos os homens, especialmente os mais desqualificados.

4.4 *Interpretação secular e crítico-social de Jesus Cristo*

Essa corrente da teologia católica e protestante[47] se apercebe claramente do caráter privatizante que a men-

---

47. Cf. METZ, J.B. *Teologia do mundo*. Lisboa: Morais, 1970. • "O problema de uma teologia política e a determinação da Igreja como instituição de liberdade crítico-social". *Concilium* 6 (1968), p. 5-20. • METZ, J.B.; MOLTMANN, J. & OELMÜLLER. *Kirche im Prozess der Aufklärung* – Aspekte einer politischen Theologie. Mainz, 1970. • MOLTMANN, J. *Teologia da esperança*. São Paulo: Herder, 1970. • GOGARTEN, F. *Jesus Christus, Wende der Welt*. Tübingen, 1966.

sagem de Cristo assumiu na tradição da Igreja e na teologia mais moderna de orientação transcendental, existencial e personalista. Reduziu-se a mensagem revolucionária de Cristo à decisão de fé do indivíduo, sem relação com o mundo social e histórico em que está inserido. As categorias em que a mensagem era apregoada eram tiradas do íntimo, do privado, do eu-tu, das relações interpessoais. A conversão era também privatizada como troca de vida da pessoa sem interferência no contexto político-social que permanecia resguardado de qualquer crítica. Os evangelhos e a mensagem de Cristo, porém, perfilam uma grande publicidade. Morderam no contexto social e político de então. A morte de Cristo teve como pano de fundo uma intriga de ordem política. Mesmo sua mensagem acerca do Reino, embora não fosse partidária, possuía uma inegável conotação política, no sentido que essa palavra possui, na tradição clássica, de interferir com a vida pública, com as relações do homem com o mundo e com os outros. Reino de Deus não pode ser privatizado apenas para a dimensão espiritual, como perdão de pecados e reconciliação com Deus. Ele implica numa transformação das pessoas, do mundo das pessoas e do cosmos. Jesus possui em sua pregação forte conteúdo crítico frente às tradições sociais e religiosas de seu povo e aos cânones da religião véterotestamentária. Tudo isso foi sendo aos poucos na Igreja espiritualizado, marginalizado e por fim perdido como vigor histórico de contestação e crítica em nome da liberdade dos filhos de Deus contra a manipulação da religião para legitimar interesses de grupos religiosos ou eclesiásticos. Essa tendência teológica ressalta em Jesus e em sua mensagem exatamente os elementos de crítica, de contestação e libertação que, relidos em nosso contexto cultural, ganham especial relevância religiosa e política. À mensagem de Cristo acede uma função crítico-libertadora contra situações repressivas, sejam religiosas, sejam políticas. Ele não veio fundar uma nova religião, mas trazer um novo homem. Por isso Jesus Cristo e sua missão não podem sem mais ser enquadrados em cânones religiosos. Ele transcende o sacro e o profano, o secular e o religioso. Por isso a Igreja não pode identificar-se com Jesus Cristo nem com o Reino de Deus. Ela mesma cai sob a reserva escatológica, isto é, ela não é o termo e o fim em si, mas o instrumento e o sacramento do Reino. A ela cabe a função de levar a causa libertadora de Cristo à frente, não só no âmbito pessoal, chamando-a de conversão, mas também na esfera pública, denominando-a de permanente transformação para um crescimento jamais passível de fixação e estratificação absolutizante. Frente à situação definitiva que ainda se irá manifestar, tudo, no tempo presente, eclesiástica, dogmática e politicamente, é relativo e susceptível de aperfeiçoamento e crítica. Ora, tal compreensão obriga a uma crítica muito séria dentro da própria Igreja e não somente fora dela. Por exemplo: com demasiada facilidade utilizou-se Cristo para justificar posições de fato da Igreja. Foi destarte que surgiu uma chamada "Cristologia política"[48] para justificar a Igreja triunfante das perseguições, feita agora, por desígnio de Deus, herdeira do Império Romano. A *pax romana*, dizia-se nos padres do século III como São Cipriano, é substituída pela

---

48. SCHMIDT, H. "Notas sobre a problemática de uma cristologia política". *Concilium* 6 (1968), p. 71-82. • ELERT, W. "Das Problem des politischen Christus". "Der Ausgang der altkirchlichen Christologie". Berlim, 1957, p. 26s.

pax christiana. Em breve se fundava o *Sacro Império Romano*. Jesus então não é apresentado como o amigo de todos, em particular dos pobres e humilhados, mas como Imperador, Proclamador de Leis, Juiz, Filósofo, Senhor cósmico e Pantocrator[49]. Basta vermos as imagens de Cristo nas grandes igrejas a partir do século III. O Jesus de Nazaré, fraco no poder, mas forte no amor, que renunciou à espada e à violência condenando-as, foi recalcado pelo Cristo político constituído pela ressurreição do Senhor do mundo. Seus representantes papas e bispos governam em seu nome e usam da força para destruir todos "os inimigos de Deus". Esqueceu-se rapidamente nos escalões oficiais da Igreja pós-constantiniana a violenta crítica movida por Jesus contra a forma de exercício do poder no mundo antigo: "Vós sabeis que os príncipes das nações as subjugam e que os grandes imperam com violência sobre elas. Assim não há de ser entre vós; pelo contrário, aquele entre vós que quiser chegar a ser grande seja o vosso servidor, e aquele que entre vós quiser ser o primeiro seja vosso servo, tal como o Filho do Homem que não veio para ser servido, mas para servir e dar a sua vida em redenção de muitos" (Mt 20,25-28; Lc 22,25-27; Mc 10,42-45). Portanto, segundo Jesus, a hierarquia (poder sacro) é própria dos pagãos e a hierodulia (sacro serviço) própria dos cristãos. E a Igreja na história sucumbiu à tentação do poder em estilo pagão com dominação e títulos honoríficos, aprendidos nas cortes romanas e bizantinas. Toda a vida humilde de Cristo pobre foi relida dentro das categorias de poder. A escultura e a pintura

---

49. HERNEGGER, R. "Christus in der Kunst des 3. Jahrhunderts". Macht ohne Auftrag. Olten/Freiburg, 1963, p. 103-106. • Id. *Die Verschmelzung des Christusbildes mit dem Kaiserbild*. Op. cit., p. 267-280.

até recente data nos apresentavam o nascimento de Cristo como a parusia de um imperador romano, cercado de joias e com ares principescos. Os pobres pastores se transformavam em príncipes, a humilde manjedoura em câmera real, a Virgem santa e o bom José em pessoas de corte. Os milagres e as pregações de Cristo vinham revestidos de um nimbo de luxo e esplendor que espantavam os pobres e envergonhavam os contritos de coração. E foi exatamente com esses que Cristo se identificou e lhes anunciou uma grande alegria. As consequências para a piedade e para a práxis eclesial foram desastrosas, como o mostraram excelentemente pesquisadores católicos do gabarito de um Jugmann e Karl Adam[50]: em vez de aconchego nas mãos do Pai entrou medo; em vez de imediatez filial vigorou receio diante do Cristo-Imperador; em vez de sentirem-se todos irmãos viam-se inseridos numa trama hierárquica que se interpunha entre Cristo e os fiéis. Em vista disso começou-se a venerar muito mais os santos que a Cristo. Eles eram mais próximos e podiam servir de mediadores para Cristo. Além dos santos entraram um sem-número de sacramentais, criando um cosmos sagrado pelo qual o povo simples podia viver sua experiência religiosa, já que se sentia alienado pela politização da figura de Cristo e das estruturas da Igreja. E isso perdura vastamente no inconsciente religioso e cultural de nosso cristianismo ocidental. Como transpareceu nesta breve exposição: outrora Cristo foi politizado para justificar situações de fato da Igreja. Hoje dá-se o caminho inverso: impõe-se a tendência de apresentar um Cristo apolítico, privatizado, que falou somente ao espírito

---

50. Cf. HERNEGGER, R. Op. cit., p. 279-280 com a bibliografia citada.

e à alma para, com a mesma preocupação ideológica, justificar uma posição de Igreja instalada e gozando de seus triunfos históricos, porém organizada em estruturas anacrônicas que chegam a pôr em perigo a própria essência e vida interna do cristianismo em vastas regiões do mundo. Uma visão crítico-social de Jesus e de sua mensagem quer estar atenta às ideologizações pelas quais pode ser manobrada a Igreja. Jesus é um elemento de permanente crítica interna. Ele é incômodo. Não se deixa domesticar por nenhum sistema teológico. Mas se deixa amar pela fé libertadora.

4.5 O significado da experiência de Cristo na juventude de hoje

É nesse contexto de reflexão que a nova experiência de Cristo na juventude de hoje ganha relevância social e religiosa. Desde a década de 1960 que no mundo ocidental, especialmente capitalista e pós-industrializado, percebeu-se agitação nos meios estudantis[51]. Surgiu impressionante movimento de contestação dos cânones de valores fixados e tradicionais de nossa sociedade. A utopia de uma sociedade de consumo global e sem necessidades revelou-se realmente uma utopia ilusória. A técnica ao invés de libertar escravizou de forma mais sutil os homens. A sociedade urbana e tecnológica secular e empírica, em vez de criar maiores condições de liberdade pessoal, cerceou mais profundamente os cidadãos. Como dizia o analista da juventude norte-americana contemporânea: "Durante 300 anos, ciência e tecnologia científica gozaram de uma reputação merecida e irreprimí-

---

51. Cf. o artigo documentado de meu aluno José Ariovaldo da Silva, "A experiência de Cristo na juventude de hoje". *REB* 32 (1972), p. 383-398.

vel: foi uma maravilhosa aventura, espalhando benefícios e livrando o espírito dos erros da superstição e da fé tradicional [...] Em nossa geração, entretanto, elas passaram aos olhos de muitos, e principalmente dos jovens, a serem vistas como essencialmente desumanas, abstratas, massificantes, de mãos dadas com o poder e até diabólicas"[52]. O protesto explodia inexorável e sem compaixão: "Ó geração de meia-idade, olhem para vocês mesmos, que precisam de dois goles de bebida forte para terem a coragem de conversar com um ser humano. Olhem para vocês, que precisam da mulher do próximo para provarem a si mesmos que estão vivos; olhem para vocês, explorando a terra, o céu e o mar, visando lucros e chamando a tudo isso de grande sociedade. São vocês que nos vão dizer como viver? Vocês estão brincando"[53]. E assim surgiu o movimento de anticultura, pregado e vivido especialmente pela juventude *hippy*. Neles a busca de paz e amor, do sentido acima dos interesses de lucro, da espontaneidade, da amizade, do fraternismo universal se fez uma paixão coletiva. Primeiro tentou-se pela libertação sexual, pelo álcool e pelas drogas. Depois pela meditação transcendental de Maharishi Maesh Yogi, profeta dos Beatles. Por fim descobriram Jesus Cristo. Ele é visto, admirado, amado e seguido como um *Super-Star*, como aquele que primeiro viveu e depois pregou aquilo que todos buscam, como paz, amor, solidariedade e comunhão com Deus. Ele vale mais que uma viagem de LSD. Ele é uma tremenda curtição. Saúdam-se com frases tiradas do Novo Testamento, trazem camisas estampadas

---

52. Cf. *Jornal do Brasil*, 22/8/1971, caderno B, p. 4.

53. Frase de um líder *hippy*: *Jornal do Brasil*, 18/9/1969, caderno B, p. 1.

com a figura de Cristo, recitam como jaculatórias: Jesus é a salvação; o Messias é a mensagem; voltemos a Jesus. Ele está chegando. E não tarda.

Embora devamos ser críticos frente a tal movimento[54], ele contudo deve levar a pensar a sociedade e a Igreja. A sociedade moderna, secular, arreligiosa e racionalista pensou ter respondido com sua fartura econômica aos problemas fundamentais do homem. O que ela fez foi unidimensionalizar. Privatizar para a esfera individual o problema do sentido da vida, de Deus e de Jesus Cristo. Deus é inútil. Não vale como fator econômico. Mas o homem é mais que a economia e a boca que come. Ele busca insaciavelmente um outro pão que deve saciá-lo pela raiz. Ele busca decifrar o mistério que envolve nossa existência, que se chama Deus e que se manifestou em nossa carne e se chama Jesus Cristo. Ele é o sentido radical da existência. O movimento juvenil deve levar também a Igreja a uma reflexão cristológica. Por que esses jovens não se filiam à Igreja? Por que seu Jesus não é o Jesus das pregações, dos dogmas, mas dos evangelhos? Para muitos deles Jesus Cristo foi feito um prisioneiro da Igreja, de sua interpretação eclesiástica e da casuística dogmática. Jesus perdeu seu mistério e o fascínio sobre os homens. Ele foi enquadrado dentro de uma estrutura eclesial. Precisamos libertar Jesus da Igreja para que Ele novamente possa falar e criar comunidade, que então se chamará com razão de Igreja de Cristo. É sintomático que a *canção Jesus Cristo, eu estou aqui* tenha sido cantada

---

54. A revista alemã *Weltbild*, 20/11/1971, *Jugend im Jesusrausch und was dann?* notificava que mais e mais industriais americanos apoiam o movimento em torno de Jesus. É um excelente sedativo para a juventude não se rebelar contra a ordem estabelecida, onde grassam inegáveis injustiças e discriminações (p. 26).

por milhões. Nisso se dava uma nova parusia de Jesus dentro da vida de muitos, num grito de fé, de esperança e de desejo de que a missão de Cristo seja cumprida, que é de "unir toda a humanidade numa única multidão, numa única raça, numa só nacionalidade, em busca de um só ideal, o encontro com Deus – um único Deus, embora adorado de maneira diferente por fiéis de todas as religiões – num caminho de paz e de amor"[55]. Essa volta a Jesus pode ser um sinal dos tempos, como assegurava D. Paulo Evaristo Arns, arcebispo de São Paulo[56], um sinal de uma volta para o essencial que pode realmente encher uma via e o coração dos homens: "Jesus representa o amor no mundo. É uma espécie de farol. Sua mensagem de amor permite-nos descobrir os outros e amá-los assim como são"[57]. Nele brilhou em antecipação o radicalmente humano, como no primeiro momento da escatologia, humano esse buscado loucamente pela nova geração.

---

55. *O Cruzeiro*, 15/9/1971, p. 286.

56. Cf. *Fatos e Fotos*, 23/9/1971, p. 22; cf. HAERING, B. "Il Gesù degli hippies. *La Famiglia cristiana*, 28/11/1971, p. 7.

57. De um jovem casal, em *Tribuna Ilustrada*, Campinas (SP), agosto 1971, p. 4.

2 Como chegamos a conhecer Cristo?

O problema germenêutico

Perguntar: Quem és tu, Jesus de Nazaré? é perguntar por uma pessoa. Perguntar por uma pessoa é tocar num mistério insondável. Quanto mais conhecido, mais se abre ao conhecimento. Não podemos perguntar por uma pessoa sem nos deixar envolver em sua atmosfera. Assim, definindo a Cristo estamos definindo a nós mesmos. Quanto mais nos conhecemos mais podemos conhecer a Jesus. Ao tentarmos num contexto de América Latina situar nossa posição diante de Jesus, inserimos nessa tarefa todas as nossas particularidades, nossa vida e nossas preocupações. Destarte Ele prolonga sua encarnação para dentro de nossa história e revela uma face nova, especialmente por nós conhecida e amada.

As questões levantadas acima certamente aguçaram a pergunta: Mas afinal como chegamos a conhecer Jesus Cristo? Para a maioria a resposta apresenta-se clara: pelos escritos do Novo Testamento, especialmente pelos evangelhos. Basta interpretá-los corretamente (hermenêutica) para esclarecer-mo-nos acerca de Jesus. Semelhante resposta, embora pareça evidente, encerra contudo uma problemática muito intrinca-da, chamada de problema hermenêutico (interpretação)[1],

---

1. Cf. a principal bibliografia atinente especificamente ao nosso tema: Vários, *Die neue Hermeneutik* (Neuland in der Theologie, 2). Zurique/Stuttgart, 1965. • STACHEL, G. *Die neue Hermeneutik*. Munique, 1967. • MARLÉ, R. *Le problème théologique de l'herméneutique*. Paris, 1965. • CAZELLES, H. *Ecriture, Parole et Esprit* – Trois aspects de l'herméneutique biblique. Paris: Desclée, 1970. • FERRÉ, F. *Le langage religieux a-t-il un sens?* Logique moderne et foi. Paris, 1970. • KASPER, W. "Das Verständnis der Offenbarung" (das herme-

tema central da filosofia moderna e da teologia e exegese de sempre.

1 A hermenêutica histórico-crítica

Para se conhecer Jesus precisamos nos confrontar criticamente com os documentos literários que falam dele, os evangelhos. Essa tarefa apresenta dificuldades interna porque trata-se de documentos escritos há cerca de dois mil anos e dentro de uma mentalidade profundamente diversa da nossa, pré-científica, mítica e acrítica. O método histórico-crítico tenta desentranhar – enquanto isso é possível – o sentido originário do texto, para além das interpretações posteriores e de nossa própria compreensão. O elemento de estranheza entre o sentido do texto e o nosso modo de ver constitui um elemento essencial na compreensão correta da mensagem de Jesus. O método histórico-crítico nos obriga a auscultar a mensagem de outrora, a distanciarmo-nos criticamente do presente e a questionarmo-nos a partir do analisado e eruído do texto. Isso não precisa ser nenhum arqueologismo, mas chance para alargar o nosso próprio horizonte, questionar nossas evidências que pareciam inquestionáveis e criar espaço interior para uma possível *metanoia* (conversão).

A pesquisa histórico-crítica dos evangelhos, como já referimos, tem mostrado que os evangelhos assim como atualmente se apresentam são o resultado final de um longo

---

neutische Problem). *Handbuch der Verkündigung* I. Freiburg, 1970, p. 79-96. • BULTMANN, R. "Das Problem der Hermeneutik". *Glauben und Verstehen* II. 4. ed., 1965, p. 142-150.

processo de reflexão, pregação e catequese que a comunidade dos discípulos elaborou sobre Jesus. Até podemos dizer que os evangelhos atuais representam a cristalização da dogmática da Igreja primitiva. Pelo método histórico-crítico pode-se destacar as várias camadas de um texto ou de uma perícopa evangélica, as interpretações e as influências sofridas na tradição e sob que aspecto teológico foram finalmente escritas. Os evangelhos contêm pouco do Jesus histórico, assim como Ele foi e viveu, mas muito sobre a reação de fé dos primeiros cristãos que refletiam as palavras de Cristo confrontando-as com as situações vitais do seu meio ambiente.

A exegese crítica desenvolveu vários métodos no estudo dos textos evangélicos:

1.1 O método da história das formas (Formgeschichte)[2]

Esse método tira o enquadramento atual em que vêm revestidos os evangelhos (pregação de Jesus na Galileia, viagem a Jerusalém, processo, morte e ressurreição na cidade santa) e considera as perícopas (formas) em si mesmas. Estuda o meio vital em que maduraram, se na catequese, no culto ou na pregação aos pagãos; busca ver se se trata de um dito jesuânico (do próprio Jesus) ou se já vem trabalhado e interpretado pela comunidade ou até se o dito é elaborado pela própria comunidade (que se sentia unida ao Ressuscitado e repleta de seu Espírito) e colocado na boca de Jesus. O estudo dos evangelhos tornou-se destarte extremamente minucioso e exigente. Nem sempre se

---

2. Cf. KOCH, K. *Was ist Formgeschichte?* Neue Wege der Bibelexegese. Neukirchen, 1967. • ZIMMERMANN, H. *Neutestamentliche Methodenlehre* – Darstellung der historisch-kritischen Methode. Stuttgart, 1968, p. 128-213.

poderá decidir de forma convincente se tal dito vem ou não de Jesus, embora na elaboração atual venha proferido por Jesus. Nosso estudo, ao longo de todo o livro, tem presente o método das formas. Às vezes temos tomado decisões de ordem teológica baseadas numa reflexão crítica inspirada nesse método. Outras vezes temos interpretado um texto como não jesuânico (especialmente no que se refere aos títulos de Jesus), embora a tradição comum e sem preocupações críticas o tivesse sempre interpretado como vindo diretamente de Jesus.

1.2 O método da história das tradições (Traditionsgeschichte)[3]

Este método prolonga e aprofunda o antecedente: estuda as tradições dos atuais textos e constata a atividade criadora, seja em teologia, seja no culto, da comunidade primitiva. Os evangelhos não são somente livros sobre Jesus, mas muito mais livros que retratam as tradições e o desenvolvimento dogmático da Igreja primitiva. Tomemos por exemplo a difícil parábola do administrador fraudulento que perdoa a dívida de seus clientes para angariar amigos (Lc 16,1-3)[4]. Nesta parábola encontramos várias camadas: primeiro a camada vinda do Jesus histórico (v. 1-7): Jesus alude a uma fraude que chamou a atenção da crônica da época. Tira uma lição: assim como o administrador desonesto aproveitou o tempo antes que o juiz se tivesse intrometido e garantiu seu futuro, deve fazer o homem: deve aproveitar

---

3. Cf. ZIMMERMANN, H. *Neutestamentliche Methodenlehre*. Op. cit., p. 175s.

4. Cf. as explanações em MAERTENS, T. & FRISQUE, J. *Guia da Assembleia Cristã* 7. Petrópolis: Vozes, 1970, p. 101-102.

o tempo e garantir-se entre o número dos que irão herdar o reino, pois com Jesus chegou a última hora. Os meios cristãos primitivos, porém, acrescentaram a esse dito e lição de Jesus uma outra interpretação, tirada da experiência quotidiana: "Os filhos do mundo são mais hábeis que os filhos da luz" (Lc 16,8b). É uma constatação desoladora: os cristãos em assuntos de negócios estarão sempre numa situação de inferioridade porque não podem lançar mão de meios ilícitos utilizados pelos filhos das trevas. A parábola nesse nível da tradição reflete a resignação dos cristãos. Num outro meio a parábola foi tradicionalmente interpretada de modo diferente, tirando uma lição sobre o uso do dinheiro: "Fazei amigos com o dinheiro desonesto, a fim de que, vindo ele a faltar, vos recebam nas mansões eternas" (v. 9). Lucas, que recolheu a parábola, assumiu também esta interpretação, ainda mais que ele tem uma preocupação teológica clara em favor dos pobres, herdeiros naturais do reino. Se os ricos também entram é porque se despojaram de seu dinheiro e se fizeram pobres. Como transparece, a uma lição escatológica tirada por Cristo (o reino está próximo, urge ser hábil para se entender com seus inimigos e garantir-se) se acrescentaram duas outras interpretações feitas pelas comunidades primitivas, uma em função da resignação dos cristãos nos negócios terrenos e outra sobre o uso correto da riqueza no sentido do despojamento por causa do reino. A redação atual da parábola, contudo, coloca tudo na boca de Cristo. O estudo, porém, acurado das tradições acumuladas no atual texto nos faz entrever o trabalho teológico e interpretativo da comunidade primitiva feito ao longo de 30-40 anos após a morte de Cristo, época em que se escreveram os atuais evangelhos.

1.3 O método da história das redações (Redaktionsgeschichte)[5]

O método da história das formas e das tradições tendia a ver nos evangelistas colecionadores de ditos e interpretações da comunidade. O método da história das redações vê nos evangelistas redatores que usaram do material tradicionado dentro de uma ordem de composição, com perspectivas teológicas próprias que comandavam a seleção dos ditos e das tradições. Os evangelistas eram teólogos com suas interpretações pessoais e típicas. Isso mostra quão verdadeira é a frase que os atuais evangelhos não são biografias de Jesus, mas *martyria*, isto é, testemunhos de fé sobre o significado da vida, morte e ressurreição de Jesus. Esse método vem chamar a atenção que as perícopas não podem ser interpretadas em si mesmas, mas sempre dentro de um contexto, criado pelo último redator que por assim dizer elaborou o último comentário delas. Comparando-se os três evangelhos sinóticos vê-se claramente o trabalho redacional de cada evangelista pelas correções no estilo, pela omissão de uma palavra ou texto que não calhava bem dentro de sua perspectiva teológica, pelo acréscimo de uma outra palavra ou de uma outra tradição, pela referência frequente a textos do Antigo Testamento (especialmente Mateus), pela dramatização de uma cena ou pela acentuação de um determinado tema como em Lucas o tema dos pobres, das mulheres, dos pagãos etc.

Em conclusão podemos dizer que a tradição da comunidade primitiva conservou de Jesus somente o que representava alguma função para a vida e a fé da respectiva comunidade. Houve, pois, uma filtragem imposta pela vida e

---

5. ROHDE, J. *Die redaktionsgeschichtliche Methode*. Hamburgo, 1966.

pela evolução posterior à morte e à ressurreição. Pode muito bem ser que elementos preciosos da pregação de Jesus se tenham irremediavelmente perdido. Ademais, a comunidade primitiva usou de muita liberdade frente às palavras de Jesus: interpretou-as, modificou-as e criou novas perícopas, sempre evidentemente no esforço de presencializar Cristo e sua mensagem dentro da vida. São João pode ser considerado o príncipe da liberdade cristã. Usou de extrema liberdade frente às palavras de Jesus, agarrando-se profundamente, porém, ao espírito. A expressão Reino de Deus, que vem com toda a certeza de Jesus e que formou o centro de seu anúncio, é empregada por ele apenas duas vezes e ainda de passagem. Traduz a expressão Reino de Deus, que ao tempo da redação do seu evangelho (90-100) se esvaziara de sentido, por palavras correspondentes e que falavam à mentalidade de seus ouvintes, como vida eterna, luz, caminho, verdade, pão, água viva etc. Tudo isso deixa claro que Jesus e sua história e mensagem se amalgamaram radicalmente com a história da fé e dos homens de forma que não poderão jamais ser adequadamente separados, embora possam e devam ser distinguidos. Talvez tal fato represente uma forma como a encarnação de Deus se perpetua dentro do mundo.

2 A hermenêutica existencial

A interpretação histórico-crítica de Jesus possui suas limitações. Ela erui o que Mateus, Marcos, Lucas, João e Paulo pensaram sobre Jesus. Ela é ainda por demais objetiva. Nem precisa pressupor a fé do pesquisador. Ela pouco se pergunta pela realidade que se esconde atrás de cada interpretação. O saber histórico acerca de uma pessoa como Jesus e de sua mensagem não se reduz a um compreender à moda das ciências que se orientam pelo esquema sujeito-objeto. O saber científico é neutro, objetivo e objetivante. O compreender, como a palavra *com-preender* sugere, implica *com* o sujeito e o *prende* a ele[6]. Para se compreender uma pessoa precisa-se ter uma relação vital com ela. Caso contrário a objetivamos e a fazemos objeto de ciência. A pessoa é sempre um sujeito e no fundo um mistério que quanto mais se conhece mais se abre para um horizonte ilimitado. Jesus anuncia realidades que me dizem imediatamente respeito como salvação e perdição, promete-me um futuro absoluto e me confere um sentido radical. Toda e qualquer compreensão envolve por isso sempre o sujeito. Não existe um acesso direto à realidade sem passar pelo sujeito, porque é o sujeito concreto, com seus condicionamentos, possibilidades e limitações que vai ao objeto. Compreender será sempre e inevitavelmente interpretar. Somente quem interpreta compreende. Daí que, ao compreender, vamos sempre com uma pré-compreensão ao objeto, derivada de nosso meio, da educação e do ambiente cultural que respiramos. Contudo, devemos distinguir muito claramente entre pré-compreensão e pre-conceito. A pré-compreensão vai ao objeto, dando-se conta de seus condicionamentos. Mas está aberta para auscultar a mensagem enviada do objeto. Deixa-se questionar por ela. Busca um encontro entre a pré-compreensão e a compreensão haurida. O pre-conceito vai ao objeto com um conceito já feito e pronto. Julga o objeto e não se deixa julgar por ele. No pre-conceito entram em função com muita frequência mecanismos de defesa do inconsciente que perturbam o encontro com a realidade e deturpam a compreensão entre os homens.

---

6. Cf. HEIDEGGER, M. *Sein und Zeit*, 10. ed. Tübingen, 1963, § 31-34; 141-167. • BULTMANN, R. *Das Problem der Hermeneutik*. Op. cit.

2.1 O círculo hermenêutico e seu sentido

A implicação inevitável entre sujeito-objeto costuma chamar-se desde Schleiermacher de círculo hermenêutico[7]. Aplicado à problemática de Jesus isso significa que para compreendermos realmente quem é Jesus precisamos abordá-lo como quem se sente atingido e agarrado por Ele. O sentir-se atingido por Ele significa viver a atitude de fé. Definindo Jesus estamos definindo a nós mesmos. Quanto mais nos conhecemos mais podemos conhecer Jesus. Não podemos sair da vida, de nossa cultura e situação para atingir o Jesus puro, assim como Ele foi. Vamos a Ele com tudo o que somos e temos. Os evangelhos representam um fenômeno exemplar: visam anunciar a Cristo e levar sua causa à frente. Nessa tarefa inserem toda sua vida de tal forma que ao estudarmos os evangelhos aí encontramos referências sobre a vida de Jesus e também referências bastante pormenorizadas sobre a vida dos primeiros cristãos. Em concreto significa ainda que Jesus hoje é conhecido não somente pelo estudo, imbuído de fé, dos textos evangélicos, mas principalmente através da comunidade de fé, chamada Igreja. É dentro dela que se criou a atmosfera de fé, se escreveram os evangelhos e se estabeleceram as coordenadas comuns pelas quais nos confrontamos e situamos diante de Cristo. Mais ainda. Jesus entrou no inconsciente de nossa cultura ocidental. Aí Ele está sempre presente e pode ser a todo momento evocado e revivido com experiência de fé. Mesmo que o mundo se tornasse todo ele ateu, ainda assim seria sempre possível crer e agarrar-se a Cristo, porque Ele irremediavelmente entrou no substrato de nossa cultura

---

7. Cf. CORETH, E. "Der Zirkel des Verstehens". *Grundfragen der Hermeneutik in philosophischer Betrachtung*. Freiburg, 1969, p. 12-22.

e a marcou profundamente. Por aí podemos compreender de alguma forma a nova experiência de Cristo feita na juventude de hoje: ela não vem mediada necessariamente pelas igrejas cristãs, mas pelo substrato de nossa própria cultura, na qual Cristo também prolongou sua encarnação. A encarnação de Cristo, como vimos ao longo da obra, é um processo que começou um dia em Nazaré e não chegou ainda ao seu termo, porque Cristo ainda não cristificou toda a realidade. Cabe às Igrejas e à cultura influenciada pelo cristianismo não poluírem os canais de acesso à realidade de Cristo. Historicamente, porém, se agregaram tantas gangas àqueles que mais deveriam representar a Cristo e a sua causa que não raro se tornaram contrassinais de sua divina realidade e obstaculizam a vivência do evangelho no mundo.

2.2 A hermenêutica da existência política

É consciente da realidade acima referida que se esboçou recentemente uma hermenêutica da existência política[8]. Dentro da Igreja e na cultura de influência cristã podem entrar os mecanismos ideológicos que usam e ab-usam da mensagem de Cristo e de sua Pessoa para, consciente e as mais das vezes inconscientemente, legitimarem interesses feitos de grupos, fecharem o horizonte para um crescimento contínuo, negarem-se à autocrítica e não deixarem valer o Evangelho como fermento incômodo dentro da massa[9]. Cris-

---

8. Cf. MOLTMANN, J. "Hacia una hermenéutica política del Evangelio". *Cristianismo y sociedad* 8 (1970), 23-32. • BLANK, J. "Das polistische Element in der historisch-kritischen Methode". *Die Funktion der Theologie in Kirche und Gesellschaft*. Munique, 1969, p. 39-60 [Publ. por P. Neuenzeit]. • ALVES, R. *Religión*: opio o instrumento de liberación? Montevidéu, 1970.

9. Cf. LEHMANN, K. "Die Kirche und die Herrschaft der Ideologien". *Handbuch der Pastoraltheologie* II/1. Freiburg, 1966, p. 109-202.

to não veio trazer nenhum modelo cultural. Nem fundou uma cultura cristã. Nem estabeleceu uma dogmática rígida. Nem uma moral sem coração. Mas veio criar uma atmosfera, um amor e uma reciprocidade que deve se realizar em qualquer situação, em todo modelo social e político e em qualquer articulação religiosa ou moral. Ao longo da história do Ocidente se equipararam frequentemente Igreja com Cristo, teologia feita por homens com mensagens de Cristo, moral de leis e mandamentos com o Sermão da Montanha. Se esses elementos, como vimos acima ao abordarmos o círculo hermenêutico, vêm sempre juntos, com isso não se visa legitimar e justificar tudo. Urge saber distinguir para não confundir a voz dos homens com a voz de Deus. A existência político-social está sujeita às maquinações ideológicas mesmo dentro do âmbito eclesiástico. Hermenêutica não significa apenas a arte de entender textos antigos, mas de compreender todas as manifestações da vida e saber articulá-las com a mensagem evangélica, especialmente aqueles fatores que dizem respeito não somente ao indivíduo, mas à coletividade universal dos homens como os temas do Reino de Deus, da justiça, da paz, da reconciliação etc.

3 A hermenêutica histórico-salvífica

Esse método hermenêutico[10] inclui as demais dimensões do problema hermenêutico. Ponto de partida é uma concepção da história da salvação tão vasta como o mundo. Essa história da salvação é entendida como a história da autocomunicação de Deus e como história das respostas humanas à pro-posta di-

---

10. Cf. DARLAP, A. "Os fundamento da teologia histórico-salvífica". *Mysterium Salutis* I/1. Petrópolis: Vozes, 1971, p. 34-167. • KASPER, W. *Das Verständnis der Offenbarung*. Op. cit., p. 90-96.

vina. A própria criação é condição da possibilidade para a auto-comunicação de Deus e por isso deve ser inicialmente concebida como um momento da própria autocomunicação de Deus (graça). Existe uma dialética entre pro-posta salvífica de Deus e resposta humana, entre facticidade da realidade e transcendência da liberdade humana[11]. A tensão entre esses polos jamais pode adequadamente ser resolvida. Por isso jamais apreendemos totalmente a pro-posta de Deus nas nossas res-postas históricas, por mais sublimes que se apresentem. Jamais apanhamos a totalidade da realidade em si, mas somente através de modelos históricos que sempre devem ser confrontados com a realidade, enriquecidos, criticados, corrigidos e mantidos abertos ao crescimento interno e à autossuperação. No modelo, também religioso, temos sempre e apenas uma determinada mediação entre pro-posta de Deus e res-posta humana, entre natureza e liberdade, subjetividade e objetividade, entre indivíduo e sociedade. As religiões do mundo são articulações históricas desta dialética pro-posta-res-posta. A total adequação de ambos, a sintonia global do homem com seu mundo e a superação de toda a alienação significa salvação e realização plena do sentido do homem e do mundo. Enquanto isso não acontecer a revelação está sempre em processo; tem que ser continuamente traduzida para o novo contexto histórico e social. A identidade da verdade dentro da diversidade de condições históricas não reside na manutenção fetichista das formulações verbais. As palavras, como o viu muito bem o estruturalismo e a filosofia analítica da linguagem[12], especialmente de Wittgenstein (em sua última fase), possuem suas coordenadas e regras de jogo dentro das quais têm seu sentido, mas que podem variar ao

---

11. Cf. o meu estudo "Tentativa de solução ecumênica para o problema da inspiração e da inerrância". *REB* 30 (1970), 648-667.

12. Cf. MACQUARRIE, J. "Die religiöse Sprache und die neuere analytische Philosophie". *Concilium* 5 (1969), 487-493.

longo do tempo. A identidade, porém, pode e deve ser conservada se tentarmos dizer a mesma coisa de outro modo e dentro de outras coordenadas de compreensão. Em vista disto o sentido literal dos textos não pode ser absolutizado, mas entendido como uma apreensão exemplar dentro de um determinado modelo. Ele deve estar aberto para outros modelos que de forma diversa apreendem a realidade e assim enriquecem a compreensão da revelação de Deus no mundo.

Com Jesus Cristo se deu um salto qualitativo dentro da história da salvação; pela primeira vez pro-posta divina e res-posta humana, palavra e realidade, promessa e realização chegaram a uma perfeita adequação. Nele se deu, pois, de forma absoluta e escatológica a salvação. Nele os dinamismos e as possibilidades latentes da criação toda se concretizaram e chegaram à plena patência. Por Ele entrevemos o futuro do mundo e o sentido radical do homem e do cosmos. Cristo se constitui assim o *meeting-point* da hermenêutica religiosa, da história do mundo e dos homens.

4 Para uma cristologia na América Latina

As reflexões de ordem hermenêutica que fizemos até aqui devem ter deixado claro que não podemos simplesmente falar *sobre* Jesus como falamos sobre outros objetos. Só podemos falar *a partir dele*, como quem está tocado pela significação de sua realidade. A Ele vamos com aquilo que somos e temos, inseridos dentro de um contexto histórico e social inevitável. Com os nossos olhos vemos a figura de Cristo e relemos os textos sagrados que falam dele e a partir dele. Daí que uma cristologia pensada e ensaiada vitalmente na América Latina verá irremediavelmente se revestir de características próprias. O leitor atento certamente o percebeu ao longo deste livro. As alusões ou citações de literatura preferentemente estrangeira não significam fuga de nossa realidade e de nossos problemas. É com nossas preocupações que são nossas e de nosso contexto sul-americano que relemos não só os velhos textos no Novo Testamento, mas também os mais recentes comentários escritos na Europa. Os dados estão situados dentro de outras coordenadas e projetados dentro de um horizonte próprio. Nosso céu possui outras estrelas formando outras figuras do zodíaco, com as quais nos orientamos na aventura de fé e da vida. Eis algumas características de semelhante cristologia:

4.1 Primazia do elemento antropológico sobre o eclesiológico

O que está mais em foco na América Latina não é tanto a Igreja, mas o homem a quem ela deve auxiliar, erguer e humanizar. Reina na reflexão teológica sul-americana acentuado ceticismo eclesiológico: a Igreja reproduziu aqui modelos e estruturas importados da Europa. Houve pouca criatividade da fé que, vivida e tentada em nosso meio, poderia ter-se expresso naturalmente e com mais liberdade dentro de estruturas com características próprias. O horizonte geral que interpretava dogmaticamente o direito canônico e juridicamente a dogmática impediu pela raiz tentativas sadias de criarmos uma encarnação nova da Igreja fora dos quadros tradicionais herdados da compreensão greco-romana do mundo. E o futuro da Igreja católica, com o recesso da população europeia, está inegavelmente na América Latina. É numa visão mais antropológica, no novo homem que aqui se está elaborando, que podem ser colhidos elementos alimentadores de uma reflexão cristã renovada. Onde estão as grandes expectativas de nosso homem, às quais a fé cristã pode ir ao encontro e lhe anunciar uma grande alegria? É tomando consciência da correlação entre pergunta e resposta que deve arrancar uma reflexão que morda na realidade onde ela sangra.

4.2 *Primazia do elemento utópico sobre o factual*

O elemento determinante do homem sul-americano não é o passado (nosso passado é um passado europeu de colonização, mas o futuro. Daí a função ativadora do elemento utópico. A utopia não deve ser entendida como sinônimo de ilusão e fuga da realidade presente; como os estudos recentes da filosofia e da teologia o têm relevado[13], a utopia nasce do princípio-esperança, responsável pelos modelos de aperfeiçoamento de nossa realidade que não deixam o processo social se estagnar ou se absolutizar ideologicamente, mas o mantêm em permanente abertura para uma transformação cada vez mais crescente. A fé promete e mostra realizada em Cristo uma utopia de um mundo totalmente reconciliado, como potencialização daquilo que aqui criarmos com sentido e amor. Nosso trabalho na construção de um mundo mais fraterno e hominizado é teologicamente relevante: constrói e antecipa lentamente o mundo definitivo, prometido e mostrado como possível por Jesus Cristo.

4.3 *Primazia do elemento crítico sobre o dogmático*

A tendência geral do homem e em particular das instituições é estagnar-se num arranjo existencial bem-sucedido dentro de uma determinada época. Surgem então os mecanismos de autodefesa e a mentalidade dogmática que teme

---

13. Cf. o relatório do Secretariado da revista *Concilium* sobre a Utopia, 1 (1969), 130-145. • DEMAISON, M. "As trilhas da utopia cristã". *Concilium* 9 (1970), 1.106-1.119.

e reprime toda espécie de crítica feita em nome da funcionalidade de todas as instituições e da abertura permanente para o futuro que a sociedade deve sempre guardar se não quiser perder o ritmo da história. Daí a primazia sobre o elemento crítico que a reflexão teológica assume aqui frente às tradições eclesiásticas e às instituições eclesiais, que possuíam outrora sua funcionalidade, mas que hoje se tornaram, muitas vezes, obsoletas, anacrônicas e um centro de conservadorismo emperrador do diálogo entre fé e mundo, Igreja e sociedade. A crítica assume um caráter acrisolador e purificador do cerne da experiência cristã para que possa aqui ser encarnada dentro da experiência histórica que estamos vivendo.

4.4 Primazia do social sobre o pessoal

O problema que mais aflige a sociedade sul-americana é a marginalização social de imensas porções da população. A questão não pode situar-se numa dimensão apenas de conversão pessoal. Há males estruturais que transcendem as pessoas individuais. A Igreja está, quer queira quer não, imiscuída dentro de um contexto que a transcende. Qual será sua função? Deverá ser óleo dentro da maquinaria social ou areia? Por outro lado, não poderá criar o seu mundozinho dentro do grande mundo. Ela deve participar *criticamente* da arrancada global de libertação por que está passando a sociedade sul-americana. Como Jesus, deverá de modo especial dar atenção aos sem-nome e aos sem-voz; deverá acentuar particularmente as dimensões seculares e libertadoras que a mensagem de Cristo encerra e ressaltar adequadamente o futuro que Ele também promete para esse mundo no qual está crescendo, entre o joio e o trigo, o Reino futuro, não para alguns privilegiados, mas para todos.

4.5 *Primazia da ortopraxia sobre a ortodoxia*

O fraco da cristologia clássica dos manuais reside exatamente naquilo em que ela pensa estar o seu forte: na sistematização filosófico-teológica. Ela não levou a uma ética e a um comportamento que seriam tipicamente cristãos. O tema fundamental dos evangelhos sinóticos, o seguimento a Cristo, foi muito pouco tematizado e traduzido em atitudes concretas. A ortodoxia, isto é, o pensar correto sobre Cristo, ocupava a primazia sobre a ortopraxia, o agir correto à luz de Cristo. Por isso também que a Igreja pregou com muita frequência o Cristo libertador, mas não foi ela que geralmente libertou nem apoiou movimentos de libertação. Não raro deixa o cristão engajado em completa orfandade. Isso levou nos últimos dois séculos a uma emigração contínua das melhores cabeças e forças ativas. Sabemos, contudo, que para Cristo e para a Igreja primitiva o essencial não consistia em reduzir a mensagem de Cristo a categorias sistemáticas de compreensão intelectual, mas em criar novos hábitos de agir e de viver no mundo. Esse momento praxiológico da mensagem de Cristo é particularmente sensível na reflexão teológica na América Latina.

Conclusão: Falar a partir de Jesus Cristo em silêncio

Nosso ensaio cristológico quis refletir a partir de Jesus Cristo dentro do vasto horizonte esboçado nas páginas acima. Não nos é mais possível sermos cientificamente ingênuos e acríticos. Quer queiramos quer não, somos herdeiros das discussões cristológicas dos últimos decênios, embora a recepção de tal problemática seja feita dentro de um horizonte nosso de América Latina. O que aqui dissemos com palavras sobre Cristo e sua mensagem nada é diante daquilo que a fé nele vislumbra e abraça agradecida. "Cale-se, recolha-se, pois é o Absoluto", dizia Kierkegaard e o repetia Bonhöffer ao iniciar o tratado sobre Jesus Cristo[14]. "Sobre coisas que não podemos falar", mandava Wittgenstein, "devemos calar"[15]. Contudo, devemos falar sobre e a partir de Jesus Cristo. Não certamente para definirmos a Ele, mas a nós mesmos. Não o mistério, mas nossa posição frente ao mistério. Todo estudioso de Jesus Cristo faz a experiência que testemunhou São João da Cruz, o místico ardente: "Há muito que aprofundar em Cristo, sendo Ele qual abundante mina com muitas cavidades cheias de ricos veios, e, por mais que se cave, nunca se chega ao termo, nem se acaba de esgotar; ao contrário, vai-se achando em cada cavidade novos veios de novas riquezas, aqui e ali, conforme testemunha São Paulo quando disse do mesmo Cristo: Em Cristo estão escondidos todos os tesouros de sabedoria e ciência" (Cl 2,3)[16].

---

14. Christologie. *Gesammelte Schriften* III (1927-1944). Munique 1966, p. 167.

15. WITTGENSTEIN, L. *Tractatus Logico-philosophicus* n. 7. São Paulo, 1968, p. 129.

16. *Obras de São João da Cruz* II. Petrópolis: Vozes, 1960, p. 201.

Livros de Leonardo Boff

1 – *O Evangelho do Cristo Cósmico*. Petrópolis: Vozes, 1971. • Reeditado pela Record (Rio de Janeiro), 2008.

2 – *Jesus Cristo libertador*. Petrópolis: Vozes, 1972.

3 – *Die Kirche als Sakrament im Horizont der Welterfahrung*. Paderborn: Verlag Bonifacius-Druckerei, 1972 [Esgotado].

4 – *A nossa ressurreição na morte*. Petrópolis: Vozes, 1972.

5 – *Vida para além da morte*. Petrópolis: Vozes, 1973.

6 – *O destino do homem e do mundo*. Petrópolis: Vozes, 1973.

7 – *Experimentar Deus*. Petrópolis: Vozes, 2012 [Publicado em 1974 pela Vozes com o título *Atualidade da experiência de Deus*].

8 – *Os sacramentos da vida e a vida dos sacramentos*. Petrópolis: Vozes, 1975.

9 – *A vida religiosa e a Igreja no processo de libertação*. 2. ed. Petrópolis: Vozes/CNBB, 1975 [Esgotado].

10 – *Graça e experiência humana*. Petrópolis: Vozes, 1976.

11 – *Teologia do cativeiro e da libertação*. Lisboa: Multinova, 1976. • Reeditado pela Vozes, 1998.

12 – *Natal*: a humanidade e a jovialidade de nosso Deus. Petrópolis: Vozes, 1976.

13 – *Eclesiogênese* – As comunidades reinventam a Igreja. Petrópolis: Vozes, 1977. • Reeditado pela Record (Rio de Janeiro), 2008.

14 – *Paixão de Cristo, paixão do mundo*. Petrópolis: Vozes, 1977.

15 – *A fé na periferia do mundo*. Petrópolis: Vozes, 1978 [Esgotado].

16 – *Via-sacra da justiça*. Petrópolis: Vozes, 1978 [Esgotado].

17 – *O rosto materno de Deus*. Petrópolis: Vozes, 1979.

18 – *O Pai-nosso* – A oração da libertação integral. Petrópolis: Vozes, 1979.

19 – *Da libertação* – O teológico das libertações sócio-históricas. Petrópolis: Vozes, 1979 [Esgotado].

20 – *O caminhar da Igreja com os oprimidos*. Rio de Janeiro: Codecri, 1980. • Reeditado pela Vozes (Petrópolis), 1988.

21 – *A Ave-Maria* – O feminino e o Espírito Santo. Petrópolis: Vozes, 1980.

22 – *Libertar para a comunhão e participação*. Rio de Janeiro: CRB, 1980 [Esgotado].

23 – *Igreja*: carisma e poder. Petrópolis: Vozes, 1981. • Reedição ampliada: Ática (Rio de Janeiro), 1994; Record (Rio de Janeiro) 2005.

24 – *Crise, oportunidade de crescimento*. Petrópolis: Vozes, 2011 [Publicado em 1981 pela Vozes com o título *Vida segundo o Espírito*].

25 – *São Francisco de Assis* – ternura e vigor. Petrópolis: Vozes, 1981.

26 – *Via-sacra para quem quer viver*. Petrópolis: Vozes, 1991 [Publicado em 1982 pela Vozes com o título *Via-sacra da ressurreição*].

27 – *O livro da Divina Consolação*. Petrópolis: Vozes, 2006 [Publicado em 1983 com o título de *Mestre Eckhart*: a mística do ser e do não ter].

28 – *Ética e ecoespiritualidade*. Petrópolis: Vozes, 2011 [Publicado em 1984 pela Vozes com o título *Do lugar do pobre*].

29 – *Teologia à escuta do povo*. Petrópolis: Vozes, 1984 [Esgotado].

30 – *A cruz nossa de cada dia*. Petrópolis: Vozes, 2012 [Publicado em 1984 pela Vozes com o título *Como pregar a cruz hoje numa sociedade de crucificados*].

31 – (com Clodovis Boff) *Teologia da Libertação no debate atual*. Petrópolis: Vozes, 1985 [Esgotado].

32 – *A Trindade e a sociedade*. Petrópolis: Vozes, 2014 [publicado em 1986 com o título *A Trindade, a sociedade e a libertação*].

33 – *E a Igreja se fez povo*. Petrópolis: Vozes, 1986 (esgotado). • Reeditado em 2011 com o título *Ética e ecoespiritualidade*, em conjunto com *Do lugar do pobre*.

34 – (com Clodovis Boff) *Como fazer Teologia da Libertação?* Petrópolis: Vozes, 1986.

35 – *Die befreiende Botschaft*. Friburgo: Herder, 1987.

36 – *A Santíssima Trindade é a melhor comunidade*. Petrópolis: Vozes, 1988.

37 – (com Nelson Porto) *Francisco de Assis* – homem do paraíso. Petrópolis: Vozes, 1989. • Reedição modificada em 1999.

38 – *Nova evangelização*: a perspectiva dos pobres. Petrópolis: Vozes, 1990 [Esgotado].

39 – *La misión del teólogo en la Iglesia*. Estella: Verbo Divino, 1991.

40 – *Seleção de textos espirituais*. Petrópolis: Vozes, 1991 [Esgotado].

41 – *Seleão de textos militantes*. Petrópolis: Vozes, 1991 [Esgotado].

42 – *Con La libertad del Evangelio*. Madri: Nueva Utopia, 1991.

43 – *América Latina*: da conquista à nova evangelização. São Paulo: Ática, 1992 [Esgotado].

44 – *Ecologia, mundialização e espiritualidade*. São Paulo: Ática, 1993. • Reeditado pela Record (Rio de Janeiro), 2008.

45 – (com Frei Betto) *Mística e espiritualidade*. Rio de Janeiro: Rocco, 1994. • Reedição revista e ampliada pela Vozes (Petrópolis), 2010.

46 – *Nova era*: a emergência da consciência planetária. São Paulo: Ática, 1994. • Reeditado pela Sextante (Rio de Janeiro) em 2003 com o título de *Civilização planetária*: desafios à sociedade e ao cristianismo [Esgotado].

47 – *Je m'explique*. Paris: Desclée de Brouwer, 1994.

48 – (com A. Neguyen Van Si) *Sorella Madre Terra*. Roma: Ed. Lavoro, 1994.

49 – *Ecologia* – Grito da terra, grito dos pobres. São Paulo: Ática, 1995. • Reeditado pela Record (Rio de Janeiro) em 2015.

50 – *Princípio Terra* – A volta à Terra como pátria comum. São Paulo: Ática, 1995 [Esgotado].

51 – (org.) *Igreja*: entre norte e sul. São Paulo: Ática, 1995 [Esgotado].

52 – (com José Ramos Regidor e Clodovis Boff) *A Teologia da Libertação*: balanços e perspectivas. São Paulo: Ática, 1996 [Esgotado].

53 – *Brasa sob cinzas*. Rio de Janeiro: Record, 1996.

54 – *A águia e a galinha*: uma metáfora da condição humana. Petrópolis: Vozes, 1997.

55 – *A águia e a galinha*: uma metáfora da condição humana. Edição comemorativa – 20 anos. Petrópolis: Vozes, 2017.

56 – (com Jean-Yves Leloup, Pierre Weil, Roberto Crema) *Espírito na saúde*. Petrópolis: Vozes, 1997.

57 – (com Jean-Yves Leloup, Roberto Crema) *Os terapeutas do deserto* – De Fílon de Alexandria e Francisco de Assis a Graf Dürckheim. Petrópolis: Vozes, 1997.

58 – *O despertar da águia*: o dia-bólico e o sim-bólico na construção da realidade. Petrópolis: Vozes, 1998.

59 – *O despertar da águia*: o dia-bólico e o sim-bólico na construção da realidade. Edição especial. Petrópolis: Vozes, 2017.

60 – *Das Prinzip Mitgefühl* – Texte für eine bessere Zukunft. Friburgo: Herder, 1999.

61 – *Saber cuidar* – Ética do humano, compaixão pela terra. Petrópolis: Vozes, 1999.

62 – *Ética da vida*. Brasília: Letraviva, 1999. • Reeditado pela Record (Rio de Janeiro), 2009.

63 – *Coríntios* – Introdução. Rio de Janeiro: Objetiva, 1999 (Esgotado).

64 – *A oração de São Francisco*: uma mensagem de paz para o mundo atual. Rio de Janeiro: Sextante, 1999. • Reeditado pela Vozes (Petrópolis), 2014.

65 – *Depois de 500 anos*: que Brasil queremos? Petrópolis: Vozes, 2000 [Esgotado].

66 – *Voz do arco-íris*. Brasília: Letraviva, 2000. • Reeditado pela Sextante (Rio de Janeiro), 2004 [Esgotado].

67 – (com Marcos Arruda) Globalização: desafios socioeconômicos, éticos e educativos. Petrópolis: Vozes, 2000.

68 – *Tempo de transcendência* – O ser humano como um projeto infinito. Rio de Janeiro: Sextante, 2000. • Reeditado pela Vozes (Petrópolis), 2009.

69 – (com Werner Müller) *Princípio de compaixão e cuidado*. Petrópolis: Vozes, 2000.

70 – *Ethos mundial* – Um consenso mínimo entre os humanos. Brasília: Letraviva, 2000. • Reeditado pela Record (Rio de Janeiro) em 2009.

71 – *Espiritualidade* – Um caminho de transformação. Rio de Janeiro: Sextante, 2001. • Reeditado pela Mar de Ideias (Rio de Janeiro) em 2016.

72 – *O casamento entre o céu e a terra* – Contos dos povos indígenas do Brasil. São Paulo: Salamandra, 2001. • Reeditado pela Mar de Ideias (Rio de Janeiro) em 2014.

73 – *Fundamentalismo*. Rio de Janeiro: Sextante, 2002. • Reedição ampliada e modificada pela Vozes (Petrópolis) em 2009 com o título *Fundamentalismo, terrorismo, religião e paz*.

74 – (com Rose Marie Muraro) *Feminino e masculino*: uma nova consciência para o encontro das diferenças. Rio de Janeiro: Sextante, 2002. • Reeditado pela Record (Rio de Janeiro), 2010.

75 – *Do iceberg à arca de Noé*: o nascimento de uma ética planetária. Rio de Janeiro: Garamond, 2002. • Reeditado pela Mar de Ideias (Rio de Janeiro), 2010.

76 – *Crise*: oportunidade de crescimento. Campinas: Verus, 2002. • Reeditado pela Vozes (Petrópolis) em 2011.

77 – (com Marco Antônio Miranda) *Terra América*: imagens. Rio de Janeiro: Sextante, 2003 [Esgotado].

78 – *Ética e moral*: a busca dos fundamentos. Petrópolis: Vozes, 2003.

79 – *O Senhor é meu Pastor*: consolo divino para o desamparo humano. Rio de Janeiro: Sextante, 2004. • Reeditado pela Vozes (Petrópolis), 2013.

80 – *Responder florindo*. Rio de Janeiro: Garamond, 2004 [Esgotado].

81 – *Novas formas da Igreja*: o futuro de um povo a caminho. Campinas: Verus, 2004 [Esgotado].

82 – *São José*: a personificação do Pai. Campinas: Verus, 2005. • Reeditado pela Vozes (Petrópolis), 2012.

83 – *Un Papa difficile da amare*: scritti e interviste. Roma: Datanews Ed., 2005.

84 – *Virtudes para um outro mundo possível* – Vol. I: Hospitalidade: direito e dever de todos. Petrópolis: Vozes, 2005.

85 – *Virtudes para um outro mundo possível* – Vol. II: Convivência, respeito e tolerância. Petrópolis: Vozes, 2006.

86 – *Virtudes para um outro mundo possível* – Vol. III: Comer e beber juntos e viver em paz. Petrópolis: Vozes, 2006.

87 – *A força da ternura* – Pensamentos para um mundo igualitário, solidário, pleno e amoroso. Rio de Janeiro: Sextante, 2006. • Reeditado pela Mar de Ideias (Rio de Janeiro) em 2012.

88 – *Ovo da esperança*: o sentido da Festa da Páscoa. Rio de Janeiro: Mar de Ideias, 2007.

89 – (com Lúcia Ribeiro) *Masculino, feminino*: experiências vividas. Rio de Janeiro: Record, 2007.

90 – *Sol da esperança* – Natal: histórias, poesias e símbolos. Rio de Janeiro: Mar de Ideias, 2007.

91 – *Homem*: satã ou anjo bom. Rio de Janeiro: Record, 2008.

92 – (com José Roberto Scolforo) *Mundo eucalipto.* Rio de Janeiro: Mar de Ideias, 2008.

93 – *Opção Terra.* Rio de Janeiro: Record, 2009.

94 – *Meditação da luz.* Petrópolis: Vozes, 2010.

95 – *Cuidar da Terra, proteger a vida.* Rio de Janeiro: Record, 2010.

96 – *Cristianismo*: o mínimo do mínimo. Petrópolis: Vozes, 2011.

97 – *El planeta Tierra*: crisis, falsas soluciones, alternativas. Madri: Nueva Utopia, 2011.

98 – (com Marie Hathaway) *O Tao da Libertação* – Explorando a ecologia da transformação. 2. ed. Petrópolis: Vozes, 2012.

99 – *Sustentabilidade*: O que é – O que não é. Petrópolis: Vozes, 2012.

100 – *Jesus Cristo Libertador*: ensaio de cristologia crítica para o nosso tempo. Petrópolis: Vozes, 2012 [Selo Vozes de Bolso].

101 – *O cuidado necessário*: na vida, na saúde, na educação, na ecologia, na ética e na espiritualidade. Petrópolis: Vozes, 2012.

102 – *As quatro ecologias: ambiental, política e social, mental e integral.* Rio de Janeiro: Mar de Ideias, 2012.

103 – *Francisco de Assis* – Francisco de Roma: a irrupção da primavera? Rio de Janeiro: Mar de Ideias, 2013.

104 – *O Espírito Santo* – Fogo interior, doador de vida e Pai dos pobres. Petrópolis: Vozes, 2013.

105 – (com Jürgen Moltmann) *Há esperança para a criação ameaçada?* Petrópolis: Vozes, 2014.

106 – *A grande transformação*: na economia, na política, na ecologia e na educação. Petrópolis: Vozes, 2014.

107 – *Direitos do coração* – Como reverdecer o deserto. São Paulo: Paulus, 2015.

108 – *Ecologia, ciência, espiritualidade* – A transição do velho para o novo. Rio de Janeiro: Mar de Ideias, 2015.

109 – *A Terra na palma da mão* – Uma nova visão do planeta e da humanidade. Petrópolis: Vozes, 2016.

110 – (com Luigi Zoja) *Memórias inquietas e persistentes de L. Boff.* São Paulo: Ideias & Letras, 2016.

111 – (com Frei Betto e Mario Sergio Cortella) *Felicidade foi-se embora?* Petrópolis: Vozes Nobilis, 2016.

112 – *Ética e espiritualidade* – Como cuidar da Casa Comum. Petrópolis: Vozes, 2017.

113 – *De onde vem?* – Uma nova visão do universo, da Terra, da vida, do ser humano, do espírito e de Deus. Rio de Janeiro: Mar de Ideias, 2017.

114 – *A casa, a espiritualidade, o amor.* São Paulo: Paulinas, 2017.

115 – (com Anselm Grün) *O divino em nós.* Petrópolis: Vozes Nobilis, 2017.

116 – *O livro dos elogios*: o significado do insignificante. São Paulo: Paulus, 2017.

117 – *Brasil* – Concluir a refundação ou prolongar a dependência? Petrópolis: Vozes, 2018.

118 – *Reflexões de um velho teólogo e pensador.* Petrópolis: Vozes, 2018.

119 – *A saudade de Deus* – A força dos pequenos. Petrópolis: Vozes, 2020.

120 – *Covid-19 – A Mãe Terra contra-ataca a Humanidade*: Advertências da pandemia. Petrópolis: Vozes, 2020.

121 – *O doloroso parto da Mãe Terra* – Uma sociedade de fraternidade sem fronteiras e de amizade social. Petrópolis: Vozes, 2021.

122 – *Habitar a Terra* – Qual o caminho para a fraternidade universal? Petrópolis: Vozes, 2021.

123 – *O pescador ambicioso e o peixe encantado* – A busca pela justa medida. Petrópolis: Vozes, 2022.

124 – *Igreja: carisma e poder* – Ensaios de eclesiologia militante. Petrópolis: Vozes, 2022.

125 – *A amorosidade do Deus-Abbá e Jesus de Nazaré.* Petrópolis: Vozes, 2023.

126 – *A busca pela justa medida* – Como equilibrar o planeta Terra. Petrópolis: Vozes, 2023.

ÍNDICE

Sumário, 7

Introdução, 9

1 Jesus Cristo Libertador: o centro da fé na periferia do mundo, 13
   1 Relevância do lugar social e da libertação para a cristologia, 14
   2 Dois níveis de consciência social e duas cristologias da libertação correspondentes, 18
      2.1 Articulação "sacramental" da cristologia da libertação, 19
      2.2 Articulação socioanalítica da cristologia da libertação, 21
   3 Marcos para uma compreensão libertadora do Jesus histórico, 29
      3.1 A relevância libertadora do Jesus histórico, 29
      3.2 O Reino de Deus: a utopia da absoluta libertação e suas antecipações históricas, 30
      3.3 A práxis de Jesus: uma libertação em processo, 33
      3.4 A conversão: a exigência da libertação de Deus, 37
      3.5 A morte de Jesus: o preço a pagar pela libertação de Deus, 39
      3.6 A ressurreição de Jesus: a irrupção antecipada da definitiva libertação, 41
      3.7 O seguimento de Jesus como forma de atualizar sua libertação, 43
   4 A importância de uma cristologia de libertação para a tarefa cristológica universal, 45

2 O que quis afinal Jesus Cristo?, 49
   1 Para compreender as respostas precisamos entender as perguntas, 50
   2 Jesus prega um sentido absoluto para o nosso mundo, 51
   3 Uma velha utopia está se realizando, 54
   4 Reino de Deus não é um território, mas uma nova ordem das coisas, 55

5 Reino de Deus não é só espiritual, 56
6 "E o povo estava em ansiosa expectação", 58
Conclusão: Ele assumiu nossos anseios mais profundos, 62

3 Jesus Cristo, libertador da condição humana, 63
   1 Reino de Deus implica revolução no modo de pensar e agir, 64
      1.1 Jesus Cristo, o libertador da consciência oprimida, 67
      1.2 O comportamento do homem novo, 69
   2 Reino de Deus implica revolução do mundo da pessoa, 72
   Conclusão: A relevância teológica das atitudes do Jesus
   histórico, 76

4 Jesus, alguém de extraordinário bom-senso, fantasia criadora e
originalidade, 81
   1 Jesus, alguém de extraordinário bom-senso e sã razão, 82
      1.1 Jesus é profeta e mestre. Mas é diferente, 83
      1.2 Jesus não quer dizer coisas a todo custo novas, 84
      1.3 Jesus quer que entendamos: apela à sã razão, 85
      1.4 Jesus não pinta o mundo nem pior nem melhor do
      que é, 87
      1.5 Tudo o que é autenticamente humano aparece em
      Jesus: ira e alegria, bondade e dureza, a amizade, a
      tristeza e a tentação, 88
   2 Jesus, alguém de singular fantasia criadora, 91
      2.1 Jesus, alguém que tem a coragem de dizer: Eu, 92
      2.2 Jesus nunca usou a palavra obediência, 93
      2.3 Jesus não tem esquemas pré-fabricados, 94
      2.4 Foi Jesus um liberal?, 95
   3 A originalidade de Jesus, 97
   Conclusão: Relevância teológica do comportamento de Jesus, 98

5 O sentido da morte de Jesus, 101
   1 O processo contra Jesus, 102
      1.1 A popularidade de Jesus, 102
      1.2 Jesus, alguém que desconcerta, 103
      1.3 Jesus, alguém que provoca uma crise radical, 103
      1.4 De todos os modos vão contra Jesus, 105
      1.5 Jesus é condenado como "blasfemo" e guerrilheiro, 107

2 "Tendo amado... amou... até o fim", 112
  2.1 A fé e a esperança de Jesus, 114
  2.2 Contava Jesus com a morte violenta?, 115
3 O sem-sentido tem um sentido secreto, 119

6 Ressurreição: realizou-se uma utopia humana, 123
  1 A grama não cresceu sobre a sepultura de Jesus, 124
  2 Que diz a exegese moderna sobre a ressurreição de Jesus?, 126
    2.1 O sepulcro vazio não deu origem à fé na ressurreição, 126
    2.2 As aparições de Cristo, origem da fé na ressurreição, 128
  3 Com a ressurreição tudo se ilumina, 131
    3.1 A ressurreição reabilitou Jesus diante do mundo, 132
    3.2 Com a ressurreição de Jesus já começou o fim do mundo, 132
    3.3 A ressurreição revelou: a morte de Jesus foi por nossos pecados, 133
    3.4 A morte e a ressurreição dão origem à Igreja, 136
  4 A relevância antropológica da ressurreição de Jesus, 137
    4.1 Para o cristão não há mais utopia, mas somente topia, 137
    4.2 Deus não substitui o velho pelo novo: faz do velho novo, 138
    4.3 O fim dos caminhos de Deus: o homem-corpo, 139
    4.4 A ressurreição na morte?, 140

7 Quem foi afinal Jesus de Nazaré?, 143
  1 A soberania de Jesus: a cristologia indireta, 144
    1.1 A admiração como início da filosofia e da cristologia, 145
    1.2 Cristologia negativa, 147
    1.3 Cristologia positiva, 148
  2 Jesulogia: como Jesus se entedia a si mesmo?, 149
  3 A ressurreição de Jesus: a cristologia direta, 154
    3.1 Para a comunidade cristã palestinense Jesus é o Cristo, o Filho do Homem etc., 155
    3.2 Para os judeu-cristãos na diáspora Jesus é o novo Adão e Senhor, 156
    3.3 Para os cristãos helenistas Jesus é o Salvador, a Cabeça do cosmos, Filho Unigênito de Deus e Deus mesmo, 157

Conclusão: Não basta dar título a Jesus e chamá-lo Senhor, Senhor!, 161

8 O processo cristológico continua – Os relatos da infância de Jesus: Teologia ou história?, 163
1 A fé que procura compreender, 166
2 Mateus e Lucas: Jesus é o ponto Ômega da história, o Messias, Filho de Davi esperado, o Filho de Deus, 168
3 José e a concepção da Virgem em Mateus: um rodapé à genealogia, 170
4 Quis São Lucas contar a concepção virginal de Jesus?, 171
5 Onde teria nascido Jesus: Belém ou Nazaré?, 174
6 Quem são os pastores dos campos de Belém?, 176
7 São Mateus: Jesus é o novo Moisés e o libertador definitivo, 177
7.1 Que significam os reis magos e a estrela?, 177
7.2 Como o primeiro libertador (Moisés) assim também o último (Jesus), 178
Conclusão: Natal – Ontem e hoje a mesma verdade, 180

9 Humano assim só pode ser Deus mesmo! Jesus, o Homem que é Deus, 185
1 Um Deus humano e um homem divino, 186
2 Não podemos falar sobre, mas só a partir de Jesus Cristo, 188
3 Uma tensão difícil: nem demais nem de menos a Jesus-Deus, nem demais nem de menos a Jesus-Homem, 190
3.1 Deus se fez homem para que o homem se fizesse Deus, 192
3.2 Um homem todo inteiro foi assumido pelo Verbo eterno, 195
4 Calcedônia: uma fórmula de reconciliação entre a dualidade e a unidade, 197
5 Jesus: o homem que é Deus e o Deus que é homem, 203
6 A impecabilidade de Jesus: Ele venceu a condição humana pecadora a partir de dentro, 208
7 Todos somos destinados a ser imagens e semelhanças de Jesus Cristo, 214

10 Onde encontramos o Cristo ressuscitado hoje?, 217
1 O cristianismo não vive de uma saudade, mas celebra uma presença, 217
2 Compreender o mundo a partir de seu futuro já manifestado, 218

348

3 Algumas maneiras como Cristo ressuscitado está presente hoje, 219

   3.1 O Cristo cósmico: "a história está grávida de Cristo", 220

   3.2 Cristo interessa só à terra ou ao cosmos todo?, 224

   3.3 O homem, o maior sacramento de Cristo, 229

   3.4 A presença de Cristo nos cristãos anônimos e latentes, 231

   3.5 A presença de Cristo nos cristãos explícitos e patentes, 232

   3.6 A Igreja Católica, o sacramento primordial da presença do Senhor, 234

Conclusão: O orgulho da taça está na bebida, sua humildade no servir, 236

11 Como vamos chamar Jesus Cristo hoje?, 239

   1 Em cristologia não basta saber o que os outros souberam, 240

      1.1 A fé em Cristo não se reduz ao arcaísmo das fórmulas, 241

      1.2 A fé não permite ideologizar os títulos de Jesus, 243

   2 A ponte entre Cristo e nós, 245

   3 Elementos de uma cristologia na linguagem secular, 248

      3.1 Cristo como o ponto Ômega da evolução, o *homo revelatus* e o futuro presente, 248

      3.2 Cristo como Conciliação dos opostos, meio divino e tremenda curtição, 250

      3.3 Cristo contestador, reformador, revolucionário e libertador, 252

      3.4 Jesus Cristo, arquétipo da mais perfeita individualização, 255

      3.5 Jesus Cristo nosso irmão maior, 257

      3.6 Jesus Cristo, Deus dos homens e Deus conosco, 258

Conclusão: Cristo, a memória e a consciência crítica da humanidade, 260

Conclusão Jesus Cristo e o cristianismo – Reflexões sobre a essência do cristianismo, 263

   1 O cristianismo é tão vasto como o mundo, 264

   2 A plena hominização do homem supõe a hominização de Deus, 267

   3 A estrutura crística e o mistério de Deus trino, 270

   4 Cristianismo: uma res-posta dada com res-ponsa-bilidade a uma pro-posta, 271

5 O cristianismo católico como a articulação institucionalmente mais perfeita do cristianismo, 273

6 Jesus Cristo, "tudo em todas as coisas", 275

Conclusão: A esperança e o futuro de Jesus Cristo, 278

Apêndices

1 A história da história de Jesus, 283

    1 A resposta da fé tranquila, 283

    2 As respostas na era do criticismo, 284

        2.1 Como sabemos que Jesus viveu?, 285

        2.2 Não há nem pode haver uma vida de Jesus, 286

        2.3 Primazia do Cristo da fé sobre o Jesus histórico, da estória sobre a história, da interpretação sobre o fato bruto?, 290

    3 A volta ao Jesus histórico: jesulogia e cristologia, 294

        3.1 A continuidade entre Jesus e Cristo: a cristologia indireta, 296

        3.2 Concentração e redução cristológica: os teólogos da morte de Deus, 300

        3.3 Cristologia da palavra, do silêncio e do balbucio, 302

    4 Outras posições cristológicas da atualidade, 305

        4.1 Interpretação filosófico-transcendental de Jesus, 306

        4.2 Interpretação cósmico-evolucionista de Jesus Cristo, 307

        4.3 Interpretação de Jesus com o auxílio de categorias da psicologia das profundezas, 308

        4.4 Interpretação secular e crítico-social de Jesus Cristo, 311

        4.5 O significado da experiência de Cristo na juventude de hoje, 316

2 Como chegamos a conhecer Cristo? O problema germenêutico, 321

    1 A hermenêutica histórico-crítica, 322

        1.1 O método da história das formas, 323

        1.2 O método da história das tradições, 324

        1.3 O método da história das redações, 326

    2 A hermenêutica existencial, 327

        2.1 O círculo hermenêutico e seu sentido, 329

        2.2 A hermenêutica da existência política, 330

3 A hermenêutica histórico-salvífica, 331
4 Para uma cristologia na América Latina, 333
    4.1 Primazia do elemento antropológico sobre o eclesiológico, 334
    4.2 Primazia do elemento utópico sobre o factual, 335
    4.3 Primazia do elemento crítico sobre o dogmático, 335
    4.4 Primazia do social sobre o pessoal, 336
    4.5 Primazia da ortopraxia sobre a ortodoxia, 337
Conclusão: Falar a partir de Jesus Cristo em silêncio, 337

Livros de Leonardo Boff, 339

Conecte-se conosco:

 facebook.com/editoravozes

 @editoravozes

 @editora_vozes

 youtube.com/editoravozes

 +55 24 2233-9033

www.vozes.com.br

Conheça nossas lojas:
www.livrariavozes.com.br

Belo Horizonte – Brasília – Campinas – Cuiabá – Curitiba
Fortaleza – Juiz de Fora – Petrópolis – Recife – São Paulo

EDITORA VOZES LTDA.
Rua Frei Luís, 100 – Centro – Cep 25689-900 – Petrópolis, RJ
Tel.: (24) 2233-9000 – E-mail: vendas@vozes.com.br